Günter Beaugrand (Hg.)

Sankt Liborius – Schutzpatron im Strom der Zeit

Wie ein großes Fest aus Stein weist der Dom zu Paderborn als Zeichen des Glaubens im Strom der Zeit den Weg zu Gott.

Sankt Liborius – Schutzpatron im Strom der Zeit

Im Auftrag des
Erzbischöflichen Generalvikariates
Paderborn

herausgegeben von
Günter Beaugrand

Fotografische Mitarbeit:
Ansgar Hoffmann

BONIFATIUS
Druck · Buch · Verlag
PADERBORN

Die Deutsche Bibliothek – CIP-Einheitsaufnahme

Sankt Liborius – Schutzpatron im Strom der Zeit / im Auftr. des
Erzbischöflichen Generalvikariates Paderborn hrsg. von Günter Beaugrand.
Fotogr. Mitarb.: Ansgar Hoffmann. – Paderborn : Bonifatius, 1997
  ISBN 3-87088-986-1

Zu unserem Titelbild:
Reliquienfigur des heiligen Liborius aus dem ersten Viertel des 14. Jahrhunderts. Sie ist in Silber getrieben,
zum Teil vergoldet und war für den spätgotischen Reliquienaltar im Hohen Chor des Paderborner Doms
bestimmt. Der heilige Liborius ist als jugendlicher Bischof mit Bischofsstab dargestellt. Seine rechte Hand
erhebt er zum Segensgruß für die Gemeinde. Auf der Brust trägt die Statuette einen Kristall, durch den der
Betrachter eine Reliquie des Heiligen sehen kann. Das Kunstwerk entstand zu einer Zeit, als die Liborius-
verehrung einen großen Aufschwung erlebte. Im Jahr 1300 wird St. Liborius zum erstenmal als vorrangiger
Patron des Domes und der Diözese genannt. An der mit Steinen und Gravierungen verzierten Mitra der
Statuette ist viermal das emaillierte Wappen des Fürstbistums Paderborn zu erkennen. Die 62, 5 cm große
Statuette wird im Diözesanmuseum Paderborn aufbewahrt.

ISBN 3-87088-986-1

Gesamtherstellung:
Bonifatius GmbH Druck · Buch · Verlag Paderborn

Inhalt

5

Erzbischof Johannes Joachim Degenhardt

Geleitwort

Das Erzbistum Paderborn hat seit seiner Gründung im Jahr 799 viele Höhepunkte erlebt, aber auch manche Täler durchschreiten müssen. Trotz aller Gefährdungen und Zerstörungen in den vergangenen Jahrhunderten hat es immer wieder seinen Weg in die Zukunft gefunden. Sein Schutzpatron im Strom der Zeit, der heilige Liborius, hat der Kirche von Paderborn und den einzelnen Gläubigen, die ihn vertrauensvoll um seine Fürsprache baten, beigestanden und ihnen geholfen, in allen Wirrnissen nicht die Orientierung zu verlieren, das Evangelium zu verkünden und zu leben und die Menschen auf den Weg zu Gott zu führen.

Deshalb ist es angemessen, uns gerade in dem Jahr, in dem wir des Todes unseres Patrones vor 1600 Jahren besonders gedenken, das Leben und Wirken des heiligen Liborius vor Augen zu führen. Das vorliegende Buch verbindet die Erinnerung an unseren Schutzherrn mit einem Rückblick auf die wechselvolle Geschichte unseres Erzbistums. Seit der Überführung der Reliquien des Heiligen von Le Mans nach Paderborn im Jahr 836 ist die Kirche von Paderborn mit der Kirche von Le Mans durch den im Laufe der Jahrhunderte oft bewährten „Liebesbund ewiger Bruderschaft" eng verbunden.

Besonders nach dem Ende des Zweiten Weltkrieges sind die Bande zwischen den beiden Bistümern enger und lebendiger geworden. Dazu gehören auch die persönlichen Verbindungen zwischen den Manceller Bischöfen Georges Kardinal Grente, Paul Chevalier und Bernard Alix sowie meinem Vorgänger Lorenz Kardinal Jaeger, die ich gern fortgeführt habe. Vor allem mit Bischof Georges Gilson, der von 1981 bis 1996 Bischof von Le Mans war und dann zum Erzbischof von Sens ernannt wurde, haben mich freundschaftliche Beziehungen verbunden, für die ich dankbar bin. Sie lassen mich zugleich hoffen, daß sich diese enge Verbindung auch unter den künftigen Bischöfen von Le Mans weiter entfalten wird.

Im gleichen Jahr wie Liborius starb auch Martin, der mit ihm befreundete Bischof des Nachbarbistums Tours, nachdem er der Überlieferung gemäß am Sterbelager des heiligen Liborius geweilt hatte. St. Martin wurde später als Vorbild der Glaubenstreue und Nächstenliebe zum Schutzpatron des Frankenreiches. Er wird bis heute in der ganzen Welt verehrt. Beide sind – je auf ihre Art – Zeugen des einen Glaubens.

Die Verehrung des heiligen Liborius hat das Leben der Kirche von Paderborn seit ihren Anfängen begleitet. Sie findet jedes Jahr im Libori-Fest ihren Höhepunkt. Der Dom, das „große Fest aus Stein", stand stets im Mittelpunkt der kirchlichen und weltlichen Feiern. Er wird auch über die Schwelle zum dritten Jahrtausend hinaus Stätte des Glaubens und der Verehrung des in der Krypta ruhenden Schutzpatrones sein, der – ähnlich wie St. Martin – weit über unser Erzbistum hinaus auf allen Kontinenten als Fürsprecher bei Gott und Mittler zum Frieden in hohem Ansehen steht.

Dem epochalen Ereignis des Besuchs Papst Johannes Pauls II. in Paderborn im Juni 1996 und der Feier des 1600. Todestages der Heiligen Liborius und Martin 1997 folgt für unser Bistum schon 1999 ein weiteres bedeutsames Erinnerungsjahr: Vor 1200 Jahren, im Sommer des Jahres 799, gründeten Papst Leo III. und der Frankenkönig Karl, der spätere Kaiser Karl der Große, unser Bistum. Auch die damit verbundenen historischen Entwicklungen werden in diesem Buch dargestellt, das Geschichte als zusammenhängenden Prozeß zwischen Vergangenheit, Gegenwart und Zukunft versteht, wie es Kardinal Joseph Ratzinger bei einer Ansprache zur Vorbereitung des vom Papst verkündeten Heiligen Jahres 2000 in der Lateranbasilika in Rom treffend zum Ausdruck brachte:

„Was überhaupt Gegenwart für uns bedeutet, hängt von unserem Gedächtnis ab, das uns gestattet, Zukunft zu planen und Entscheidungen ins Kommende hinein zu fällen. Die Zukunftsfähigkeit des Menschen hängt davon ab, welche Wurzeln er hat, wie er Vergangenheit in sich aufzunehmen und von da aus Maßstäbe des Handelns und Urteilens zu bilden vermag. Das Jubiläumsjahr 2000 hat mit allen Dimensionen der Zeit, mit Vergangenheit, Gegenwart und Zukunft, zu tun und mit der Hoffnung auf Ewigkeit."

In diesem Sinne gebe ich dem Buch „St. Liborius – Schutzpatron im Strom der Zeit" meine guten Wünsche mit. Ich danke allen, die als Herausgeber, Autoren, Fotografen und Hersteller zum Erscheinen dieses Lese- und Bildbandes beigetragen haben.

† Johannes Joachim

Erzbischof von Paderborn

Max Eugen Kemper

Heilige der Kirche – Kirche der Heiligen

I. Heilige der Kirche

„Ein Mosaik, das in seinen Einzelsteinen jeweils eine Heilige oder einen Heiligen der Kirche abbildet, stellt in seiner Gesamtheit kein Allerheiligenbild, sondern Christus dar." Mit diesen Worten pflegte einer meiner theologischen Lehrer seine Ausführungen zu den Heiligen einzuleiten. Sie treffen den Kern der Heiligenverehrung, benennen ihren eigentlichen Grund. Denn in den Heiligen verehren wir zuallererst Christus. Wir rühmen seine Gnade, die sich in denen, die ihm nachfolgten, als mächtig und siegreich erwiesen hat. Es sind jene, die vor uns „den guten Kampf gekämpft, den Lauf vollendet und die Treue gehalten haben" (2 Tim 4,7).

Wenn es in der Präfation von den Heiligen im Blick auf den Vater heißt: „Die Schar der Heiligen verkündet deine Größe, denn in der Krönung ihrer Verdienste krönst du das Werk deiner Gnade", dann muß zugleich hinzugefügt werden, daß die Verehrung der Heiligen ein Aspekt der Verehrung Gottes ist.

1. Heiligenverehrung als Bekenntnis der Kirche zur Frucht des Erlösungswerkes Jesu Christi

Heilige sind Menschen, die in einer konkreten geschichtlichen Situation auf je eigene Weise Christus nachzufolgen suchten, um dabei zumeist nur einen Zug am Leben Jesu – diesen freilich besonders deutlich – im Zeugnis ihres Lebens heraus-und darzustellen. Als Menschen, die die Nachfolge Christi auf ihre Weise lebendig werden ließen, illustrieren sie daher für uns in erster Linie Person und Leben Jesu.

Die Heiligenverehrung verstellt uns also nicht das Christusbild – wie häufig vermutet wurde und wohl noch immer wird –, sondern sie deckt es auf.

In der Heiligenverehrung, wie sie auch St. Liborius, dem Schutzpatron der Erzdiözese Paderborn, entgegengebracht wird, spiegelt sich die Verehrung Gottes. Unser Bild zeigt den heiligen Liborius im Mittelteil der Fensterrose in der Westwand des Domturmes vor dem Hintergrund der beiden Kathedralen von Le Mans und Paderborn. Die rechte Hand hat St. Liborius segnend erhoben, die linke hält den Bischofsstab. Die Fensterrose nach einem Entwurf von Christian Göbel, Werl, wurde 1954 von den Werkstätten für Glasmalerei Peters, Paderborn, gestaltet.

Das haben auch jene erfahren müssen, die immer wieder versucht waren, nur das Zentrale im Glauben zu sehen und sich daher Christus gleichsam „chemisch rein" darstellen wollten, ohne die Frucht seines Erlösungswerkes mit einzubeziehen. Wer aber all das von Christus wegnehmen möchte, was nicht unmittelbar zu ihm gehört, wird ihn weder finden noch erkennen können. Die Heiligen der Kirche gehören – wie die Kirche selbst – zur Frucht seines Erlösungswerkes. Sie gehören zu ihm und verweisen auf ihn. Und je mehr dieser Verweis gelingt – Christus selbst in den Heiligen auf- und durchscheinen zu lassen –, desto höher ist ihr

Zeugnis zu werten, desto bedeutsamer sind sie für die Kirche. Zeitgenossen haben etwa Franziskus ausdrücklich einen „alter Christus'", einen „anderen Christus" bzw. einen „Christus für seine Zeit", genannt.

Aus der Lebensgeschichte des heiligen Liborius, dem dieses Buch anläßlich seines 1600jährigen Todestages gewidmet ist, wissen wir nur sehr wenig. Gewiß, er war ein engagierter Bischof seiner Diözese Le Mans im Kampf gegen den im 4. Jahrhundert noch bestehenden keltischen Druiden- und römischen Götterkult im westlichen Frankenland. Er gilt als Bauherr vieler Kirchen und der damit verbundenen Gründung zahlreicher Gemeinden. Sein geistliches Profil und sein persönliches Leben aber verlieren sich in der Geschichte. Sie bleiben uns fremd. Um so mehr aber geben sie den Blick frei auf den, dem er nachfolgte, um so mehr leuchtet in ihm das Christusbild auf. Gerade deshalb gehört auch er zu den großen Heiligen. Dies gilt besonders, weil seine Wirkungsgeschichte in reichem Maße ausgleicht, was seine Lebensgeschichte vermissen läßt.

Auf diese Lebensgeschichte müssen wir jedoch nicht ganz verzichten. Sie ist uns mit-überliefert in der von Sulpicius Severus geschriebenen Lebensgeschichte des heiligen Martin von Tours, einem Zeitgenossen und Freund unseres Diözesanpatrons. In ihr wird uns auch das Umfeld seines Lebens und seiner Bewährungszeit während des historischen Umbruchs zwischen keltisch-römischer und christlicher Kultur in Gallien genau beschrieben. Wenn es stimmt, daß Martin von Tours selbst die Beisetzung seines Freundes und benachbarten bischöflichen Mitbruders vorgenommen hat, dann hätte das Lebenszeugnis des heiligen Liborius gleichsam das Gütesiegel nicht nur eines berühmten Zeitgenossen. Martin ist einer der größten und bekanntesten Heiligen der frühen Christenheit.

2. Heiligenverehrung als Bekenntnis der Kirche zu ihrer eigenen Geschichte

Die Heiligenverehrung ist also in erster Linie ein Bekenntnis der Kirche zur Frucht des Erlösungswerkes Jesu Christi. Sie ist aber zugleich auch ein Bekenntnis der Kirche zu ihrer eigenen Geschichte und Geschichtlichkeit. Auf ihrem Weg zu sich selber muß die Kirche das verwirklichen und vollen-den, was Christus aus ihr schon gemacht hat. Deshalb läßt sich die Kirche auch nicht im Querschnitt allein erfassen, der Längsschnitt gehört dazu. So wie sich jedes Volk in der Verehrung seiner großen, vorbildhaften Persönlichkeiten zu seiner Geschichte bekennt, so ist auch die Verehrung der Heiligen eine wichtige Lebensäußerung des Gottesvolkes: Die Kirche bekennt sich darin zu ihrer eigenen Geschichte.

In den Heiligen schreitet Christus gleichsam durch die Zeit. Obwohl wir in ihnen daher in erster Linie die „Zeugen des Herrn" (Apg 1,8) in der Geschichte der Kirche sehen, interessiert uns an ihnen nicht die Kopie und auch nicht die abstrakte Vorstellung eines Heiligen, wie sie sich etwa aus der Filterung der Kanonisierungsprozesse generalisierend und klischeehaft ergibt. Uns interessiert die Originalität ihres Zeugnisses und ihrer Nachfolge: das, was sie persönlich in der Begegnung mit Christus erfahren durften; die Art, wie sie sich den Herausforderungen und Anfechtungen ihrer jeweiligen Zeit gestellt und sich in ihrer je eigenen Persönlichkeit auf Christus eingelassen haben und so zu einer „neuen Schöpfung" (2 Kor 5,17) wurden.

II. Kirche der Heiligen

Dieses Interesse ist deshalb so wichtig, weil nicht nur die Heiligen im kanonischen Sinn zur Kirche Gottes gehören, jene Menschen also, die vor uns gelebt haben und deren Glaubenszeugnis schon durch den Tod besiegelt wurde, so daß sie nunmehr unverlierbar in der Kirche leben. Auch wir selbst, die vom Geiste Gottes in der Taufe Geheiligten, werden nach biblischem Vorbild „Heilige" genannt. So schreibt Paulus seine Briefe bewußt an die Heiligen von Rom, Korinth, Ephesus oder Philippi. Er wendet sich mit dieser Anrede ganz eindeutig an die Getauften seiner Gemeinden.

Die Kirche Gottes umfaßt daher sowohl die kanonischen Heiligen des Himmels als auch die im biblischen Sinne Heiligen auf der Erde. Ja, die Kirche ist der Ort der Einheit des einen, Himmel und Erde umfassenden Gottesvolkes, das über die Grenze des Todes hinaus in enger Verbindung miteinander lebt. Seit Christus die Grenze des Todes aufgehoben hat, trennt uns nichts mehr von jenen, die schon am Ziel ihrer irdischen Pilgerschaft sind. Darum kann auch der Tod die gemeinsame Solida-

St. Liborius an der Seite des Weltenherrschers Christus auf dem aus der Zeit um 1100 stammenden Tragaltar des Roger von Helmarshausen. Ein Kranz von Edelsteinen umgibt die eindrucksvollen Relieffiguren. Das Liborius-Relief gilt als die älteste Abbildung des heiligen Liborius.

rität aller Heiligen auf dem Weg zum Heil nicht mehr aufheben. Sie bleibt erhalten.

Für diese Solidarität und Hilfe ist der heilige Liborius ein besonders eindrucksvolles Beispiel. Wenn schon zu seinen Lebzeiten bis hinein in unsere Tage – immerhin über 1600 Jahre – sein Beistand erfahren wurde, dürfen wir – diese guten Erfahrungen hochrechnend – auch in Zukunft über die Schwelle des Jahres 2000 hinweg unser Vertrauen in ihn und mit ihm in die Güte Gottes setzen. Die äußeren Zeichen des Beistands und der Hilfe dürften aber auch An-zeichen sein, daß über die äußerlich sichtbaren Erweise von Gebetserhörung und Heilung hinaus der Mensch in seiner inneren sündigen Gebrochenheit geheilt und heil wird.

1. Heiligenverehrung als Bekenntnis der Kirche zur Kraft des Geistes

Die enge Verbindung zwischen den getauften und kanonisierten Heiligen zeigt sich auch darin, daß

sich die Heiligen im biblischen Sinn in der Nachfolge Christi am Vorbild der von der Kirche offiziell beglaubigten Heiligen im Himmel orientieren, ohne sie freilich einfach zu kopieren oder in billiger Weise zu imitieren.

Ein auf den ersten Blick etwas merkwürdig anmutender Grundsatz christlicher Morallehre besagt, daß Heilige zwar immer zu bewundern, aber nicht nachzuahmen seien. Darin spricht sich weisheitliche Erfahrung aus: das Maß des großen Heiligen ist nicht immer und in jedem Fall das eigene. Gewiß, die „Wolke von Zeugen" (vgl. Hebr 12,1), die Vielfalt der Heiligen, zeigt uns einen breiten „Fächer der Stile" (H. U. von Balthasar) des Christseins. Vorbilder im eigentlichen Sinn sind sie nur in der Art, wie sie sich auf je eigene Weise der verwandelnden Kraft Gottes – seinem Geist – ausgesetzt haben und sich durch ihn anregen ließen, die je eigene Berufung anzunehmen, um sie im Geiste Christi schöpferisch zu gestalten.

Mit ihrer ganz persönlichen, einmaligen und unverwechselbaren Nachfolgegeschichte sind die Heiligen ein lebendiges Zeugnis für die lebenschaffende Kraft des Heiligen Geistes. Aus seiner Inspiration ist die Kirche – wie das Werk eines Künstlers – am Pfingsttag als „Kunst-Werk" hervorgegangen. Die Heiligen haben dieses Werk des Geistes durch ihr Leben immer weiter ausgeformt und kraft dieser Inspiration auch ausgestaltet: Sie sind in gewisser Weise die eigentlichen „Kunst-Werke" der Kirche, die sich der Geist erschafft. Zu ihnen gehören auch wir durch die Sakramente der Taufe und der Firmung, denn in ihnen wurde uns der Geist geschenkt, damit auch wir zu „Kunstwerken des Geistes" in der Kirche werden.

Ein unbekannter frühchristlicher Dichter des 6. Jahrhunderts hat diese Wirklichkeit im Bild einer Windharfe ebenso poetisch wie eindrucksvoll in einem Hymnus geschildert:

„Wie der Windhauch durch die Harfe weht
und die Saiten ertönen läßt,
so fährt durch meine Glieder der Geist des Herrn;
und ich ertöne in seiner Liebe."

Es ist der Geist, der uns die je eigene Lebens- und Glaubensmelodie entlockt, so daß auch ich auf der Harfe der Kirche, in die sich jeder mit seiner persönlichen Stimmlage einschwingen kann, „in seiner Liebe ertöne".

Martin von Tours, der Heilige der Nächstenliebe, war mit dem Bischof seiner Nachbardiözese Le Mans, Liborius, in Freundschaft verbunden. Das Relief aus dem 16. Jahrhundert zeigt die Mantelteilung. Ursprünglich in Hellefeld, wird das Kunstwerk heute im Diözesanmuseum Paderborn aufbewahrt.

2. Heiligenverehrung als Bekenntnis der Kirche zu ihrer Vollendung

Der Geist Gottes aber führt diejenigen, die sich durch ihn anregen lassen, die eigene Berufung anzunehmen und schöpferisch zu gestalten, dazu, daß wir alle gemeinsam „zum vollkommenen Menschen werden und Christus in seiner vollendeten Gestalt darstellen" (Eph 4,13). So leuchtet am Ende noch einmal das Mosaikbild vom Anfang auf. In unserer eigenen spirituellen Farbigkeit und in der individuell ausgeprägten Weise unserer persönlichen Christusnachfolge gehören wir nun auch selbst zu den Einzelsteinen jenes Mosaiks, das in seiner Gesamtheit kein Allerheiligenbild, sondern Christus darstellt.

Zugleich aber verweist es uns darauf, daß die Wirklichkeit, die hinter diesem Bild steht, Christus, erst am Ende der Tage offenbar werden wird. Bis dahin erwarten wir – wie es im 7. Kapitel der „Dogmatischen Konstitution über die Kirche" des II. Vatikanischen Konzils heißt – „tapfer im Glauben 'die selige Hoffnung und die Ankunft der Herrlichkeit unseres großen Gottes und Erlösers Jesus Christus' (Tit 2,13) … Er wird kommen, ‚um verherrlicht zu werden in seinen Heiligen und wunderbar in allen, die geglaubt haben' (2 Thess 1,10)."

Alfons Bungert

Die Heiligen können nicht veralten

Gedenktage rufen uns bedeutende Persönlichkeiten und Ereignisse ins Gedächtnis. Wir erkennen, ob sie etwas zum Ablauf der Geschichte beigetragen und wie sie ihn beeinflußt haben. So ist es auch angebracht, des heiligen Bischofs Liborius von Le Mans am 1600. Todestag zu gedenken. Wissen wir auch wenig über sein Leben, so hat immerhin die Übertragung seiner Gebeine 836 nach Paderborn eine bleibende Wirkung hervorgebracht. Das junge und zum Teil erst neubekehrte Ostfrankenreich knüpfte die Verbindung zum Westfrankenreich fester und holte sich als Missionsland von dort Kraft. Vor allem erwuchs daraus die seitdem alle Zeitläufe überdauernde Städtefreundschaft zwischen Paderborn und Le Mans.

In Paderborn wird Liborius auf eine Weise verehrt, die weit mehr berücksichtigt als das Gewicht einer bloß historischen Persönlichkeit. Die Reliquien des einstigen Bischofs von Le Mans werden aufbewahrt im kostbaren Schrein, nicht nur in Ehren gehalten, sondern in eigenen Feiern und Prozessionen verehrt. Liborius hat den Rang eines Patrons des Do-

Die Überführung der Reliquien des heiligen Liborius mit jugendlich dargestellten Mitgliedern der Paderborner Delegation nach Le Mans im Jahr 836 auf einem Glasgemälde des Künstlers Keusch, Aachen. Das Fenster befand sich zunächst in der Bartholomäus-Kapelle und wurde später in den Kapitelsaal des Paderborner Doms übertragen.

mes und des ganzen Erzbistums Paderborn. Menschen beten zu ihm, Gläubige erbitten seine Hilfe. Solche Verehrung kommt einem Heiligen zu. Mögen auch die meisten einem ehrenden Gedächtnis seiner geschichtlichen Person zustimmen, so folgen doch nur jene, die mit der Bibel vertraut und von der Wirklichkeit der Heiligkeit überzeugt sind, dem Brauch, Heilige zu verehren. Und da erhebt sich die Frage, ob Heilige aus alter Zeit so im Vordergrund der Verehrung stehen sollen wie Liborius in Paderborn, wo wir doch zahlreiche Heilige aus unserer Zeit aufzählen und verehren können. Können uns Heilige aus alter Zeit heute noch etwas sagen und bedeuten?

Die Heiligkeit Gottes

Heilige können wir wohl kaum verstehen, ohne uns zu bemühen, Heiligkeit von Grund auf zu begreifen. Nach der Aussage der Heiligen Schrift gibt es im Grunde nur einen Heiligen, und das ist Gott. Er ist die Wurzel aller Heiligkeit, die letztlich für uns ein Geheimnis bleibt. Wenn wir von ihr hören, dann rührt sie an den Kult und die Sittlichkeit, umfaßt alles, was Gott geweiht ist, und schließt den Begriff des Reinen ein. Eigentlich bleibt sie dem unzugänglichen Gott vorbehalten, wird jedoch in der Bibel immer wieder auch den Geschöpfen Gottes als Gottgeweihten zugeschrieben. Alles, was Gott geweiht ist, ist heilig, wenn auch zunächst nur äußerlich und nicht im Wesenskern. Die innere Heiligung vollbringt der von Gott geschenkte Heilige Geist, durch den Gott sich selber schenkt und seine Liebe übermittelt, also Anteil gibt an seiner Heiligkeit.

Uns Menschen bliebe die Heiligkeit Gottes verborgen und unerkennbar, wenn Gott selbst sie uns nicht immer wieder bekundete. Er offenbart sie, indem er sich erweist als der, der heilig ist. Die Schrift bezeugt dies an verschiedenen Stellen. Es ist dies jedoch nicht nur in biblischer Zeit geschehen. In der nachbiblischen Zeit sprechen Menschen bis heute von Gnadenstunden, in denen ihnen Gott seine Heiligkeit aufstrahlen ließ.

Schauen wir zuerst auf das Wirken Gottes am Berge Sinai, wie es im Buche Exodus 19,3-20 dargestellt ist. Mose stieg zu Jahwe auf den Berg, wo er seine Botschaft für das Volk Israel bekam. Jahwe erinnerte an den Auszug Israels aus Ägypten und wie er bei dem Auszug und auf dem Zug durch die Wüste Wunderbares für das Volk gewirkt hatte. Jetzt bietet er dem Volk einen Bund an. Hält Israel den Bund mit Gott, wird es unter allen Völkern Gottes besonderes Eigentum sein. Mose überbrachte Jahwe die zustimmende Antwort des Volkes. Darauf befahl Gott, alle sollten sich heilig halten. „Am dritten Tag wird der Herr vor den Augen des ganzen Volkes auf den Berg Sinai herabsteigen." Gott überbrückt den Abstand zwischen sich und den Menschen, macht eine Verbindung zwischen sich und seinen Geschöpfen möglich. Dabei kommt Israel eine besondere Rolle unter allen Völkern zu: Jahwe offenbart sich als der Heilige Israels (Jes 1,4), also als der unbedingt freie, unverfügbare und im höchsten Maße, ja als der total überlegene Herr seines Volkes. Als der Heilige ist er der über alles Erhabene, an dem sich die Geister scheiden. Er erscheint zum Gericht und straft die Sünde, weil er sie ganz und gar nicht erträgt. Die Geschichte sieht er als einen fortwährenden Prozeß mit seinem Volk, das er seiner Sünden wegen vor Gericht anklagt, und er selbst sitzt zu Gericht und spricht das Urteil.

Vollendung im Neuen Bund

Was Gott im Alten Bund begonnen, das führt Jesus Christus im Neuen fort bis zur Vollendung. Jesus betet im Hohepriesterlichen Gebet und spricht Gott an mit „heiliger Vater" (Jo 17,12). Gott ist nicht nur für Jesus der Vater; auch die Jünger Jesu dürfen Gott als Vater anreden; er ist für sie der heilige Vater, und sie bitten im Vaterunser: „Geheiligt werde dein Name" (Mt 6,9; Lk 11,2). Der Katechismus der katholischen Kirche sieht darin die Aufforderung, Gott zu loben, zu preisen und ihm Dank zu sagen. Dazu gehört, daß die Beter vor Gott „heilig und untadelig leben" (Eph 1,4). So heißt es im Katechismus: „Gott offenbart seinen Namen in den entscheidenden Ereignissen seiner Heilsökonomie, in denen er sein Werk vollendet. Dieses Werk vollzieht sich aber für uns und in uns nur dann, wenn sein Name durch uns und in uns geheiligt wird" (S. 703).

Die Neuschöpfung und Heiligung der Menschen geschieht durch Jesus Christus. Jesus ist der Heilige. Als der Erzengel Gabriel Maria die Geburt Jesu verkündet, sagt er, daß der Heilige Geist über Maria kommen wird. „Deshalb wird auch das Kind

Papst Johannes Paul II. hat bei vielen Seligsprechungen und bei der Verehrung des heiligen Liborius während seines Besuchs in Paderborn immer wieder die Aktualität der Heiligen für die Gläubigen unserer Zeit hervorgehoben. Sie sind, in welchem Jahrhundert sie auch lebten, Zeugen des Glaubens und Vorbilder für die Verwirklichung des Evangeliums. Unser Bild zeigt Johannes Paul II. während der Meßfeier in der Senne am 22. Juni 1996.

heilig und Sohn Gottes genannt werden" (Lk 1,35). Die Heiligkeit Jesu ist die Heiligkeit Gottes. Im Buch der Offenbarung singen alle, die über das Tier gesiegt haben, ein Lied zu Ehren des Lammes; darin heißt es: „Denn du allein bist heilig" (Offb 15,4). Dieser Vers wurde ins Gloria der heiligen Messe übernommen. Christus heilt die Christen durch das Wirken des Heiligen Geistes und macht die Menschen zu Heiligen, sofern sie sich bekehren, zum Glauben an ihn kommen und sich taufen lassen. Die Taufe stellt den Beginn der Heiligung dar. Sie schenkt Teilnahme am Leben und der Heiligkeit Christi. Fortan sollen sie „heilig und untadelig vor Gott leben", so daß Christus das in der Taufe Begonnene vollenden und die Geheiligten zur Anschauung Gottes ins ewige Leben führen kann. Von Christus sagt der Apostel – wie der Psalmist

von Gott: „Jesus Christus ist derselbe gestern und heute und in Ewigkeit" (Hbr 13,8). Er ist absolut heilig und hat es keinen Augenblick notwendig, sich zu ändern. Bei uns Menschen ist das nicht so, wir sind wandelbar und verändern uns. Deshalb lautet die erste Forderung Jesu: „Bekehrt euch und glaubt an das Evangelium!" (Mk 1,15). Wer den Anruf des Herrn vernimmt, soll sich und sein Leben durch ein neues Denken erneuern, auf Christus als den Herrn stellen und ihm nachfolgen.

Zeugen des Glaubens

Die Heiligung hat in der Taufe, die die Bekehrung besiegelt und die Aufnahme in das Volk Gottes gebracht hat, begonnen. Deshalb redet Paulus die Ge-

15

meinde als heilig an: „An die heiligen Brüder in Kolossä, die an Christus glauben" (Kol 1,2). Die Heiligung muß fortdauern. Christus hat die Seinen mit Gott versöhnt, um sie „heilig, untadelig und schuldlos vor sich hintreten zu lassen" (Kol 1,22). Der Apostel mahnt die Gläubigen, daß sie unbeugsam und unerschütterlich am Glauben festhalten. Sie sollen schuldlos, sollen von der Sünde freibleiben und in der Heiligkeit wachsen. „Wie er, der euch berufen hat, heilig ist, so soll auch euer ganzes Leben heilig werden" (1 Petr 1,15). Dabei müssen sie sich bewußt bleiben, daß Gott die Heiligung bewirkt. Deshalb hat Jesus für die Seinen zum Vater gebetet: „Heilige sie durch die Wahrheit" (Jo 17,17). Sie jedoch müssen sich heiligen lassen und das Ihre dazu tun. Sie sollen in der Welt Zeugen für Jesus Christus sein. Der Prozeß Gottes, den er mit den Menschen führt, geht weiter. Nun ist Christus der Richter. Aber die Menschen haben versucht, die Wirklichkeit umzukehren; sie haben Jesus vor ihr Gericht gezerrt, haben ihm den Prozeß gemacht und ihn zum Tode verurteilt. Auch dieser Prozeß gegen Jesus geht weiter, und die Seinen sollen als seine Zeugen für ihn eintreten und bezeugen, daß das Recht auf der Seite Jesu Christi ist.

Seit den Zeiten der Apostel gibt es diese Zeugen für Christus; nicht wenige haben mit ihrem Blut und Leben Zeugnis für den Herrn abgelegt. Viele der Zeugen für Christus sind vorbildhaft geworden für das ganze Volk Gottes, die Kirche, die eine Reihe dieser Zeugen als Heilige verehrt, als solche, die durch ein heiliges Leben gezeigt haben, daß sie Gott gehören und in ihrer Heiligung bereits vollendet sind.

In früheren Zeiten hat die Kirche solche Menschen spontan als Heilige verehrt. Heute werden nur solche in das Verzeichnis der Heiligen aufgenommen, die Gott durch ihr christliches Leben, durch Gebetserhörungen und Wunder beglaubigt hat und die offiziell vom Papst heiliggesprochen werden. Dies geschieht zur Verherrlichung Gottes, der sich in seinen Heiligen als groß erwiesen hat. „Die Schar der Heiligen verkündet deine Größe, denn in der Krönung ihrer Verdienste krönst du das Werk deiner Gnade" (1. Präfation von den Heiligen). Es ge-

In einem Ebenholzschrein in der Krypta des Doms haben die im Jahr 836 nach Paderborn überführten Reliquien des heiligen Liborius ihre Ruhestätte gefunden. Nur an den Liborifesten werden sie aus der Krypta in den Goldschrein des Meisters Krako, der im Diözesanmuseum aufbewahrt wird, übertragen und im Hochchor des Doms verehrt.

Glaube und Tradition sind bei der Heiligenverehrung eng miteinander verbunden. Auch in unserer Zeit und im kommenden Jahrtausend sind die Heiligen Leitbilder für das Leben und Fürsprecher bei Gott. Beim Papstbesuch in Paderborn stand deshalb der Liborischrein mit im Zentrum der Feierlichkeiten. Er wurde in festlicher Prozession aus dem Dom getragen und vor dem Papstaltar in der Senne aufgestellt.

schieht auch, damit die Christen Christus besser verstehen und deutlicher erfassen können, was christlich ist.

Die Christen brauchen Leitbilder. „Du schenkst uns in ihrem Leben ein Vorbild", heißt es in derselben Präfation, und in einer anderen: „Durch das Zeugnis ihres Glaubens verleihst du uns die Kraft, nach der Fülle des Heiles zu streben. Durch ihre Fürsprache und ihr heiliges Leben gibst du uns Hoffnung und Zuversicht." Da dem so ist, brauchen wir die Heiligen. Wir bedürfen ihrer Fürsprache und ihres Vorbilds. An ihnen können wir ablesen, wie wir Christus zu folgen und in der Welt seine Zeugen zu sein vermögen. Daß sie ihr Ziel erreicht haben, bestärkt uns in der Hoffnung, daß auch wir zum Ziel gelangen können. Dabei ist es unerheblich, ob die Heiligen in alter Zeit oder erst vor kurzem gelebt haben. Die Heiligen veralten nicht.

Die Erzdiözese Paderborn verehrt den heiligen Liborius, Bischof von Le Mans, als ihren Patron, als ihren geistlichen Vater, der für die Menschen in der Erzdiözese bei Gott eintreten und ihnen den Weg zum Himmel weisen soll. An ihm sollen sie erken-

nen, was Heiligkeit für die Menschen ist; es geht – nach einem Wort Reinhold Schneiders – darum, Christus nachzubilden in uns. Vom heiligen Liborius wissen wir wenig. Keiner seiner Zeitgenossen hat seine Lebensbeschreibung aufgezeichnet, wie dies beim heiligen Bischof Martin von Tours der Fall war. Martin und Liborius lebten gleichzeitig, waren Freunde und starben im selben Jahr. Es wird manche Parallele in ihrem Leben gegeben haben, und was den heiligen Martin auszeichnete, wird sich auch bei dem heiligen Liborius gefunden haben. Beide waren sie gute Hirten für die Herde Christi und wurden als treu befunden. Martin zählt zu den Heiligen der Nächstenliebe und ist als solcher bis heute bekannt und beliebt wie auch die anderen Heiligen der Nächstenliebe, etwa die heilige Elisabeth und der heilige Vinzenz, die sich ganz in den Dienst der Armen gestellt hatten.

In der Kraft der Liebe

Werke der Nächstenliebe fallen leichter in die Augen als die Werke, die in der Stille ebenfalls in der

Nachfolge Christi geschehen. Aber beides gehört zusammen, wie wir am Leben der seligen Pauline von Mallinckrodt erkennen. Sie packte die Aufgabe, die ihr in ihrer Zeit gestellt wurde, mit Eifer an und übernahm die Sorge für blinde Kinder, baute für sie Heime und Schulen und gründete zur Betreuung blinder Kinder ihre Kongregation. Dabei ging sie keineswegs völlig in ihrer Tätigkeit auf, sondern lebte aus einer tiefen Innerlichkeit, feierte ganz hingegeben die heilige Messe mit und betete täglich in stillen Stunden vor dem Allerheiligsten. Durch beides ist sie in der Gnade Gottes zur Heiligen gereift, und beides gehört zusammen.

Zuerst kommt das Gebet und die Verherrlichung Gottes durch die innere Hingabe. Dem betenden Menschen kann Gott zeigen, was er tun soll; im Gebet empfängt er Kraft dazu. Bei den einen steht das Gebet mehr im Vordergrund, so bei den beschaulichen Orden wie den Karmelitern, bei anderen tritt die Tätigkeit mehr hervor wie etwa bei dem heiligen Maximilian Kolbe, einem Heiligen unserer Zeit, der sich als Ordensmann unermüdlich für die katholische Presse einsetzte, um den katholischen Christen die Glaubenswahrheiten zu vermitteln und sie im Glauben zu stärken. Deshalb wurde der polnische Ordensmann von den Nationalsozialisten verfolgt und ins Konzentrationslager gebracht, wo er sein Leben hingab, um einen Familienvater vor dem Tode zu erretten. Das alles wäre ihm unmöglich gewesen, wenn in ihm nicht ein tiefer Glaube lebendig gewesen wäre und wenn er nicht innig gebetet hätte.

Sogar eine mystisch begnadete Heilige wie Teresa von Avila, die täglich lange Zeit im inneren Gebet versunken war und durch Gott reiche Gnaden empfangen hat, zeigte sich von höchster Aktivität in der Sorge um ihre Mitschwestern und Ordenshäuser. Ihr Buch von den Ordensgründungen reißt den Leser mit, so packend ist es geschrieben. Ohne Gebet und Innerlichkeit bleibt jedes Tun bloßer Aktivismus, der den Menschen nicht zum Segen gereichen kann. Das können wir von den Heiligen aller Zeiten lernen, und diese Erkenntnis ist für die Menschen unserer Zeit besonders wichtig, weil die Gefahr groß ist, daß wir uns in Aktivitäten verlieren und Aktionen starten, wo wir Aufgaben wahrnehmen, ohne zuvor um den Beistand Gottes betend bei Gott zu verweilen.

Die Heiligen aller Zeiten haben den Aufruf Gottes vernommen, haben ja gesagt und die Aufgabe, die sie sich gestellt sahen, angepackt. Das sehen wir vor allem bei der Gottesmutter Maria, die Gott, als er sie rief, ihr Jawort gab und sich als Magd des Herrn erwies. In Glaube und Treue ist sie ihren Weg gegangen und hat die Gesinnung ihres Sohnes in ihrem Leben verwirklicht, hat sein Schicksal geteilt und lebt nun ganz und für immer in der himmlischen Herrlichkeit.

Leitbilder für das Leben

Heilige gab es zu allen Zeiten der Kirche, und dies doch wohl nicht nur unter den Christen. Es sind aber die heiligen Christen, die wir verehren und lieben, darunter auch unsere Namenspatronin oder unseren Namenspatron. Die Tatsache, daß die Kirche Menschen aus allen Zeiten der Kirchengeschichte als Heilige anerkennt, weist auf das Wirken des Heiligen Geistes in allen Jahrhunderten hin und läßt uns dem Wort Jesu glauben, daß er bei den Seinen ist bis zum Ende der Welt. Gerade in unserem Jahrhundert sind der Kirche viele Heilige erwachsen, wofür wir von Herzen dankbar sind.

Aber darüber vergessen wir nicht die Heiligen früherer Zeiten, die ebenfalls Christus nachgestaltet haben in ihrem Leben und von uns als Patrone verehrt werden. Sie sind nicht nur Leitbilder für unser Leben, sondern auch für unser Sterben. Wir sollen am Ende unserer irdischen Zeit mit Christus durch das dunkle Tor des Todes in das Licht des Tages Gottes gehen. So hat der heilige Franziskus den Herrn bei seinem Sterben erwartet. Auch an die selige Pauline von Mallinckrodt dürfen wir noch einmal denken. Sie hat sich ihr Leben lang auf ihr Sterben vorbereitet und um die Gnade gebetet, ins Leben hineinsterben zu dürfen.

So ist der heilige Liborius ein Heiliger in der langen Reihe der Heiligen und bleibt uns so nahe, als hätte er in unserer Gegenwart gelebt. Wir verehren ihn und halten seine Reliquien in Ehren. Wir feiern mit Freude und Vertrauen sein Fest und dürfen gewiß sein, daß er sich als unseren Patron erweisen will und Fürbitte bei Gott für uns einlegt. Deshalb beten wir an seinem Fest zu Gott: „Hilf uns, auf seine Fürsprache die Einheit der Kirche zu wahren und alle Uneinigkeit zwischen den Völkern zu überwinden." Das ist eine sehr aktuelle Bitte, in der uns der gute Hirte Liborius vor Gott unterstützen wird.

Weihbischof Dompropst Hans Leo Drewes

Symphonie der Sinne in vier Sätzen

Über die Sinn-Familie kann man nachsinnen. Da ist zunächst das Familien-„Oberhaupt": „Sinn", Inbegriff einer vielteiligen Wirklichkeit, in der alles zueinander paßt. Unsinn ist Stückwerk, in dem sich nichts zueinander „sinnvoll" fügt. Sinnlosigkeit ist Wirklichkeitsmüll.

Urvater Sinn aus der Großfamilie „Weisheit" hat Kinder, genannt „die Sinne". Sie heißen: Sehen, Hören, Riechen, Schmecken und Fühlen. Wenn diese zusammenwirken, spricht man auch wohl von einem Konzert der Sinne. Konzert aber kann verletzend empfunden werden als Katzenmusik oder Gequäke. Es kann aber auch angenehm und herzerfrischend klingen. Nach klassischer Übereinkunft ist die vollkommene Form eines Konzertes die Symphonie. Es sei erlaubt, das große Konzert der Liboriwoche eine Symphonie der Sinne zu nennen, für das große Paderborner Jahresereignis eigens komponiert in der reifen und reichen Form von vier Sätzen.

Vor dem Reliquienschrein feiert Erzbischof Johannes Joachim Degenhardt am Liborifest die Eucharistie. Dabei hat auch der Weihrauch eine privilegierte Aufgabe im Dom von Paderborn. Er spricht in der Symphonie der Sinne den Geruchssinn an und gibt dem Fest des Schutzpatrons der Erzdiözese Paderborn eine besondere Weihe.

1. Satz: Sehen

Zentraler Leuchtpunkt: der Schrein mit den Reliquien. Fast gab es mal eine Demonstration der Frauen, die erst am Mittwoch in der Festwoche „ihren" Tag hatten, wenn der Liborischrein, schon wieder entleert von den Reliquien, in der Schatzkammer zu besichtigen war, die Reliquien aber unter dem Altar im unansehnlichen Ebenholzkasten verwahrt werden. Folgender Dialog ergab sich:

„Ihr wollt doch den Heiligen verehren, wo besser als in der Stille der Krypta unter dem Altar."

„Nein, der Schrein."

„Aber den seht ihr um so besser in der Schatzkammer."

„Wir sehen ihn nur richtig mit den Reliquien darin und im Hohen Chor des Domes."

Verehrung ohne Schauen gilt offenbar so wenig wie das Besichtigen eines Goldschmiedeschatzes ohne Verehrung. Eben das ist wahrhaft katholisch. Und dahinter klingt das Geheimnis durch: Heilige sind nicht ohne die Kirche (Schrein = Kirche) und die Kirche nicht ohne die Heiligen. Damit ist der Grundakkord des ersten Satzes treffend beschrieben.

In diesem Licht sind nun die vielen anderen Seh-Teile stimmig zueinander: die Fahnen am Turm. Zusammengefaltet wären sie nur farbige Lappen, der Blumenschmuck um den Schrein gesteckt, das bunte Gewimmel der Kaufstände auf dem Markt, in dem alles sich präsentiert, was ansehnlich ist vom Lebkuchenherz bis zu Edelsteinen. Wer könnte schon alles kaufen! Aber schauen und sich freuen, das ist jedermanns Vergnügen.

Die Feiern im Dom: das Überschauen einer einmütigen Menschenmenge, festlich gestimmt und hingeordnet auf den Schrein, der auf dem Hohen Chor steht und in der Prozession durch die Menge getragen wird. Noch weitab vom Dom zeigen verführerische Plakate Auslagen, Bilder und Bücher an, was immer zu Libori sich färbt und leuchtet wie in einem Frühling sinnenhafter Frömmigkeit. Ob der Blick Einzelheiten umschmeichelt oder ob eine ganzheitliche Sicht angesagt ist:

„Ob einer schaut, ob tausend schauen
und Gesehenes verdauen,
was vielen Augen ist beschert,
bleibt für alle unverzehrt."

So ähnlich dichtete Thomas von Aquin in einem Gebet vor dem ausgesetzten Allerheiligsten.

2. Satz: Hören

Libori: Das ist der „Tusch". So geschrieben und gesagt, klingt das Wort für den Fremden wie ein sprachlicher Auswurf. Karnevalisten verbinden mit dem Wort den musikalischen Strichpunkt in Büttenreden. Über solcher Beurteilung steht der Libori-Tusch wie ein Cherubim über einem Gartenzwerg.

„Und der Cherub steht vor Gott": Wer bei dieser fesselnden Stelle aus der 9. Symphonie von Beethoven feuchte Augen bekommt, der kann sich beim Libori-Tusch ihrer erst recht nicht erwehren. Und damit ist das Entscheidende zum Libori-Hören schon gesagt.

Es wäre lästerlich, für die Herkunft dieses Akkordwunders eine bündige Erklärung zu erwarten. Der Tusch gehört zum musikalischen Geschlecht der sogenannten Intraden, Fanfaren zum Einzug eines Herrschers, einst üblich. Die Tonfolge ist von nüchternen Forschern als abkünftig von Einleitungs- und Zwischenspielen zum Choral „Wachet auf" des Oratoriums „Paulus" von Felix Mendelssohn-Bartholdy herausgefunden. Wer begierig diesen Ursprung vernehmen möchte, wird vermutlich beim Hören des besagten Oratoriums enttäuscht sein; denn einmal passiert die Tonfolge unverschämt schnell die Takte, und zum anderen wirkt der Originalruf geradezu embryonal gegenüber dem ausgeformten Libori-Tusch. Nur legendär ist überliefert, bei welcher Gelegenheit unter welchen Umständen und durch welche Ausführenden die heutige Vollgestalt ans Tageslicht gekommen ist. Waren die Dom-Bläser beteiligt, die womöglich zu der Husarenkapelle in Paderborn gehörten? Haben diese auf dem rheinischen Musikfest 1836 die Uraufführung des Oratoriums „Paulus" gehört und dabei gedacht, zur Tausendjahrfeier der Übertragung der Gebeine des Liborius nach Paderborn daraus eine Anregung für eine festliche Intrade zu empfangen?

Woher wohl die Sitte kommt, beim Betreten, in der Mitte und beim Aufsetzen des Schreines auf dem erhöhten Platz hinter dem Altar den Tusch zu spielen, und zwar dann, wenn der Einwinker wie ein Sprengmeister das Signal gibt: „Jetzt" und dann der große Augenblick gekommen ist? Ein früherer Domorganist pflegte die improvisierten Zwischenspiele sogar in Noten festzuhalten. So entstand schon beim Einzug des Liborischreines so etwas wie eine kleine Symphonie. Dem Einzug des

Kirchliches und weltliches Fest verbinden sich bei Libori jedes Jahr zu einer unvergleichlichen Atmosphäre, die alle Sinne anspricht und die Gläubigen aus der ganzen Erzdiözese und die Bürger der Stadt Paderborn in ihren Bann zieht.

Schreines folgt ein Hymnus, der von einem früheren Domkapellmeister komponiert wurde und nur einmalig hier gesungen wird.

Wenn dann die Vesper anhebt, ertönen Antiphonen zu den fünf Psalmen und vor dem Mangnifikat, die nicht nur vom Text her einmalig sind, sondern auch singulär in ihrer musikalischen Fassung, die der Reform der Gregorianik im 16. Jahrhundert entkommen konnte. Nur in Paderborn ist diese Singeweise wie heilig und unübertrefflich angesehen.

In der Vesper kommt wieder ein Hymnus vor, der wiederum spezielle Texte hat und nach Form und Rhythmus von einem allgemeinen Hymnus aus der Vesper für Bekenner abgegriffen ist. Dieser Hymnus, der original und kunstvoll nach dem sogenannten Sapphischen Stil gebaut ist, wäre in dieser Form Paderborner Ohren und Kehlen sehr fremd. Also wird er zu Recht gesungen auf ein eindeutigeres Marschieren mit einem dafür etwas ausgefransten

Festfreude nach Noten – überall wird zu Libori seit jeher die Freundschaft der Völker melodisch bis lautstark zum Ausdruck gebracht. Libori ist nicht nur ein Fest der Kirche, sondern über die Grenzen hinweg ein Fest Europas.

Schluß. Auch das ist nur handschriftlich aufgezeichnet, einmalig und ungedruckt bis heutigentags.

Das Abstimmen der Vorsänger der besagten Antiphonen bemißt sich nicht nach der Sangestüchtigkeit dieser ausgewählten Sänger, sondern nach Rang und Würde der Prälaten. Mit Mühe entging seinerzeit ein fast gehörloser und dazu unmusikalischer Domherr der gnadenlosen Rangfolge.

Nicht unerwähnt sei an dieser Stelle die Singweise des klassischen Libori-Liedes „Sei gegrüßet, o Libori". Der Melodieschluß der jeweiligen Strophen (z. B. „dir gebracht", 1. Str.) erhebt sich original in ungewohnter Höhe. Deshalb singt Paderborn die letzten drei Töne eine Oktav tiefer als notiert ist. Als einmal eine Kapelle der englischen Soldaten ausgeholfen hat und korrekt und notengetreu spielte, erstarb das Singen, wie wenn bei einer Schallplatte aus altem Gerät zum Aufdrehen die Kraft der Umdrehung erlischt.

Wie das vielgeliebte Lied vom Hirt und Gottesmann dennoch im „Gotteslob" verbleiben durfte, ist nicht ohne Witz und Scherz geschehen. Aber das sei hier dahingestellt.

Neben dem Schauen auf den eindrucksvollen Einzug des Schreines ist das Hören der speziellen Liboriklänge die vornehmliche Erklärung, daß alljährlich der Dom sich beängstigend füllt, obwohl dem Volke Gottes „nur" das Hören und Sehen bleibt. Sicher ist das aber entschieden eine „wache und tätige Teilnahme" an den Geheimnissen des Heiles. 10 000 gespielte Orgelpfeifen, 60 junge und alte Chorsänger entzünden durch einmalig gesungene und unvergeßliche Weisen die Seelen der Pa-

Nicht nur der Liboritusch und die liturgischen Gesänge im Dom und bei den Prozessionen, sondern auch die Klänge der in Paderborn aufspielenden Musikkapellen aus verschiedenen Nationen gehören untrennbar zum Liborifest in Paderborn.

derborner und aller Gäste, bis zum Schluß der Sturm des „Sei gegrüßet, o Libori" aus mehr als tausend Kehlen den Dom zu erschüttern scheint.

3. Satz: Riechen und Schmecken

In einer klassischen Symphonie hat der 3. Satz zwei Teile: Das Hauptstück und ein bescheidener instrumentiertes Trio. Aber das eine ist nicht ohne das andere. Der Hauptteil heißt hier im 3. Satz: Riechen.
Da duftet zunächst das königliche Hauptmotiv: der Weihrauch. Dieser hat seinen privilegierten Ort im Dom. Anderswo zu duften ist unter seiner Würde. Nur wenn die Innenstadt sich als Prozessionsweg wie ein aushäusiger Dom zeigt, unter Gesängen und Orgelstücken, dann dürfen auch unfromme Nasen den Kammerduft Gottes schnuppern. Tiefe Seelenforscher haben herausgefunden: Wer den Weihrauchduft nicht vertragen kann, erweist sich damit als ein Teufelsbraten, der nur mit Schwefelgestank sich anfreunden kann. Niemand denkt mehr daran, daß Weihrauch einmal das Aschenput-

tel unter den Düften war, nur geeignet, den Gestank faulenden Unrates zu überwinden, bis aus diesem Aschenputtel eine Prinzessin werden durfte. Zum Weihrauch gesellen sich, den Duft umduftend, die Gewürzauslagen, die nur in diesen Tagen die Nasen festlich bedienen. Es ist müßig, die einzelnen „Instrumente" je besonders zu würdigen. Alle Riechstoffe der Welt geben sich zu Libori ein Stelldichein am Domplatz. Besonders anziehend verbreiten sich die Exoten: Zimt und Pfeffer, Muskat, Anis und viele undefinierbare Mixturen.
Verwandt und verschwistert bieten sich Kräuter, frisch und getrocknet, den dufthungrigen Organen an. Auch die große Familie blühender und duftender Pflanzen ist nicht ausgeschlossen, wenngleich sie sich mehr dem ersten Satz des Schauens zugeordnet fühlen.
Eine ganze Sippschaft der Zucker- und Lebkuchenfamilien, Schokoladenvariationen und Backwerke vertrauen sich den lauen Lüften an, die den Dom umwehen. Das spezielle Trio spielen Maronen und gebrannte Mandeln. Sie haben sich in der Regel besondere Nischen reserviert. Ein Solostück, nur im

Riechen und schmecken läßt sich Libori bei einem Gang über den Pottmarkt hinter dem Dom, wo nicht nur Töpfe und Pfannen angeboten werden, sondern alle Düfte dieser Welt sich zu einer Sinnessymphonie vereinigen.

„Konrad-Martin-Haus" zu erriechen, sind die dort gebackenen Waffeln.

Nicht „überrochen" werden sollten die unheiligen, aber doch sehr menschlichen Gerüche, die nicht von allen angenehm empfunden werden; es sei denn, daß man zum Tanken oder Entsorgen diesen Düften nachgeht, wie sie etwa von Bierständen, Würstchenbuden oder Toilettenwagen ausgestrahlt werden.

Wie in der Musik gibt es auch im Duftorchester schwer definierbare Obertöne, die den „Odeur" des Liborifestes abrunden, die im einzelnen nicht zu definieren sind und bei einem solchen Versuch nur profilloses Niesen auslösen. Gelungen ist der Riechsatz in der Sinnensymphonie, wenn auf die Frage: „Wonach riecht es hier?" die Antwort nur lauten kann: „Nach Libori."

Vielleicht ist nun das Schmecken etwas untergegangen als besondere Wahrnehmung des Organs „Zunge". Etwas Spezielles, wie „Aachener Printen" oder in Köln ein „Halwe Hahn", hat sich eigenartigerweise in Paderborn nicht entwickelt. Doch in unserer erfindungsreichen Zeit könnte es durchaus sein, daß aus den „Steinen" des hl. Liborius ein Libori-Krokant entwickelt würde, oder es könnte aus dem, was man früher „Liebesperlen" nannte, sogenannter „Libori-Gries" auf Schoko-Konfekt erfunden werden. Auf diese Weise wäre dann die Liedstrophe „von Gries und Nierenstein" als Strafe für unsere Sünden verwandelt in den süßen Lohn der Verehrung des hl. Liborius. Gerade der 3. Satz in der Sinnensymphonie schiene mir am ehesten noch ins Unendliche entwicklungsfähig zu sein.

4. Satz: Fühlen

Einige überaus einfallsreiche Kompositionen unter den Symphonien haben überklassisch vier Sätze. Dabei kann es passieren, daß der 4. Satz nicht ganz und gar Neues bringt, sondern daß die wiedererkennbaren Motive der vorausgegangenen Sätze in ein Mixgetränk zusammengeschüttet werden. Durch kräftiges Schütteln und Mixen wird eine neue Wahrnehmung der Sinnensymphonie möglich. So mag es einer erfahren, der im Paderborner Dom die einzelnen Bauteile und Ausstattungsstücke eingehend studiert hat und nun sich in eine Bank setzt und den Dom als Ganzes mit allen Sinnen „fühlt". Hier ist nicht gemeint das Erschnüffeln und Beta-

sten der Einzelstücke und der Versuch, das alles zusammenzudenken, vielmehr sei darunter verstanden das alle Sinne berührende Wahrnehmen des Ganzen, das man im Sinne einer Goetheschen Formulierung nur erfühlen kann oder man hat es gar nicht. Manche nennen das „Körpergefühl" oder „Gesamteindruck" oder einfach etwas Wahrnehmen, was man durch Fernsehen, Radio oder irgendein mediales Hilfsmittel niemals erfahren kann, sondern nur, wenn man mit Leib und Seele, leib- und seelenhaftig, dabei ist. Jeder Ersatzversuch ist so wenig wirklich und wirksam wie eine Beichte oder eine Vermählung per Telefon. Der 4. Satz „Fühlen" bedeutet also, daß die Sinnessymphonie immer eine Unvollendete ist wie die berühmten von Schubert oder Bruckner. Von diesen sagen kluge Kenner: In zwei Sätzen haben die Komponisten alles gesagt, was es auch in vier und mehr Sätzen nicht mehr zu sagen gäbe.

Aufgeschlossene Menschen hören die unvollendeten Sätze immer wieder. Und am Ende der irdischen Libori-Sinnensymphonie wird im Konzertsaal des himmlischen Jerusalem die ganze Symphonie zu Ende oder ohne Ende, aber vollendet gespielt, wie kein Auge sie gesehen, kein Ohr sie gehört, keine Nase sie errochen, keine Zunge sie erschmeckt und kein Leib mit allen Sinnen sie erfühlt hat. Das aber soll nach Worten der Heiligen Schrift allen beschert werden, die ihn lieben.

Der kluge und berühmte Pädagoge Comenius (1592-1630) hat die trefflichen Worte geprägt: „Alles allen Sinnen". Wer diesen Worten mißtraut, soll sich auf den frommen und überaus gelehrten Theologen Thomas von Aquin stürzen, der gesagt hat: „Obwohl wir durch die Offenbarung dahin erhoben werden, etwas zu erkennen, was sonst unbekannt bliebe, jedoch geschieht das auf keine andere Weise als durch das Sinnenfällige."

Hermann-Joseph Rick

Neue Zeitrechnung nach St. Liborius

Libori – das ist die sommerliche Paderborner Kirmes mit Autoskooter, Karussell, Achterbahn und Riesenrad. Libori – das ist der „Pottmarkt" um den Dom mit seinem bunt gemischten Angebot. Libori – das ist die mit Blumen und Kerzen geschmückte lichterfüllte Kathedrale, in deren Mitte der goldene Schrein des heiligen Liborius ausgestellt ist; Libori – das ist der deutsche Name des Patrons von Dom, Stadt und Erzbistum Paderborn, des heiligen Liborius.

Seit dem Jahre 836 ruhen die Reliquien des im Jahre 397 gestorbenen Bischofs von Le Mans, der mit dem im gleichen Jahr in die Ewigkeit abberufenen heiligen Martin von Tours benachbart und be-

freundet war, im Dom zu Paderborn, umgeben von der Hochschätzung der Bischöfe, der Priester und der Gläubigen. Zweimal im Jahr werden sie feierlich zur Verehrung ausgestellt: das erste Mal, in der letzten Juli-Woche, zur Erinnerung an die Ankunft des Heiligen in Paderborn, dann noch einmal Ende Oktober im Gedenken an die Rückkehr der Reliquien im Jahr 1627, nachdem sie fünf Jahre zuvor vom „Tollen Christian", dem Herzog von Braunschweig und protestantischen Administrator des Bistums Halberstadt, geraubt worden waren. Damals wurde von Hans Krako aus Dringenberg ein neuer Schrein geschaffen, eben jener, der heute noch die Reliquien birgt.

In festlichem Zug wird der Schrein des heiligen Liborius mit den Gebeinen des Diözesanpatrons am Liborifest aus der Krypta zum Chor getragen und dort zusammen mit dem Pfauenwedel aufgestellt.

Manche sagen den Paderbornern augenzwinkernd nach: Während die übrige Christenheit die Jahre „nach der Geburt Christi" zählt, rechneten diese „post translationem sancti Liborii" – „Nach der Übertragung des heiligen Liborius". Das stimmt natürlich nicht. Aber die liebevoll-ironische Bemerkung charakterisiert treffend die enge Verbundenheit der Paderborner mit ihrem Patron. Zu Tausenden füllen sie den Dom, wenn der Erzbischof den Reliquienschrein aus der Krypta in den Hochchor geleitet und die erste Antiphon der Vesper anstimmt: „Liborio plaudat Gallia …" – „Liborius gelte der Jubel Frankreichs, das einen solchen Mann hervorgebracht. Glücklicher schätze dich, deutsches Land: Sein heiliger Leib wurde dir anvertraut."

Die ganze Festwoche hindurch läßt der Strom der Beter nicht nach. Im Vertrauen auf die Fürbitte des mächtigen Schutzherrn finden sie Stärkung für den Alltag, die sich auch in der unbeschwerten, manchmal ausgelassenen Freude des Kirmestreibens äußert. Ungebrochen lebt hier durch die Jahrhunderte hindurch die Synthese von kirchlicher und weltlicher Feier fort – Zeichen der gleichgewichtigen Sehnsucht der Menschen nach irdischem und geistlichem Glück.

Wer war er, der heilige Liborius, der so Erstaunliches zuwege bringt? Über das Leben des Heiligen ist nicht viel bekannt. Im vierten Jahrhundert war er 49 Jahre lang Bischof von Le Mans, dessen Umland er missionierte und mit 17 neuen Kirchen ausstattete. Sie hatten regelmäßige Abgaben zu entrichten für die wirtschaftliche Sicherung des Bistums und zur Hilfe für die Armen und Kranken. An 96 Weihetagen soll Liborius 217 Priester und 186 Diakone geweiht haben. Nüchterne, legendenhaft überlieferte Daten, die jedoch den seelsorglichen Eifer des Bischofs in ein helles Licht rücken sollen.

Verehrung an der Sarthe

Die eigentliche Geschichte des heiligen Liborius beginnt erst nach seinem Tod. Genauer gesagt mit der Umbettung seines Leichnams aus der Apostel-Basilika in Le Mans in die erneuerte Manceller Kathedrale. In Verbindung damit ist zum ersten Mal von Wunderzeichen die Rede, die Gott auf Fürbitte des Heiligen geschehen ließ. Sie förderten seine Verehrung durch die Gläubigen an der Sarthe, so daß es zu heftigen Protesten kam, als Bischof Aldrich von Le Mans im neunten Jahrhundert die Reliquien des Heiligen an die Gesandtschaft aus Paderborn übergab. Der Bischof wolle, so lautete der empörte Vorwurf, die Gläubigen eines mächtigen Schutzes berauben. Doch der Bischof berief sich auf einen Befehl des Kaisers Ludwig und auf eine Anordnung Gottes, dessen Wille es sei, „einem jüngst zum Glauben gekommenen Volk zu helfen, das entweder wenig oder überhaupt nichts von so großer Hilfe besitzt und bescheiden von uns Unterstützung erbittet". Niemand dürfe sein Herz gegen das Gesetz der Bruderliebe verschließen.

Auf einem kunstvollen Teppich von Edith Ostendorf werden die Übertragung der Reliquien des heiligen Liborius von Le Mans nach Paderborn im Jahr 836 und die Gründung des Bistums durch Papst Leo III. und Karl den Großen im Jahr 799 dargestellt. Kardinal Lorenz Jaeger verschenkte ein Foto des Motivs an seine Freunde und Mitarbeiter zur Erinnerung an sein langjähriges Bischofsamt.

Hoch ragt der Domturm in den Himmel empor und bietet mit dem Blick der Kamera eine ungewöhnliche Perspektive.

Die bewegenden Worte des Bischofs beruhigten das Volk, so daß die Gesandtschaft des Paderborner Bischofs Badurad mit Ehren überhäuft entlassen wurde. Zuvor hatte sie gelobt, die Reliquien stets zu achten und in Ehren zu halten. Ihrem Gelöbnis sind die Paderborner durch alle Jahrhunderte treu geblieben. Dies macht die Rede des Bischofs Aldrich zur prophetischen Rede. Denn die beiden besonderen Merkmale, die er dem Vorgang beimißt – Hilfe und Bruderschaft –, haben die Paderborner im reichen Maße erfahren.

St. Liborius wird in vielfachen Nöten angerufen. Kaiser, Könige und Bischöfe pilgerten zu seinem Grab, so daß sich die Libori-Verehrung im Mittelalter über ganz Europa bis weit nach Rußland hinein ausbreitete. Vor allem bei Steinleiden gilt er als bewährter Helfer. Deshalb legt ihm die Ikonographie drei Steine auf das Buch der Heiligen Schrift. Bis in die jüngste Zeit hinein haben viele Kranke seine Hilfe erfahren. Warum sollte der mächtige Schutzherr nicht auch erwirken können, was moderner technischer und ärztlicher Kunst mit Hilfe eines Nierensteinzertrümmerers durchaus möglich ist?

Freundschaft über die Grenzen

Bei der Übergabe der Reliquien im Jahre 836 schlossen die beiden Kirchen von Le Mans und Paderborn einen „Liebesbund ewiger Bruderschaft", der alle leidvollen Auseinandersetzungen zwischen Frankreich und Deutschland überdauerte. Zahlreiche Beispiele ließen sich dafür anführen, doch nur zwei seien erwähnt: Im Ersten und Zweiten Weltkrieg fanden Deutsche in Le Mans und Franzosen in Paderborn Zuflucht und Hilfe. Während des Zweiten Weltkriegs vermittelten Urlauber den Briefwechsel zwischen den beiden Bischöfen. Der Bischof von Le Mans nahm sich später in besonderer Weise der deutschen Soldaten und Kriegsgefangenen in der Nähe seiner Bischofsstadt an der Sarthe an. Von Le Mans und Paderborn wurde auch die Vermittlung von Gefangenenpost angeregt und durchgeführt.

Der „Liebesbund ewiger Bruderschaft" gilt mit Recht als ein Zeichen für die übergreifende Einheit der Kirche. Er ist zugleich Modell für das Zusammenleben der Völker in friedvoller Gemeinschaft. Deshalb stiftete Erzbischof Johannes Joachim von

Die Liborikirmes mit Karussell und Achterbahn, mit Riesenrad und Autoscooter gehört untrennbar mit zum Liborifest, bei dem sich kirchliche und weltliche Feier eng verbinden.

Paderborn 1977 im Vorfeld der ersten direkten Wahlen zum Europäischen Parlament die „St.-Liborius-Medaille für Einheit und Frieden". Ähnlich dem „Liebesbund" mit der Kirche von Le Mans knüpft der heilige Liborius weltweite Verbindungen über alle Kontinente hinweg, wie an anderer Stelle ausführlich dargelegt wird.

Wenn die Kirche von Paderborn zusammen mit der Stadt und dem ganzen Erzbistum bis heute, 1600 Jahre nach dem Tod ihres Patrons 397, alljährlich die Feier zu Ehren des heiligen Liborius acht Tage hindurch festlich begeht, dann wird dadurch auch die Verbindung mit Christen in aller Welt lebendig, die aus dieser Geschichte erwachsen ist. Die Tausende, die sich während der Festwoche jeden Tag um den Schrein ihres Patrons versammeln, bezeugen gewährten Schutz und erfahrene Hilfe, wenn ihr Gesang die weite Halle des Doms erfüllt: „Du glückliche Paderstadt, in dir erstrahlt heute, den des Himmels Güte Tag für Tag mit großen Zeichen ziert."

„Du glückliche Paderstadt, in dir erstrahlt heute, den des Himmels Güte Tag für Tag mit großen Zeichen ziert." So beten die Gläubigen im Dom und beziehen ganz Paderborn in das Liborifest ein. Das Renaissance-Rathaus wird zum
Mittelpunkt der eine Woche dauernden Festlichkeiten mit europäischer Atmosphäre.

Hermann Multhaupt

In einer Nacht öffnete sich die Dompforte

Kanonikus Loor, unter Bischof Rotho im 11. Jahrhundert Domherr zu Paderborn, stand am Fenster seines Arbeitszimmers und blickte in die schwüle Julinacht hinaus. Über den wuchtigen Mauern des Domes stand einsam der Mond. Turm und Kirchenschiff badeten in silbernem Licht.

Es war nicht allein die anhaltende Wärme, die den alten Kanonikus nicht schlafen ließ. Auch Sorgen bedrückten ihn. Er, dem die Gabe verliehen war, die rätselhaften Dinge der Welt besser zu deuten und tiefer zu durchleuchten als andere Menschen, sah in seinem Geist dunkle Wolken über Kirche und Volk heraufziehen. Krieg und Hunger lauerten wie Schreckgespinste, seine Phantasie war voll von drohendem Unheil, das über Stadt und Land hereinbrechen würde, unabwendbar, unwiderruflich.

War die Lauheit der Christen nicht schon ein ernstes Zeichen für den beginnenden Untergang? Die weite Halle der Bischofskirche blieb menschenleer, wenn die Glocke zur Messe rief, und selbst die Verehrung des heiligen Liborius, dessen Hilfe das Volk bei Stein- und Nierenleiden erflehte, war im Übermut der Tage verstummt. Ja, in diesem Jahr hatte man es gar versäumt, dem Patron der Diözese die jahrhundertealte Prozession zu halten, bei der die Gebeine des Heiligen in einem vergoldeten Schrein über den Marktplatz getragen und dann in der Krypta versenkt wurden.

Der Kanonikus faltete die Hände und seufzte: „Gott stehe uns bei. Er schütze uns in unseliger Zeit." Doch mit einemmal stutzte der Domherr. Öffnete sich nicht plötzlich die große Dompforte? Was leuchtete so grell im fahlen Licht des Mondes? Der Kanonikus beugte sich weit aus dem Fenster und blickte mit zusammengekniffenen Augen angestrengt zur Bischofskirche hinüber. Wahrhaftig! Dort ging etwas vor!

Unter dem Paradiesportal sammelten sich fremde Menschen, Männer und Frauen, die nicht mehr lebten, die uns in die Ewigkeit vorausgegangen waren vor vielen, vielen Jahren. Sie trugen weiße wallende Gewänder. Die Gestalten formierten sich zum Zuge, lautlos bewegten sie sich schwerfällig über den Marktplatz.

Was trug die Gruppe dort aus dem Dom heraus? Auf schwankenden Schultern lastete der schwere Schrein des Heiligen. „O Libori, sei gegrüßet", betete der alte Priester. Das fahle Licht des Mondes brach sich im Gold des Schreins.

Der Kanonikus stöhnte. Mußten die Toten auferstehen, damit der alte Brauch fortlebe und damit St. Liborius die gebührende Ehre erwiesen würde?

Die Geisterprozession ging schleppend über den Markt, an plätschernden Brunnen und dunklen Häuserreihen vorbei, ohne Wort, ohne Gesang, dann kehrte sie um und zog zur Kirche zurück.

Längst bevor der erste Lichtstrahl über die Turmspitze zuckte, machte sich der Kanonikus auf den Weg zur Kathedrale. Er läutete die Bewohner der Stadt aus dem Schlaf, die Sturmglocke bebte, und als die Menschen erschrocken herbeiströmten, um nach der Ursache des ungewöhnlichen Geläutes zu forschen, da redete er ihnen mahnend ins Gewissen, hielt er eine Predigt in heiligem Zorn.

Die Paderborner deuteten das Gesicht, das der Domherr in der Nacht gehabt hatte, als ein Zeichen zur Umkehr. Reichtum und Wohlstand waren nur zeitliche Werte. Ewig aber blieb die helfende Liebe. Neuer Segen, so wird überliefert, kam über Stadt und Land.

(Nach einer alten Überlieferung)

Günter Beaugrand

St. Liborius und St. Martin –
Wegbereiter des Glaubens

Wenn am Liborifest 1997 die Erinnerung an den 1600. Todestag des heiligen Liborius festlich begangen wird, erwartet man naturgemäß eine Rückerinnerung an die Persönlichkeit und das Lebenswerk des von Stadt und Erzdiözese Paderborn hochverehrten Schutzpatrons. Doch die Intensität und Ausstrahlung dieser Verehrung, die weit über Paderborn hinausreicht und sich über alle Erdteile erstreckt, stehen offensichtlich in Widerspruch zu der Tatsache, daß über das Leben und Wirken des Heiligen aus unmittelbaren Geschichtsquellen des 4. Jahrhunderts kein einziges Dokument oder gar eine ausführliche Chronik vorliegen.

Aus dieser Perspektive kann St. Liborius gleichsam als ein „unbeschriebenes Blatt" angesehen werden, das vor allem durch die Überlieferung im Bewußt-

Das Liborifenster in der Kathedrale von Le Mans erzählt vom Leben und von der Verehrung des heiligen Liborius in sieben farbigen Medaillons. Das Fenster in einer der Seitenkapellen des hochgotischen Chores stammt zwar erst aus dem Jahr 1903, fügt sich aber in seiner Farbigkeit und Komposition gut in den reichen Schatz der mittelalterlichen Glasmalereien in dieser Kathedrale ein. Unser Bild zeigt die Begegnung des Bischofs Liborius mit St. Martin.

sein geblieben ist. Wenn auch spätere fränkische Handschriften aus dem 9. Jahrhundert seine unermüdliche Missionsarbeit in Gallien hervorheben und von der Gründung vieler Kirchen und der Weihe Hunderter von Priestern und Diakonen während seines 49 Jahre dauernden Bischofsamtes berichten, so können sich diese Angaben aber auf keine direkten geschichtlichen Zeugnisse aus seiner Lebenszeit stützen.

Im 4. Jahrhundert, in dem die Schriftkultur in der Bevölkerung noch nicht ausgeprägt war und sich auf wenige Schreib- und Lesekundige beschränkte, hatte jedoch die mündliche Überlieferung eine ungleich größere Bedeutung als in späterer Zeit. Von Generation zu Generation wurde das Leben und Wirken bedeutender Persönlichkeiten der Kirche weitergegeben und so in lebendiger Erinnerung behalten. Und je mehr die Jahre weiterrückten, um so mehr wurden über die ursprünglichen Fakten hinaus legendenhafte Wunder- und Heilungsberichte hinzugefügt.

Heiligsprechung durch das Gottesvolk

Die Eingliederung vorbildhafter Christen in die Schar der Heiligen beruhte nicht auf einer offiziellen Heiligsprechung durch den Papst, die sich erst in späteren Jahrhunderten endgültig durchsetzte, sondern sie entwickelte sich in den Herzen der Gläubigen und wuchs aus der inneren, durch die Tradition bestärkten Verbindung mit den im Geist des Evangeliums wirkenden und als „heiligmäßig" angesehenen Glaubenszeugen. Es war eine „Heiligsprechung durch das Gottesvolk". Sie war Ausdruck für die Liebe und Hochachtung gegenüber gottbegnadeten Menschen, die als Fürsprecher und Helfer für den Weg der Kirche und für das eigene Leben verehrt wurden.

Auch die dem heiligen Liborius nach seinem in den fränkischen Chroniken auf den 9. Juni 397 datierten Tod zugeschriebenen Wunder und Heilungen beruhen auf den Glaubensvorstellungen der nachfolgenden Generationen, wie sie in ähnlicher Form

Die Kunst der Gotik zeigt sich in höchster Vollendung in den mächtigen Strebepfeilern der Kathedrale von Le Mans, die im Mittelalter an der Stelle des einstigen Bischofssitzes des heiligen Liborius errichtet wurde.

Die Kathedrale von Le Mans zählt zu den bedeutendsten gotischen Bauwerken Frankreichs. Ihr Patron ist der heilige Julian, der erste Bischof der Diözese. Sein Nachfolger war St. Liborius, der von 349 bis 397 fast fünfzig Jahre das Hirtenamt wahrnahm und dem Christentum in Gallien den Weg bereitete. Er starb am 9. Juni 397, vor 1600 Jahren.

als Zeichen der Verehrung bei anderen Glaubenszeugen aus frühchristlicher Zeit bekannt sind. In seiner Bischofsstadt Le Mans stand mehr als vier Jahrhunderte später, in der Zeit der Überführung seiner Reliquien nach Paderborn, nicht St. Liborius im Mittelpunkt der Verehrung, sondern der Bistumsgründer St. Julian. Trotzdem galt er bei den Gläubigen seiner Diözese als einer der Wegbereiter des Christentums, auf dessen Reliquien sie nicht verzichten wollten, so daß sie diese im Jahr 836 nur unter Protest und auf starken Druck ihres Bischofs Aldrich mit auf den Weg an die Pader gaben.

Zeugnis der Glaubenskraft

Bis heute ist die Verehrung des heiligen Liborius in seinem Heimatland Frankreich weitgehend auf die Region seiner Bischofsstadt Le Mans begrenzt und nicht mit seinem Rang in Paderborn und der von dort ausgehenden Verehrung in Europa und überall in der Welt zu vergleichen. So ist es zu verstehen, daß die Überführung seiner Reliquien von Le Mans nach Paderborn im 9. Jahrhundert vielfach als der eigentliche Ursprung für die herausragende Würdigung des Heiligen angesehen wird. Wenn er damals nicht nach Paderborn als Stütze und Zeichen des Glaubens im neu gewonnenen Sachsenland gebracht worden wäre, hätte St. Liborius, so kann vermutet werden, als ein Heiliger unter vielen anderen Glaubenszeugen im schon früh christianisierten Gallien kaum größere Beachtung gefunden. Diese Zuordnung bedeutet keineswegs eine Abwertung des Heiligen, sondern sie stellt die Stärke der Glaubenskraft und die Bedeutung der Tradition für die gerade zum Christentum bekehrten Sachsen im besonderen Maße heraus. Durch St. Liborius und zahlreiche andere Heilige, die im gleichen Zeitraum über den Hellweg nach Sachsen gebracht und als Schutzpatrone in vielen gerade neugegründeten Kirchen verehrt wurden, festigte sich nicht nur der christliche Glaube, sondern wurden geistig-geistliche Zentren begründet, die als Fundamente der abendländischen Kultur angesehen werden können und über Jahrhunderte hinweg weithin ausstrahlten.

Die Persönlichkeit des heiligen Liborius bleibt jedoch ebenso wie sein Wirken als Bischof von Le Mans weithin im Dunkel der Geschichte. Während sein Zeitgenosse und bischöflicher Nachbar Martin von Tours in Sulpicius Severus (um 363 bis 425), der von Martin selbst bekehrt wurde, einen überzeugenden Biographen fand, sind über Liborius nur indirekte Lebensbeschreibungen aus späterer Zeit bekannt, die jedoch Rückschlüsse auf sein Leben und sein Engagement als Bischof und Missionar zulassen.

Missionar und Kirchengründer

Als das älteste fränkische Zeugnis, entstanden etwa um 840, gilt die „Gesta Domni Aldrici Cenomanni-

Alte Kanonikerhäuser in der Nähe der Kathedrale von Le Mans. Hier hat sich das mittelalterliche Stadtbild über die Jahrhunderte bewahrt.

cae Urbis Episcopi, a discipulis suis", die Beschreibung des Wirkens von Bischof Aldrich (832-857) aus der Sicht seiner Schüler. Ebenfalls entstand in dieser Zeit eine Handschrift über die 44 vor Aldrich residierenden Bischöfe von Le Mans unter dem Titel „Actus Pontificum Cenomannis in urbe Degentium". Auf diesen beiden Unterlagen beruhen die später entstandenen Lebensbeschreibungen des heiligen Liborius, wobei die schon vorhandenen Texte legendär ausgeschmückt und erweitert wurden. Denn sowohl in den „Gesta" als auch in den „Actus Pontificum" finden sich nur wenige Hinweise auf das Leben des heiligen Liborius.

Was ist nun anhand der beiden Chroniken über den heiligen Liborius bekannt? Zunächst läßt sich daraus schließen, daß Bischof Liborius wie die meisten seiner bischöflichen Mitbrüder in der Übergangszeit zwischen dem römischen und christlichen Weltbild in Gallien aus einer gallo-römischen Familie stammte und in der von den Römern befestigten Stadt Cenomannis, dem späteren Le Mans, fast ein halbes Jahrhundert hindurch die Basis für das Erstarken des Christentums legte und in Verbindung mit seinem Nachbarbischof Martin von Tours stand. Er gründete zahlreiche Kirchen vor allem auf dem Land und soll an 96 Weihetagen 217 Priester und 186 Diakone geweiht haben.

Wörtlich heißt es in den „Actus Cenomannis" über Bischof Liborius: „Liborius war seiner Herkunft nach ein Gallier und der Nachfolger des seligen Patavius, des Bischofs der Stadt Le Mans. Er wurde nach dessen Tod vom Volk gewählt und zum Bischof geweiht. Er bemühte sich, in den kirchlichen Angelegenheiten Gott in allen Dingen überaus zu gefallen. Dadurch hat er es verdient, hohen Lohn und die Krone der Herrlichkeit zu empfangen … Er starb im Frieden am 9. Juni 397 und wurde von dem seligen, heiligen Martinus, dem Erzbischof des Bistums Tours, und von seinen Jüngern ehrenvoll bestattet in der Apostelkirche jenseits der Sarthe, die der edle, heilige Julianus vorzeiten erbaut und eingeweiht hatte …"

Martin und die Mantelteilung

Im Gegensatz zu Bischof Liborius konnte bei Martin von Tours die Verehrung unmittelbar an die Aussagen eines glaubwürdigen Augenzeugen anknüpfen. Denn sein Biograph Sulpicius Severus

Bischof Martin von Tours am Sterbebett des Bischofs Liborius. Medaillon im Chor der Kathedrale von Le Mans.

veröffentlichte bereits 395, also zwei Jahre vor dem Tod Martins, seine „Vita sancti Martini", den Lebensweg des Bischofs von Tours, der um 316/17 als Sohn eines römischen Offiziers in Sabaria, der Hauptstadt der römischen Provinz Pannonien, geboren wurde, in Pavia aufwuchs, dann in der kaiserlichen Leibgarde unter den Kaisern Constantius und Julian in Amiens diente und dort als junger Soldat seinen Mantel mit einem Bettler teilte.

Die berühmte Szene der Mantelteilung wird von Sulpicius Severus exakt beschrieben: „Eines Tages, inmitten eines Winters, der so ungewöhnlich hart regierte, daß viele Menschen der strengen Kälte erlagen, begegnete Martin am Stadttor von Amiens einem armen, unbekleideten Mann. Er selbst trug außer seinen Waffen und seinem Militärmantel nichts bei sich. Als der Bedauernswerte nun die Vorübergehenden bat, sie möchten sich seiner erbarmen, als diese jedoch an dem armen Manne vorübergingen, verstand Martin, vom Geiste Gottes erfüllt, daß der Bettler ihm aufgegeben sei, da die andern kein Erbarmen zeigten. Doch was sollte er tun? Außer seinem Militärmantel, mit dem er angetan war, besaß er nichts, hatte er doch bereits, was ihm verblieb, für ein ähnliches Werk der Barmherzigkeit aufgewandt. Er faßte deshalb sein Schwert, mit dem er umgürtet war, teilte den Mantel entzwei und gab die eine Hälfte dem Armen, mit der anderen umkleidete er sich. Unterdes machten sich einige der Umstehenden über ihn lustig, da ihn die abgerissene Uniform sehr entstellte."

Martin war – wie Sulpicius Severus berichtet – durch das Ereignis der Mantelteilung noch mehr in seiner Absicht bestärkt worden, den Heeresdienst aufzugeben und in den Dienst Gottes zu treten. Er ließ sich, gerade 18 Jahre alt, taufen und bat nach zwei Jahren um Entlassung aus dem römischen Heer. Er wurde Schüler des Bischofs Hilarius von Poitiers, erhielt die Priesterweihe und versuchte dann vergeblich, die dem Arianismus anhängende Bevölkerung seiner Heimat Pannonien zum katholischen Glauben zu bekehren. Martin zog sich als Einsiedler auf die Insel Gallinaria an der Reviera zurück, bis er 360 wieder nach Poitiers kam und 361 im nahen Ligugé ein Kloster gründete, das als erste große Klostergründung des Abendlandes angesehen wird. Im Jahr 371 wurde er gegen seinen Willen von den Gläubigen zum Bischof von Tours berufen. Das Schnattern der aufgeschreckten Gänse verriet ihn in seinem Versteck, so daß er schließlich dem Ruf folgte und das Bischofsamt annahm. Trotzdem blieb er seiner Neigung zur Askese verbunden: Er lebte nicht in einem Bischofspalast, sondern in einer Mönchszelle und stiftete auf einem steilen Felsen über der Loire das Kloster Marmoutier, in das er sich oft zur Besinnung zurückzog. Viele Missionsreisen weit über die eigene Diözese hinaus, großes Engagement für Notleidende und Bedrängte, ein unbestechlicher Gerechtigkeitssinn und unbeirrbare Gläubigkeit kennzeichneten den Bischof von Tours, dem schon bald Wunderheilungen zugeschrieben wurden.

Im Umbruch der Zeit

Sulpicius Severus publizierte aber nicht nur einen detaillierten Lebensbericht über Martin von Tours, sondern er schilderte auch das Leben in Gallien während der Umbruchzeit zwischen keltisch-römischer und christlicher Kultur. Denn erst im Jahr 312 hatte Kaiser Konstantin der Große (306-337) unter dem Zeichen des Kreuzes seine Widersacher besiegt und 313 im „Mailänder Abkommen" die Glaubensfreiheit für das Christentum nach Jahrhunderten der Verfolgung verkündet. Unter den damals in Trier residierenden weströmischen Nachfolgern des Konstantin konnten Martin, Liborius und viele andere Bischöfe in Gallien die geistige und geistliche Basis für das spätere christliche Frankenreich und die Neugestaltung des Abendlandes nach dem Untergang des römischen Imperiums legen. Sie wandten bei der Überwindung der keltischen und römischen Kulte – wie Sulpicius Severus über Martin von Tours berichtet – trotz aller

Konsequenz keine Gewalt an, sondern prägten den heidnischen Kultstätten, Bräuchen und Festen den christlichen Stempel auf. Schritt für Schritt gelang es ihnen so, das Christentum durchzusetzen, zumal sie es verstanden, die Missionierung mit beispielhafter christlicher Nächstenliebe zu verbinden und zugleich den Bildungsstand der Bevölkerung zu heben.

Wie Martin von Tours sein Amt als Bischof ansah, zeigt das von Sulpicius Severus überlieferte Gebet des Heiligen kurz vor seinem Tod am 9. November 397 in Candes: „Mein Herr, es ist ein harter Kampf, den wir in Deinem Dienst in diesem Dasein führen. Nun aber habe ich genug gestritten. Wenn Du aber gebietest, weiterhin für Deine Sache im Felde zu stehen, so soll die nachlassende Kraft des Alters kein Hindernis sein. Ich werde die Mission, die Du mir anvertraust, getreu erfüllen. Solange Du befiehlst, werde ich streiten. Und so willkommen dem Veteranen nach erfüllter Dienstzeit die Entlassung ist, so bleibt mein Geist doch Sieger über die Jahre, unnachgiebig gegenüber dem Alter."

Erbe des römischen Reiches

Die Taufe des Frankenkönigs Chlodwig (481-511) im Jahr 496 in Reims, hundert Jahre nach dem Tod des Bischofs Liborius und des Bischofs Martin von Tours, leitete erst den endgültigen Aufstieg des christlichen Frankenreiches als Erbe des römischen Reiches ein, das mit der 799 von Papst Leo III. und König Karl in Paderborn vorbereiteten Kaiserkrönung Weihnachten 800 in Rom seinen Höhepunkt fand. Gleichzeitig mit der Taufe Chlodwigs, der sich für die Annahme des römisch-katholischen Glaubens entschied, wurde auch der Arianismus überwunden, so daß der Weg für einen einheitlichen Glauben im gesamten Frankenreich geebnet war. Die Taufe des Frankenkönigs schuf ebenso die Basis für die viele Jahrhunderte bestehende enge Verbindung zwischen Reich und Kirche und damit für das christliche Abendland und für eine abendländisch-europäische Kultur, wie sie heute unter anderen Voraussetzungen in einem vereinigten Europa angestrebt wird.

Liborius und Martin waren in der zweiten Hälfte des 4. Jahrhunderts, also noch in keltisch-römischer Zeit vor der Christianisierung der Franken durch Chlodwig, Bischöfe von Le Mans und Tours

Reliquien des heiligen Julian und des heiligen Liborius (rechts), der ersten beiden Bischöfe von Le Mans, werden in diesen kunstvollen vergoldeten Büsten im Domschatz der Kathedrale aufbewahrt.

Die Mantelteilung St. Martins. Gemälde von Simone Martini (1283-1344) in der Martinus-Kapelle der Unterkirche von St. Francesco in Assisi.

in Westfrankreich. Ihre benachbarten Diözesen hatten ähnliche Lebensbedingungen, ihr bischöfliches Wirken stand weithin unter dem Leitmotiv der Missionierung, vor allem auf dem Land, wo der keltische Druiden- und der römische Götterkult nach wie vor großen Einfluß hatten. Innerhalb der christlichen Gemeinden kam es durch den Arianismus, der die Wesensgleichheit Jesu Christi mit dem Vater leugnete und schon im Jahr 325 auf dem Ersten Ökumenischen Konzil von Nizäa verurteilt worden war, zu großen Konflikten, mit denen sich Liborius und Martin immer wieder beschäftigen mußten. Doch erst – wie schon erwähnt – die Taufe Chlodwigs 496 führte zur endgültigen, durch die Politik des Frankenkönigs bedingten Überwindung dieser Lehre.

Über Le Mans während der römischen Zeit und der Zeit des Bischofs Liborius schrieb bereits Conrad Mertens (1836-1905), damals Pfarrer in Kirchborchen und kompetenter Erforscher der Liboriusverehrung, in seinem 1873 erschienenen, bis heute aussagekräftigen Buch „Der heilige Liborius – Sein Leben, seine Verehrung, seine Reliquien": „Die Bewohner der Provinz Maine, zu welcher Le Mans gehört, waren Kelten. Zur Zeit des heiligen Liborius befand sich die Provinz Maine unter der Herrschaft der römischen Kaiser und stand unter einem Beamten, der den Titel ,Defensor' führte und in Le Mans seinen Sitz hatte. Das Christentum war be-

Der Besuch St. Martins am Sterbebett des hl. Liborius wird auf einem Ende des 19. Jahrhunderts entstandenen Relief in der St.-Liborius-Kirche Bad Wildungen dargestellt.

reits durch den heiligen Julian, den ersten Bischof von Le Mans, und durch seine beiden Nachfolger Thuribius und Pavacius eingeführt, hatte indes in den unruhigen und wechselnden Zeiten noch keine allgemeine Verbreitung gefunden. Wenn auch in den Städten der größte Teil der Einwohner die Religion Jesu angenommen hatte, so war doch die Landbevölkerung noch fast ganz heidnisch. Es war nicht das römische Heidentum, denn dieses hatte auf dem Lande keinen Eingang finden können. Auch das germanische Heidentum hatte nur an den Grenzen der Provinz an wenigen Orten, die im Besitz der beutegierigen Sachsen waren, seine Bekenner. Die Masse des Volkes huldigte vielmehr dem Druidenkult, einer Religion, die nicht nur in Maine, sondern besonders in der benachbarten Normandie und in der Bretagne ihre Anhänger hatte … Dieser Kult durfte auch noch um die Mitte des vierten Jahrhunderts ausgeübt werden, obwohl bereits christliche Regenten den Thron bestiegen hatten. Denn die Kaiser Jovinian († 364) und Valentinian († 375) gestatteten den Heiden Religionsfreiheit." Conrad Mertens bezeichnet hier den heiligen Liborius als den vierten Bischof der Diözese Le Mans. Eduard Stakemeier und Alfred Cohausz kamen jedoch nach gründlichen Untersuchungen zu dem Schluß, daß Liborius der unmittelbare Nachfolger des Bistumsgründers St. Julian, also der zweite Bischof von Le Mans, war.

Schutzpatron des Frankenreiches

Während Bischof Liborius nach seinem Tod über seine Diözese Le Mans hinaus im Frankenreich zunächst keine überregionale Würdigung und Verehrung errang, wurde Martin von Tours schon in der Merowingerzeit zum Schutzpatron und Nationalheiligen des Frankenreiches, nicht zuletzt durch die Publizität, die er durch die überall im Frankenreich bekannte Mantelteilung und durch die Biographie des Sulpicius Severus fand. Die fränkischen Könige, die – wie später auch die deutschen Könige und Kaiser – noch ohne Hauptstadt residierten, übten ihr Herrscheramt in den verschiedenen Pfalzen ihres Reiches aus und führten unter den Reichskleinodien wie Krone, Zepter und Schwert auch einen Reliquienschrein mit der „Cappa", dem legendären halbierten Mantel des hl. Martin, mit, der in den Pfalzen in einer „Capella" aufbewahrt wurde.

St. Martin wurde im fränkischen Reich als Schutzpatron und Nationalheiliger hoch verehrt und in vielen Kunstwerken dargestellt. Auf unserem Bild aus dem 8. Jahrhundert überreicht Bischof Erembert dem heiligen Martin einen Codex mit Psalmen und Psalmenkommentaren. Das Pergament trägt in deutscher Übersetzung die Inschrift: „O heiliger Martin, frommer Bischof, schenke Gnade deinem dich demütig bittenden Diener Erembert." Die Handschrift wird in der „Bibliotheca Palatina" im Vatikan aufbewahrt.

So entstand nicht nur der Begriff „Kapelle", sondern auch der Titel „Kaplan" in Ableitung der die „Cappa" begleitenden „Capellani", der Beschützer des Mantels.

Aus der Chronik des Sulpicius Severus geht nicht hervor, daß Martin und Liborius sich begegneten. Doch eine enge Verbindung der beiden Bischöfe kann schon durch die Nachbarschaft ihrer Diözesen als selbstverständlich angesehen werden. Spätere Chroniken aus der Zeit Bischof Aldrichs im 9. Jahrhundert sprechen von einer Freundschaft zwischen Martin und Liborius und berichten ausführlich vom Besuch Martins am Sterbelager von Bischof Liborius. Martin selbst soll nach der Überlieferung die Beisetzung seines Freundes und bischöflichen Mitbruders vorgenommen haben.

Am Sterbebett des Freundes Liborius

Wörtlich heißt es über den Tod des Bischofs Liborius in den „Viten" des 9. Jahrhunderts: „Martinus kam, von einer inneren Stimme getrieben, ohne daß er eine Nachricht vom Tode des Freundes gehabt hätte, auf einem Esel reitend und von seinen Mönchen begleitet, in die Nähe von Le Mans. Dort sah er den Subdiakon Victurus, Psalmen singend, in einem Weinberg arbeitend. Martinus erkannte in ihm den Nachfolger des heiligen Liborius, ließ ihn herbeirufen und begrüßte ihn als kommenden Bischof. Überrascht und verwirrt legte Victurus den Spaten beiseite, ordnete Kleider und Haare, nahm den Stab des heiligen Martinus und folgte ihm in die Stadt. Dort fand Martinus Liborius dem Tode nahe. Er fand ihn wie einen Büßer auf hartem und bescheidenem Lager, aber von zuversichtlicher Erwartung des ewigen Lebens erfüllt und bei seinem Anblick von Freude überströmend. Er unterhielt sich mit ihm über die Herrlichkeit des Himmels, der ihre vorübergehende Trennung bald in Freude verwandeln würde. Dann spendete er ihm die heiligen Sakramente. Er gab ihm den ersten und höchsten Rat des Lebens. In seinen Armen verschied Liborius am 9. Juni 397 … Am nächsten Tag versammelte Martinus das christliche Volk, das von nah und fern herbeigeeilt war, in der Kirche und tröstete es über die Heimkehr seines geliebten Oberhirten. Sodann leitete er die Wahl des neuen Bischofs. Klerus und Volk wählten den Subdiakon Victurus, den Martinus vor der Stadt im Weinberg getroffen hatte."

St. Liborius und St. Martin, die im 4. Jahrhundert viele Jahre Bischöfe in den benachbarten westfränkischen Diözesen Le Mans und Tours waren und beide im Jahr 397 starben, sind in einem modernen, von Nikolaus Bette gestalteten Kirchenfenster der Pfarrkirche St. Martin in Bigge in der Erzdiözese Paderborn dargestellt. Unter der überragenden Gestalt des heiligen Liborius wird die Translatio, die Übertragung der Reliquien im Jahr 836, gezeigt. In einem anderen Medaillon steht St. Martin dem sterbenden Liborius bei.

Als Sterbetag des heiligen Liborius gilt der 9. Juni 397, während das Liborifest nach alter Tradition jedoch in der Woche nach dem 23. Juli gefeiert wird. Martin starb einige Monate später als Liborius im Alter von 81 Jahren am 9. November 397 und wurde am 11. November unter größter Anteilnahme der Bevölkerung in Tours beigesetzt. Entgegen den Gepflogenheiten jener Zeit galt in der Kirche schon bald nicht der Todestag, sondern der Tag der Beisetzung des hl. Martin von Tours als hoher Festtag, der bis heute seine Bedeutung behalten hat und im kirchlich-weltlichen Brauchtum in vielfältiger Weise vom Martinszug bis zur Martinsgans zum Ausdruck kommt.

Auch das Paderborner Liborifest als Erinnerung an den Todestag des Heiligen in seiner Verbindung von geistlicher und weltlicher Libori-Verehrung hat seine Einmaligkeit über die Jahrhunderte hinweg bewahren können und findet in keiner deutschen Diözese eine vergleichbare Parallele.

Günter Beaugrand

777–799: Paderborn im Schnittpunkt fränkischer Macht

Fast 450 Jahre liegen zwischen dem Tod des heiligen Liborius und der Überführung seiner Reliquien nach Paderborn im Jahr 836. Inzwischen hatte sich das Frankenreich zur führenden Macht in Europa entwickelt und Schritt für Schritt das Erbe des römischen Imperiums angetreten. Die Taufe des Frankenkönigs Chlodwig (466-511) im Jahr 496 legte die Basis für die Christianisierung der Franken und die spätere enge Verbindung zwischen dem neuen Staat und der Kirche, die mit der Kaiserkrönung Karls des Großen Weihnachten 800 in Rom ihren Höhepunkt fand. Mit diesem Schritt wurde die Gestaltung einer großen, kulturell und geistig zusammenwachsenden Völkergemeinschaft angebahnt, die jedoch erst nach langjährigen harten Auseinandersetzungen und vielen Rückschlägen verwirklicht werden konnte.

Bis ins neunte Jahrhundert dauerte der Kampf der

Im Stil der karolingischen Architektur wurde in Paderborn über den Ausgrabungen der Kaiserpfalzen eine moderne Pfalzaula errichtet, die für viele festliche Veranstaltungen dient.

Franken um die Vormacht. Vor allem die Sachsen widersetzten sich in immer neuen Aufständen den Eingliederungs- und Missionsversuchen, wenn auch die Anfänge des Christentums in Sachsen zunächst unter friedlichem Vorzeichen standen und unabhängig waren von den machtpolitischen Zielsetzungen der Franken.

Schon seit 750 führte König Pippin, der Vater Karls, ohne Erfolg Krieg gegen die auch bei Überfällen auf fränkisches Gebiet bis an den Rhein vordringenden Sachsen. Erst Karl dem Großen, der 772

Schreitende Krieger aus fränkischer Zeit. Farbverglasung aus der Zeit um 1160 im St.-Patrokli-Dommuseum Soest.

zum erstenmal mit einem Heer anrückte und das sächsische Heiligtum, die Irminsul auf der Eresburg, zerstörte, gelang es in mehr als dreißig Jahre dauernden, von friedlichen Episoden unterbrochenen Feldzügen, die Sachsen in das Frankenreich einzugliedern. Während sich die Oberschicht der „Edelinge" zum Teil relativ schnell den neuen Herren anpaßte, leisteten breite Schichten der bäuerlichen Bevölkerung aus ihrem Stammes- und Religionsverständnis konsequent Widerstand gegen die ihnen fremde fränkische Lebensordnung und die damit verbundene Christianisierung. Immer wieder kam es zu neuen Aufständen, die nur mit Mühe eingedämmt werden konnten.

777: Erste Reichsversammlung

Bereits im Sommer des Jahres 777 hielt König Karl in Paderborn, das er als Königspfalz gegründet und befestigt hatte, die erste Reichsversammlung auf sächsischem Boden ab. Er gestaltete sie zu einer aufwendigen Heerschau, zu einer einschüchternden Demonstration seiner Macht. Auch die Großen der Sachsen waren eingeladen, damit sie sich von der Macht des neuen Herrn überzeugen konnten. Mit der Reichsversammlung war zugleich eine Missionssynode einberufen worden, bei der die ersten kirchlichen Strukturen in Sachsen entstanden. Auch muslemische Gesandte aus Spanien kamen mit großem Gefolge an die Pader, überreichten Karl als symbolisches Zeichen der Unterwerfung die Stadtschlüssel von Barcelona und suchten im Kampf gegen den Emir von Cordoba den militärischen Beistand des Frankenkönigs, der dann im Sommer 778 mit zwei getrennten Heeresgruppen über die Pyrenäen zog, aber nach anfänglichen Erfolgen seinen Feldzug aufgeben mußte. Bei Roncesvalles wurde seine unter dem bretonischen Markgrafen Roland stehende Nachhut von den Basken völlig aufgerieben – ein Ereignis, das im berühmten altfranzösischen „Rolandslied" seinen literarischen Niederschlag fand.

Mit einem „Paukenschlag", so charakterisiert Rudolf Pörtner die Einberufung der Reichsversammlung von 777, „trat Paderborn in die Geschichte ein." Doch Karls Hoffnung, die Sachsen endgültig gewonnen und befriedet zu haben, zerschlug sich. Es kam schon bald wieder zu neuen kriegerischen Auseinandersetzungen. Selbst nach der Taufe des

Papst Johannes Paul II. blickte bei seinem Besuch in Paderborn im Juni 1996 von der Roten Pforte des Doms auf die Ausgrabungen der karolingischen Kaiserpfalzen. Im Jahr 799 war sein Vorgänger Leo III. drei Monate Gast des Frankenkönigs Karl, der mit ihm die Kaiserwahl in Rom vereinbarte.

Sachsenfürsten Widukind im Jahr 785 in der Pfalz von Attigny in den Ardennen setzten sie zum Teil den Widerstand fort, so daß Karl immer wieder gezwungen war, von seiner Königspfalz Paderborn aus einzugreifen und die neuen, überaus rebellischen Untertanen zu zügeln. Im Jahr 804 hielt er sich, inzwischen seit 800 Kaiser des neuen Reiches, zum letzten Mal in Paderborn auf, um den so schwer errungenen Frieden zu verkünden. Endgültig war Sachsen zum Teil des Frankenreiches geworden.

Nach 777 trafen sich die weltlichen und geistlichen Großen des fränkischen Reiches in den Jahren 780, 782 und 785 zu weiteren Reichsversammlungen erneut in Paderborn. In den für das künftige Europa entscheidenden Jahren wurde die Stadt an der Pader zu einem Schnittpunkt fränkischer Reichspolitik und zugleich zum Ausgangspunkt für die Christianisierung der Sachsen. Die Reichsversammlungen waren stets verbunden mit Synoden zur Ordnung geistlicher und missionarischer Probleme, um das Sachsenland nach fränkischem Muster und Vorbild zu strukturieren.

Leo III. zu Gast bei Karl dem Großen

Im Zentrum fränkischer Politik stand Paderborn im Jahr 799, als der nach einem Attentat aus Rom geflohene Papst Leo III. bei König Karl Schutz und Unterstützung suchte und sich drei Monate in der Paderstadt aufhielt. Hier wurde mit dem fränkischen König die Kaiserkrönung vereinbart, die am

Bei den Ausgrabungen der karolingischen Kaiserpfalzen in Paderborn wurden auch Reste der Malerei aus der ersten Pfalzaula Karls des Großen aus dem Jahr 777 gefunden.

Weihbischof Dompropst Hans Leo Drewes erläuterte Papst Johannes Paul II. bei seinem Besuch in Paderborn das Ausgrabungsgelände der Kaiserpfalzen.

Weihnachtstag des Jahres 800 in Rom stattfand und das bis zum Jahr 1806 mehr als tausend Jahre bestehende „Heilige Römische Reich" – wie es erst später genannt wurde – begründete. Mit der Kaiserkrönung knüpfte Karl der Große nicht nur an die römische Tradition an, er empfand sich auch als Schutzherr des Papstes und der römischen Kirche. Zugleich wurde damit das Christentum noch mehr als bisher zur Sache des Reiches, das der Kirche bei der Missionierung zur Seite stand.

Schon bei der Wahl Leos zum Papst im Jahr 796 hatte Karl durch seinen Boten, Abt Angilbert von St. Riquir, in einer Grußbotschaft seinen Anspruch als „Patricius Romanorum", als Schutzherr der Römer und als Verteidiger des Christentums, deutlich zum Ausdruck gebracht und seine politische Leitlinie formuliert, die dann durch die Vereinbarung in Paderborn drei Jahre später realisiert wurde: „Es ist unsere Aufgabe, mit Gottes Hilfe die heilige Kirche Christi gegen den von außen kommenden Angriff der Heiden und die Verheerungen der Ungläubigen überall mit Waffengewalt zu verteidigen und die

Kenntnisse des katholischen Glaubens innerhalb der Kirche zu festigen. Eure Aufgabe, heiligster Vater, ist es, unseren Armeen beizustehen, indem Ihr gleich Moses die Hände zu Gott emporhebt, damit durch Eure Fürbitte und Gottes Führung das christliche Volk überall und immer den Sieg über die Feinde Seines heiligen Namens erringen möge und der Name des Herrn Jesus Christus in der ganzen Welt verherrlicht werde."

Als Leo III. im Sommer 799 in größter Not, bedrängt von seinen Feinden und soeben dem Tod entronnen, nach Paderborn kam, gestaltete Karl der Große die Begegnung mit dem Papst zu einem beeindruckenden, mit großer Pracht gefeierten Fest, das den Frankenkönig – im Sinne der 796 an den neugewählten Papst gerichteten Grußbotschaft – als mächtigen Schutzherrn der Kirche und Erbe des römischen Imperiums unübersehbar präsentierte.

Ein unbekannter zeitgenössischer Dichter hat in 536 Hexametern die Atmosphäre dieses Festes eindrucksvoll beschrieben. Dieses „Paderborner Epos", das von Franz Brunhölzl übersetzt und im Auftrag des Vereins für Geschichte und Altertums-

kunde Westfalens von Prof. Dr. Clemens Honselmann im Jahr 1966 herausgegeben wurde, nennt Karl bereits den „Leuchtturm Europas", bezeichnet ihn als „Haupt der Welt" und seine Aachener Pfalz als das „Neue Rom".

So wurde Papst Leo III. von König Karl empfangen

Das „Paderborner Epos" beschreibt die Ankunft des Papstes in Paderborn mit geradezu enthusiastischen Versen:

„Karl erstrahlt inmitten des Heeres, frohgemut; golden deckt der Helm das Haupt, glanzvoll erscheint er in der Waffenrüstung, ein riesiges Roß trägt den gewaltigen Führer. Vor dem Lager stehen die Scharen der Priester, eingeteilt in drei Chöre, angetan mit langen Gewändern; hoch erhoben tragen sie das heilige Banner des Kreuzes; die Ankunft des Papstes erwartet der gesamte Klerus und das festlich gekleidete Volk. Schon sieht Vater Karl auf dem offenen Felde den Heereszug, erkennt, daß

Das Fundament des Thrones, von dem aus Karl der Große bei seinen Besuchen in der Kaiserpfalz seine Entscheidungen verkündete und Urteile fällte, wurde bei den Ausgrabungen an der Nordseite des Paderborner Domes freigelegt.

Pippin und der oberste Hirte heranziehn. Da gebietet er dem Volk, in kreisförmiger Anordnung zu warten, und läßt das Heer in offenem Kreise sich aufstellen. Er selbst begibt sich in die Mitte des Runds, froh die Ankunft des Papstes erwartend, um Haupteslänge erhebt er sich über sein Gefolge, überragt er das ganze Volk.

Nun kommt Papst Leo heran und tritt in den äußeren Kreis. Staunend sieht er die Völker, verschieden an Tracht und Sprache, Gewandung und Waffen aus den verschiedenen Teilen der Erde. Karl erweist ihm sogleich die Ehre des Fußfalls, umarmt den Hohenpriester und tauscht mit ihm den Kuß des Friedens. Sie reichen einander die Rechte und schreiten nebeneinander und wechseln gar freundliche Worte. Vor dem höchsten Priester wirft sich das ganze Heer dreimal zu Boden, dreimal erweist ihm die Menge demütig die Ehre des Fußfalls. Und für das Volk spricht dreimal ein stilles Gebet der Bischof.

Der König, der Vater Europas, und der oberste Hirte auf Erden, sind zusammengekommen und führen Gespräche über mancherlei Dinge.

Lautes Rufen erhebt sich, der Schall dringt zum hohen Olymp: der apostolische Herr, geleitet vom seligen Karl, zieht ein in den Tempel des Schöpfers,

nach gewohnter Weise mit frommer Andacht die Feier der Messe zu begehen.

So wie der Gottesdienst nach Gebühr vollendet, bittet Karl Papst Leo zu sich in den hohen Palast. Herrlich erstrahlt darin mit gewebten Teppichen die Halle, von Gold und Purpur reich geschmückt sind überall die Sitze. Man sitzt zu Tische frohgemut, genießt gar manchen leckern Bissen; so feiert man das Festmahl drinnen in der Pfalz, und auf den Tischen bauschen sich die goldnen Krüge mit Falerner. Der König Karl und Leo, der höchste Bischof auf Erden, speisen zusammen, trinken aus Schalen schäumenden Wein. Nachdem man heiter getafelt und die süßen Gaben des Bacchus genossen, überreicht der huldreiche Karl dem erhabenen Leo reiche Geschenke. Dann kehrt der König frohgestimmt zurück ins Innere seiner Pfalz, und auch der Papst sucht das Lager seiner Getreuen auf. Mit solchen Ehren wurde Leo von Karl empfangen, er, der vor den Römern geflohen und aus seinem Lande vertrieben worden war."

Die in den folgenden drei Monaten in Paderborn vereinbarte, Weihnachten 800 in Rom mit der Kaiserkrönung besiegelte enge Verbindung zwischen dem Kaiser und dem Papst, zwischen Staat und Kirche trug entscheidend zum Aufbau des fränkischen Reiches und zur Festigung der Kirche als Glaubens- und Kulturträger bei, hatte aber in späteren Jahrhunderten verhängnisvolle Auswirkungen und führte zu schweren Konflikten über die jeweilige Vormachtstellung der beiden Partner.

Die Gründung des Bistums Paderborn

Bei ihrer Begegnung in Paderborn riefen Papst Leo III. und Karl der Große im Jahr 799 das Bistum Paderborn ins Leben, das zunächst vom Bischof von Würzburg als der nächstgelegenen Diözese verwaltet wurde und im Jahre 806 mit dem aus Sachsen stammenden, in Würzburg ausgebildeten Hathumar seinen ersten Bischof erhielt. Dazu schreiben Hans Jürgen Brandt und Karl Hengst: „Die Ernennung eines Einheimischen zum Leiter des noch jungen sächsischen Bistums ist als Zeichen des besonderen Vertrauens Karls des Großen in Hathumar und die in seinem Reiche voll eingegliederten Sachsen gedeutet worden." Die Bistumsgründung von Paderborn und anderer Diözesen im Sachsenland wie Osnabrück, Münster und Minden

Der heilige Petrus übergibt Papst Leo III. (links) das Pallium als Zeichen der geistlichen Gewalt und Karl dem Großen (rechts) das Banner der Stadt Rom als Zeichen weltlicher Macht. Detail aus dem Mosaik des Trikliniums am Lateran.

Das sogenannte „Triclinium" des Lateranpalastes in Rom mit der mosaikverzierten Apsis und der Darstellung Leos III. und Karls des Großen entstand im 9. Jahrhundert nach der Wahl Karls zum Kaiser Weihnachten 800. Das Mosaik dokumentiert die in Paderborn 799 getroffenen Vorbereitungen zur Kaiserwahl.

im gleichen Zeitraum besiegelte die endgültige Befriedung und Christianisierung Sachsens und leitete durch die Errichtung von Klöstern und Kirchen eine Epoche des geistigen und kulturellen Aufbruchs ein.

Bischof Hathumar übte sein Amt bis zum Jahr 815 aus und fand in Bischof Badurad (815-862) einen engagierten Nachfolger, der einen neuen Dom erbaute und durch seine Freundschaft mit dem Nachfolger Karls des Großen, Kaiser Ludwig den Frommen, und Bischof Aldrich von der westfränkischen Stadt Le Mans im Jahr 836 den heiligen Liborius als Schutzpatron in seine Bischofsstadt holte.

In ihrem grundlegenden Werk „Die Bischöfe und Erzbischöfe von Paderborn" zeichnen Hans Jürgen Brandt und Karl Hengst im einzelnen die Diözesangründung und das Wirken der ersten Paderborner Bischöfe nach. Sie weisen darauf hin, daß durch die Ausgrabungen des Pfalzgeländes und durch die Auffindung bisher noch unbekannter literarischer Zeugnisse das Gründungsjahr der Di-

özese Paderborn auf das Jahr 799 festgelegt und als „historische Wahrheit" angesehen werden könne. Der drei Sommermonate während Aufenthalt Papst Leo III. im Jahr 799 bei Karl dem Großen habe Paderborn zum „Schauplatz eines politischen Vorganges von höchstem Rang und weltgeschichtlicher Tragweite" gemacht. Die damaligen Verhandlungen zwischen dem fränkischen König und dem römischen Papst in Paderborn hätten unmittelbar den Weg Karls zur Kaiserkrönung am Weihnachtsfest des nachfolgenden Jahres 800 geebnet.

Neue Dokumente – neue Erkenntnisse

Die Entdeckung eines bisher unbekannten Dokuments in der Bibliothek des Bielefelder Ratsgymnasiums im Jahr 1965 über die Translation der Reliquien des heiligen Liborius von Le Mans nach Paderborn 836 führte zu neuen Erkenntnissen über die Bistumsgründung, die sich mit den Ergebnissen der Ausgrabungen verbinden. Der Augenzeugenbericht des Priesters Erconrad aus Le Mans, den Alfred Cohausz auffand, 1966 der Öffentlichkeit zugänglich machte und mit den drei schon vorliegenden Übertragungsberichten verglich, schildert die überaus herzliche Aufnahme der Paderborner Gesandtschaft mit den Liborius-Reliquien im St.-Medardus-Kloster (heute Saint Mars-la-Brière), fünfzehn Kilometer von Le Mans. In der von Erconrad wiedergegebenen Ansprache des Abtes an die Delegation wird ausdrücklich betont, daß das Kloster von Karl dem Großen dem Paderborner Domstift geschenkt und von Papst Leo und 15 Bischöfen bestätigt worden sei.

Eindeutige Bestätigung

Hans Jürgen Brandt und Karl Hengst interpretieren diesen Vorgang als unanzweifelbare Bestätigung der Bistumsgründung im Jahr 799. Sie schreiben: „Das Zeugnis des Abtes von St. Medardus anläßlich der Liboritranslation 836 beantwortet gleich eine Reihe bisher offener Fragen. Als Tatbestand läßt sich aus ihm folgern, daß neben dem fränkischen König Karl und dem römischen Papst Leo mindestens fünfzehn Bischöfe des Reiches zu einem bestimmten Termin im Sommer 799 in Paderborn versammelt waren. Einen der Beratungspunkte bildete die ‚Causa monasterii Paderborniensis‘. Karl schenkte dem Paderborner Domstift umfangreiches Königsgut, u. a. das fränkische Kloster St. Medardus. Nach mittelalterlichem Rechtsbrauch erfolgte dieser Akt durch Ausfertigung und Übergabe einer Königsurkunde. Papst Leo nahm diese Schenkungsurkunde entgegen und bestätigte sie, wie es heißt. Auch dies erfolgte selbstverständlich durch die Ausfertigung einer Urkunde … Der Abt vom Kloster St. Medardus bezeugte, wie sich aus dem inneren Zusammenhang zwangsläufig folgern läßt, die Papsturkunde gesehen und von dem Rechtsvorgang im Jahre 799 bezüglich des Paderborner Domstifts glaubwürdig gehört zu haben. Die Erfüllung der rechtlichen Gepflogenheiten bei der Errichtung eines Bistums im Mittelalter ist damit für Paderborn eindeutig nachgewiesen. Karl der Große und Papst Leo III. haben im Sommer 799 auf einer synodalen Versammlung in der Pfalz an der Pader das Sachsenbistum Paderborn rechtskräftig gegründet."

Längst sind die Bauwerke aus jener Zeit zerstört und vom Schutt der Jahrhunderte so überdeckt worden, daß sie überhaupt nicht mehr aufzufinden waren. Doch 1963 stieß man bei Bauarbeiten erstmalig auf Gebäudereste des frühen Mittelalters. Seitdem gelang es Schritt für Schritt, die Vergangenheit ans Licht zu heben: die Kaiserpfalzen Karls des Großen und ihre Nachfolger aus der Zeit der Ottonen. Sogar Reste der ersten Reichsversammlung 777 und der bereits 778 von den Sachsen wieder zerstörten Pfalz wurden gefunden, ebenfalls Steine der dann 793/94 wieder neu errichteten und erneut vernichteten zweiten Pfalz, über deren Ruinen dann die dritte Pfalz der Reichsversammlung von 799 erbaut wurde, in der sich Leo III. und Karl der Große trafen. Auch der Unterbau des Thrones wurde entdeckt, von dem aus Karl der Große seine Regierungsentscheidungen verkündete und Urteile fällte.

Im Dombereich konnten durch sorgfältige archäologische Untersuchungen die Vorgänger des heutigen Doms bis zurück zur im Jahre 777 errichteten ersten Kirche und der Kirche des Jahres 799 nachgewiesen werden, die geistlicher Mittelpunkt der fränkischen Reichsversammlung und der Begegnung König Karls mit Papst Leo III. war. In der Krypta dieser Kirche, des zukünftigen Doms, weihte Papst Leo einen Altar zu Ehren des heiligen Stephanus, und in ihrem Umfeld vollzog sich auch die Bistumsgründung.

Nach dem Tod Karls des Großen behielt Paderborn noch viele Jahre seine Bedeutung. Hier wurden später die Reichsversammlungen der Jahre 815, 840 und 845 abgehalten. Im 9. und 10. Jahrhundert waren die deutschen Kaiser oft zu Besuch in Paderborn, bis ein großer Brand im Jahre 1000 die Pfalz zerstörte, die jedoch ab 1002 wieder benutzt werden konnte.

Bischof Meinwerk ließ ab 1009 einen neuen Bischofspalast errichten, der noch im 12. Jahrhundert zum Schauplatz zahlreicher Besuche der deutschen Kaiser und Könige wurde, bis sich die Reichspolitik mehr und mehr nach Süddeutschland verlagerte und Paderborn wieder abseits der großen Zentren des mittelalterlichen Kaisertums lag.

Günter Beaugrand

836: Von Le Mans nach Paderborn

Schauplatz: Nahe beim Stadttor von Le Mans vor der St.-Vinzenz-Kirche am 1. Mai des Jahres 836. Unter dem Geläut aller Kirchen der Stadt strömt eine große Volksmenge zusammen, um den Festzug mit den Reliquien des heiligen Liborius zu sehen und vor seiner großen Reise nach Sachsen zu verabschieden. Doch die Stimmung schlägt um. Die Freude weicht der Trauer, ja der Entrüstung. Aus dem Abschied wird eine Demonstration gegen den Bischof und Kaiser Ludwig, die die Übertragung der Heiligtümer veranlaßt hatten:

„Da erhob sich gegen den Bischof laute Klage. Sehr viele riefen, man werde des Schutzes eines großen Patrons beraubt, durch dessen Fürsprache sie vor aller Widerwärtigkeit beschützt würden. Dies sei nächst Gott der einzige Schutz ihres Landes. Er sei die größte Ehre und einzigartiger Ruhm. Bewegt durch das laute Schreien der Menge, gebot der Bischof Schweigen und redete das Volk so an:

‚Meine Brüder, glaubet nicht, ich hätte euer und ähnlich mein Wohl vergessen, so daß ich die Überreste dieses unseres Patrons ohne Gottes Vorsehung und ohne klare Offenbarung von hier fortschickte. Wir müssen aber einem jüngst zum Glauben berufenen Volk, das entweder wenig oder überhaupt nichts von so großer Hilfe besitzt und bescheiden von uns Unterstützung bei seinem Bedarf erbittet, rasch Zustimmung gewähren und dürfen nicht gegen das Gesetz der Bruderliebe unser Herz verschließen. Ihr müßt ferner wissen, daß der erlauchteste Kaiser Ludwig den Befehl gegeben hat, daß dieses geschieht. Wer immer seiner Amtsgewalt widersteht, widersteht Gottes Anordnung. Brüder, laßt darum ab von diesem Lärm, damit ihr nicht gegen Gottes Anordnung aufsässig erscheint!‘

Durch diese Ermahnungen wurde das Volk beruhigt, und der Bischof ließ die, welche durch die Verdienste des heiligen Liborius von mancherlei Schwächen befreit worden waren, sich zur Schau vor der Menge an einer Stelle sammeln. So sollte

Die Paderborner Delegation bei der Überführung der Reliquien des hl. Liborius von Le Mans nach Paderborn im Jahr 836. Ausschnitt aus der Fensterrosette im Dom.

Gottes Erbarmen von allen einmütig gepriesen werden. Und alsbald sang der Klerus den Hymnus Te Deum laudamus, wobei der Bischof anstimmte und von allen Seiten der unendlichen Menge ein jeder, so laut er konnte, lobsang.“

Zwischen Beruhigung und Drohung

Eine solche hochdramatische Szene, die in ihrer Brisanz einer modernen Massendemonstration gleichkommt und zugleich das psychologische Einfühlungsvermögen des bedrängten Bischofs Aldrich im Wechselspiel zwischen Beruhigung und Drohung verrät, charakterisiert die Volksstimmung in der westfränkischen Stadt Le Mans, als Ende April 836 die Reliquien ihres im Jahre 397 verstorbenen Bischofs Liborius von seiner einstigen Wirkungsstätte Le Mans in die junge Bischofsstadt Paderborn im fernen Sachsen übertragen werden sollten.

Aufgezeichnet von Erconrad, einem zeitgenössischen Biographen und Chronisten aus dem 9. Jahrhundert, kann die hier wörtlich wiedergegebene Schilderung der damaligen Ereignisse den Anspruch großer Authentizität erheben. Sie spiegelt unmittelbar das Empfinden der Menschen jener Zeit wider, als das fränkische Reich sich immer mehr ausdehnte, erst vor wenigen Jahrzehnten das Land der Sachsen nach langen Kämpfen in seinen Machtbereich einbezogen hatte und nun von seinen

Bürgern gleichsam „religiöse Entwicklungshilfe" in Form von Reliquien verlangte.

Zur Festigung des Glaubens

Kaiser Ludwig der Fromme hatte als ältester Sohn Karls des Großen die Nachfolge des am Weihnachtstag des Jahres 800 in Rom zum Kaiser gekrönten, 814 verstorbenen Gründers des Heiligen Römischen Reiches angetreten. Er war – ebenso wie sein Vater – bestrebt, die verschiedenen, weit auseinanderliegenden Teile seines Reiches durch geistlich-religiöse und machtpolitische Verbindungen enger zu knüpfen. Diesem Ziel diente auf kirchlichem Gebiet zur Festigung des Glaubens auch die Übertragung von Reliquien bekannter Heiliger des fränkischen Reiches in die neu eingegliederten Gebiete der erst vor kurzem christianisierten Sachsen.

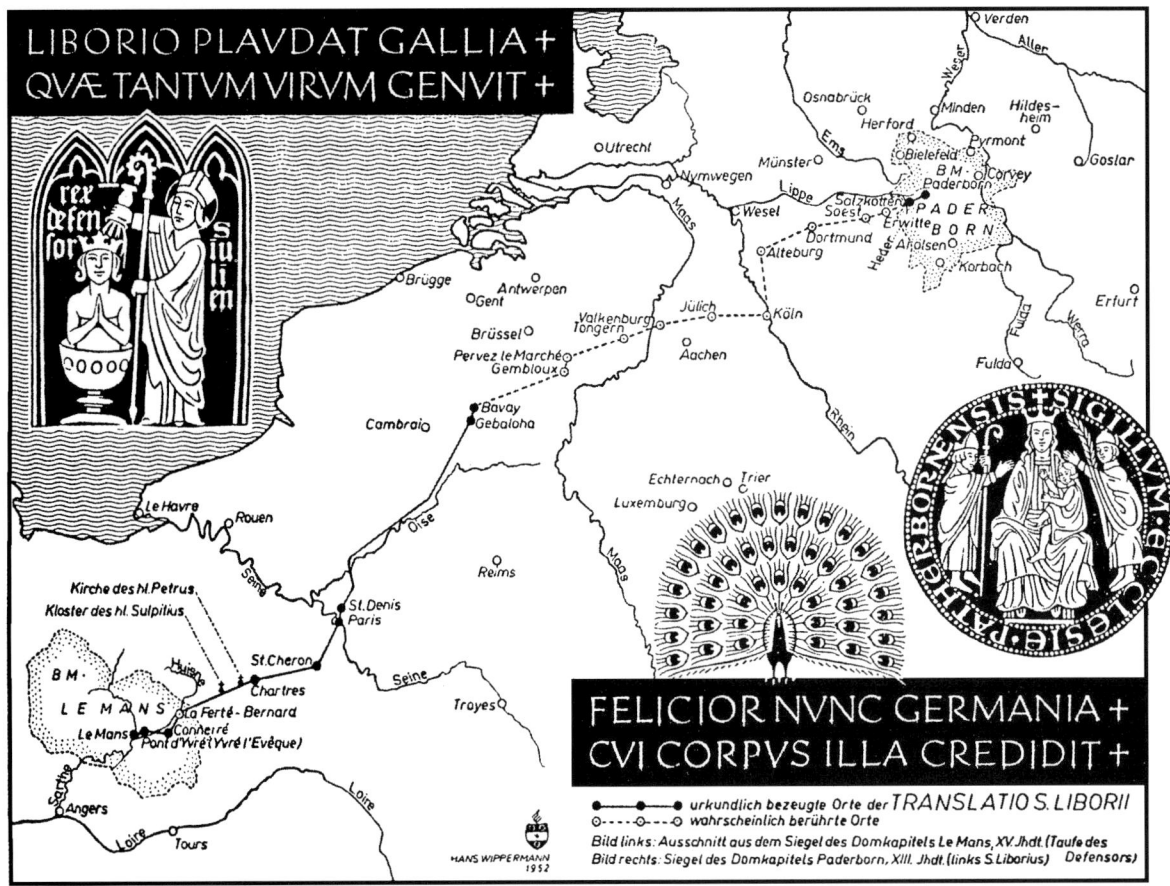

Der Weg der Reliquien von Le Mans nach Paderborn. In den Chroniken des 9. Jahrhunderts ist die Strecke bis St. Denis urkundlich bezeugt, der weitere Weg kann nur als wahrscheinlich angesehen werden. Unsere Skizze wurde dem Buch von Eduard Stakemeier „Liborius – Geschichte und Legende" (Verlag Bonifatius, Paderborn, 1952) entnommen.

Die Fensterrosette in der Westwand des Paderborner Doms schildert die Geschichte des heiligen Liborius und seiner Verehrung auf acht Feldern, die das Bild des Heiligen im Mittelteil vor dem Hintergrund des Doms von Paderborn und der Kathedrale von Le Mans umgeben. Der Entwurf der Rosette stammt von Christian Göbel, Werl, die Ausführung übernahmen die Werkstätten für Glasmalerei und Mosaik Peters, Paderborn.

Paderborn hatte damals als junge Bischofsstadt einen der Muttergottes und dem heiligen Kilian, dem Patron der Diözese Würzburg, geweihten Dom errichtet und fast vollendet. Doch nach Brauch und Glauben jener Zeit fehlten für den neuen Dom noch die Reliquien eines Heiligen, damit seine Glaubenskraft und sein Zeugnis für die Kirche auch auf die neue Gemeinde ausstrahlen konnten.

Die Vereinbarung von Aachen

Im Jahr 815 hatte Kaiser Ludwig den zu seinen engen Beratern gehörenden sächsischen Priester Badurad zum Bischof der damals als Mittelpunkt des Sachsenlandes und als Kaiserpfalz seines Vaters bedeutenden Stadt Paderborn ernannt. Seit 832 war auch der Freund und Berater Kaiser Ludwigs, der

Sachse Aldrich, in das Bischofsamt der zu den Macht- und Kulturzentren des Frankenreiches gehörenden Stadt Le Mans am Ufer der Sarthe, etwa 220 Kilometer westlich von Paris, berufen worden. Das Herzogtum Maine, zu dem Le Mans gehörte, umfaßte in der damaligen Zeit zwölf befestigte Städte im Gebiet zwischen Seine und Loire und war die Hauptstadt im Nordwesten des Frankenreiches, in der sich Karl der Große, Ludwig der Fromme und ihre Nachfolger oft aufhielten.

Die Freundschaft zwischen Kaiser Ludwig und den beiden Bischöfen, die sich im Februar 836 bei einer Bischofssynode in Aachen getroffen hatten und dort mit großer Wahrscheinlichkeit die Übertra-

gung „irgendeines Heiligen" von Le Mans nach Paderborn vereinbart hatten, gilt als Ausgangspunkt für den von Erconrad beschriebenen Aufruhr der Bevölkerung von Le Mans. Die Gesandtschaft des Paderborner Bischofs Badurad unter Führung des Archidiakons Meinolf, versehen mit einem Empfehlungsschreiben des Kaisers, war Ende April 836 in Le Mans eingetroffen. Sie ersuchte um die Übergabe der Reliquien und wurde auch von der Bevölkerung zunächst freundlich empfangen. Als die Paderborner Delegation aber dann mit ihrer kostbaren Last heimkehren wollte, wurde den fränkischen Christen die von ihnen geforderte Übergabe ihres seit Jahrhunderten verehrten Heiligen erst im vollen Umfang bewußt, so daß sie sich lautstark zur Wehr setzten. Denn Liborius gehörte als der zweite Bischof nach dem heiligen Julian zu den Wegbereitern des Bistums. Sein Grab in der Apostelkirche war zu einer Stätte des Gebets, zu einem Zentrum des Glaubens geworden.

Die Beruhigungspredigt Bischof Aldrichs vor der Kirche St. Vinzenz bildete kurz vor Beginn der eigentlichen Überführung der Reliquien erst den Schlußpunkt des Besuchs der Paderborner Gesandtschaft, die am 29. April 836 in Le Mans eingetroffen war. Nach der freundlichen Begrüßung durch Bischof Aldrich und zahlreiche Priester wurde die Delegation am Tag nach ihrer Ankunft in festlicher Prozession zur Zwölfapostelkirche geleitet, um die dort seit fast 450 Jahren ruhenden Reliquien des heiligen Liborius zu übernehmen.

Ludwig der Fromme, der den Weg für die Überführung der Liborius-Reliquien ebnete, übernahm nach dem Tod Karls des Großen im Jahr 814 die Regierungsgewalt. Er wurde jedoch bereits vorher von seinem Vater gekrönt und testamentarisch in seine Rechte eingesetzt. Unser Bild zeigt diese Szene auf einer Miniatur-Handschrift aus dem 11. Jahrhundert. Sie wird in der Königlichen Bibliothek in Brüssel aufbewahrt.

Wie eine Schatzkammer von Edelsteinen

In der Chronik Erconrads, eines Geistlichen aus Le Mans, wird die Übergabe der Reliquien überaus anschaulich beschrieben: „Bischof Aldrich und die Paderborner Gesandten begaben sich zur Ruhestätte des Heiligen. In einem Vorort der Stadt, jenseits der Sarthe, stand die zu Ehren der Apostel erbaute Kirche, die zwar viele Reliquien barg, aber vor allem durch die Grabstätten der heiligen Liborius und Victurus berühmt wurde. Hierhin lenkten der Bischof und die Gesandten in feierlicher Prozession ihre Schritte, und sie betraten die Kirche wie eine Schatzkammer von Edelsteinen. Die heiligen Gebeine wurden in frommer Erwartung ausgegraben und mit gebührender Ehrfurcht in den Schrein gelegt. Da hauchte ein festlicher Wohlgeruch das umstehende Volk an, so daß alle an eine Mischung von Duftkräutern dachten. Die Gebete des heiligen Liborius waren wie Weihrauch vor Gottes Angesicht emporgestiegen, und darum hauchten auch seine Gebeine den Duft des Weihrauchs aus. Schon waren sie gleichsam Unterpfand der kommenden Herrlichkeit geworden und gaben dem umstehenden Volke den Vorgeschmack der himmlischen Seligkeit. Inzwischen wurden die heiligen Gebeine in dem Schrein niedergelegt. Die Priester nahmen die kostbare Last auf ihre Schultern und trugen sie ehrfurchtsvoll in die Kathedrale. Das Volk weinte vor Freude und verehrte seinen scheidenden Bischof Liborius, indem es ihn bat, seine Herde nicht zu vergessen."

Nach der Verehrung in der Kathedrale wurden die Reliquien auf die Bahre gelegt, mit der sie nach Paderborn gebracht werden sollten. Unter Gesang und Gotteslob, so berichtet Erconrad, wurde die festlich geschmückte Bahre von den Gesandten auf die Schultern genommen: „Und viele Wunderzeichen geschahen durch Gottes Zustimmung um der Verdienste des heiligen Liborius willen."

Am nächsten Tag zog die Gesandtschaft nach einer Rast in einer anderen Kirche weiter, begleitet von der Geistlichkeit und unter dem Klang der Glocken von allen Gotteshäusern der Stadt. „Und man trug", so schildert es Erconrad überaus plastisch und detailliert, „unter Voranziehen der Banner des heiligen und lebensspendenden Kreuzes Bücher der heiligen Evangelien und heilige Reliquien in ihren goldenen und silbernen Schreinen unter dem Duft des Weihrauch."

Der festliche Zug erreichte die Vinzenzkirche nahe beim Stadttor, durch das die Paderborner Gesandten aus der Stadt ziehen wollten: „Und es folgte eine sehr große Volksmenge; nicht kleiner war die entgegenkommende, die von allen Seiten auf das Glockengeläute hin zusammenströmte."

Liebesbund ewiger Bruderschaft

Wie schon geschildert, gelang es Bischof Aldrich nur mit Mühe, den Widerstand gegen die Übergabe der Reliquien zu überwinden, bis er sie dann mit seinem bischöflichen Segen auf die lange Reise an die Pader schicken konnte. Er gab den Gesandten kostbare Weihegaben aus Gold und Silber sowie wertvolle Gewänder mit auf den Weg und verkün-

An die ersten Bischöfe der im Jahr 799 von Papst Leo III. und Karl dem Großen gegründeten Diözese Paderborn erinnert diese Bronzeplatte in der Krypta des Doms.

dete die zukünftige Freundschaft zwischen den beiden Diözesen Le Mans und Paderborn: „Nachdem darauf", so scheibt Erconrad, „zwischen den beiden Kirchen ein Liebesbund ewiger Bruderschaft abgeschlossen war, gab er ihnen zur Heimkehr Urlaub. Und sie brachen herzlich dankend am 1. Mai von der Stadt Le Mans auf und eilten, nach Hause zu kommen."

Nach der Überlieferung gestaltete sich die Heimkehr bis zur Ankunft in Paderborn zu einem Triumphzug der Heiligenverehrung. In Chartres, Paris und St. Denis wurde die Gruppe von Bischöfen, Priestern und Gläubigen festlich empfangen und die Reliquien jeweils in den Kathedralen zur Verehrung ausgestellt. Während die Franken den Abschied ihres Heiligen mit Wehmut, aber schließlich auch mit Verständnis für die Entscheidung des Kaisers und des Bischofs erlebten, kannte die Freude bei den Sachsen jenseits des Rheines keine Grenzen. Auch hier gibt Erconrad wieder genaue Auskunft: „Während wir uns mit Furcht und großer

Freude dem Rheinstrom näherten, war mit uns eine übergroße Zahl von Franken dahin gelangt. Es zog entgegen eine nicht weniger große Zahl von Sachsen, die, jüngst zum Glauben berufen, scharenweise aus ihren Niederlassungen von allen Seiten zusammenströmten, nachdem man das Gerücht von so großen Wundern vernommen hatte. Es standen also unzählige Scharen an beiden Ufern, sich gegenseitig anschauend. Als wir aber den ehrwürdigen Leib in das Schiff hoben, ließen jene ihn trauernd fahren, diese dagegen nahmen ihn jubelnd auf, jene fielen weinend zu Boden, diese machten sich unter Danksagung glücklich auf den Weg."

Wenn auch die genaue Strecke der Reliquienüberführung nach Paderborn durch die Chroniken nur bis St. Denis verbürgt ist und über den Weg auf sächsischem Gebiet keine Berichte vorliegen, so spricht doch alles dafür, daß die Gesandten nach der Überquerung des Rheins etwa bei Köln auf der geschichtsträchtigsten Straße des damaligen Reiches, auf dem Hellweg, nach Paderborn gelangten. Denn dieser Weg war das wichtigste Bindeglied zwischen dem ursprünglichen Frankenreich und dem Sachsenland.

Unterwegs auf dem Hellweg

Von Duisburg aus, wo die Karolinger einen Königshof errichtet hatten, führte der Hellweg, die Heerstraße Karls des Großen und seiner Nachfolger, über Essen, Bochum, Dortmund, Unna, Werl, Soest, Erwitte und Geseke bis nach Paderborn und dann weiter ins Wesergebiet. Diese Städte, die jeweils nur zwölf bis zwanzig Kilometer auseinanderliegen, entwickelten sich aus den befestigten Stationen des kaiserlichen Weges in das Sachsenland und dienten zugleich als Burg, Vorratsdepot, Raststätte und Missionsstation, so daß überall große Kirchen entstanden, denen die Schutzpatrone zugeordnet wurden.

Der Hellweg erlebte damals nicht nur die durchziehenden fränkischen Heere und die ihnen folgenden Händler und Missionare, sondern auf ihm zogen im 9. und 10. Jahrhundert immer wieder die Reliquienprozessionen, die eine religiöse Verbindung zwischen dem Mutterland und dem erst vor kurzem christianisierten Sachsen herstellen sollten. Über den Hellweg wurden nicht nur die Reliquien des heiligen Liborius von Le Mans nach Paderborn

Mit großer Freude werden die Reliquien des heiligen Liborius 836 in Paderborn vom Bischof und von den Gläubigen empfangen. Szene aus der Fensterrosette im Paderborner Dom.

gebracht, sondern auch viele andere Heilige in ihre neuen Patronatskirchen überführt, so Patroklus von Troyes nach Soest, Vitus von St. Denis bei Paris nach Corvey, Landelin von Cambrai nach Boke und die heilige Pusinna aus Binson bei Chattilon-sur-Marne nach Herford. Insgesamt sind in jenen Jahren etwa fünfzig Heilige aus dem Frankenreich und aus Rom ins Sachsenland gelangt.

Mit unaussprechlichem Jubel

Am 28. Mai 836, dem Pfingstsonntag, erreichte die Gesandtschaft mit den Reliquien des heiligen Liborius nach einer letzten Rast in Salzkotten die Stadt Paderborn. Unter festlichem Geläut trugen die Gesandten den Schrein in den Dom. Über die Ankunft schreibt Erconrad: „Schon begann das heilige Pfingsten, als wir zu dem ersehnten Ort Paderborn gelangten. Von ihm waren wir drei Meilen entfernt und feierten bei einem Fluß namens Serena oder

Heder mitten auf dem Felde das Meßopfer. An eben diesem Ort wurden auf einmal fünf Menschen von verschiedenen Leiden befreit. Wie wir schon sagten, waren wir noch drei Meilen entfernt. Da kündete ein in jener Pfarrei taubstumm geborener Junge als getreuer Herold, unseren Weg rufend und Gott lobend vorauseilend, die Ankunft des großen Trösters an. Und der gesamte Klerus, in die kirchlichen Gewänder gekleidet, empfing, mit unaussprechlichem Jubel und Dank den Herrn preisend, alle zu Boden geworfen, jenen ehrwürdigen Schatz mit höchster Verehrung. Und sie setzten ihn nieder in der Kirche, in welcher er jetzt noch ruht. Keine Zunge und keine Feder kann vollständig erzählen, unter welchen Wundern er in der Folge dort glänzte."

Die Chronik Erconrads erweist sich als glaubwürdige und detailgetreue Aufzeichnung der Ereignisse der Translation im Jahr 836. Im Gegensatz zu dem Leben und Wirken des heiligen Liborius, über die keine unmittelbaren Zeugnisse vorliegen, können anhand der Berichte Erconrads die Übergabe der Reliquien in Le Mans, die verschiedenen Etappen der Überführung und die Ankunft der Gesandtschaft in Paderborn rekonstruiert werden. Außer Erconrads Chronik gibt es noch weitere zeitgenössische Berichte, die zwar nicht als Original, wohl aber durch historisch glaubwürdige Abschriften auf den Ursprung des Geschehens zurückführen.

Chronisten der Überführung

Über die Translation der Reliquien lagen bis zum Jahr 1903 nur zwei mit einem Lebensbericht des heiligen Liborius verbundene Abschriften vor: der etwa im Jahr 1200 geschriebene Bericht eines namentlich unbekannten Priesters aus Le Mans, den wiederum der Jesuitenpater J. Bollandus 1648 in Antwerpen veröffentlicht hatte, sowie die Schilderung eines Paderborner Chronisten, in dem die Historiker den im Kloster Corvey lebenden Mönch Agius vermuten. Dieser Chronist soll sich nach eigenen Angaben auf die Informationen des Paderborner Priesters Ido – eines Augenzeugen der Überführung und Mitgliedes der Paderborner Gesandtschaft nach Le Mans – gestützt haben, der seine Eindrücke bereits um das Jahr 860 weitergegeben oder aufgeschrieben hatte. Der Original-Ido-

Bericht ging jedoch spätestens im 16. Jahrhundert verloren.

Im Jahr 1903 wurde dann in der Bibliothek von Avranches in der Normandie eine weitere Handschrift aus dem 13. Jahrhundert entdeckt, die wiederum, allerdings mit zahlreichen Abweichungen und Fehlern, aus einer älteren Handschrift abgeschrieben worden war und so in das 9. Jahrhundert zurückführt. Schließlich fand man im Jahre 1965 in der Bibliothek des Bielefelder Ratsgymnasiums ein überaus interessantes Dokument, das viele neue Erkenntnisse vermittelt, über die Alfred Cohausz eine ausführliche Darstellung veröffentlichte, verbunden mit einer deutschen Übersetzung des aufgefundenen Textes, der auch die wörtlich wiedergegebenen Zitate Erconrads in diesem Buch entnommen sind. Es handelt sich dabei um eine aus dem 15. Jahrhundert stammende Abschrift der Chronik des fränkischen, aus Le Mans stammenden Diakons Erconrad, die dieser bereits vier Jahre nach der Überführung der Reliquien 840 aufgezeichnet hatte.

Kaiser Ludwig der Fromme auf einer frühen Handschrift aus dem 10. Jahrhundert in der Tracht eines fränkischen Kriegers. Das Bild stammt aus dem Buch „De Laudibus Sanctae Crucis" von Hrabanus Maurus. Österreichische Nationalbibliothek, Wien.

Die im Jahr 1746 erbaute, nach ihm benannte Pfarrkirche St. Meinolf von Brakel-Bellersen birgt eindrucksvolle
Glasmalereien aus dem Leben des heiligen Meinolf, der
als Führer der von Paderborn nach Le Mans entsandten
Delegation die Reliquien des hl. Liborius 836 nach Paderborn brachte. Die Pfarrei Bellersen geht bereits auf
das 11. Jahrhundert zurück.

Meinolf wird durch Bischof Badurad von Paderborn
zum Diakon geweiht. Glasgemälde aus der Kirche in
Bellersen.

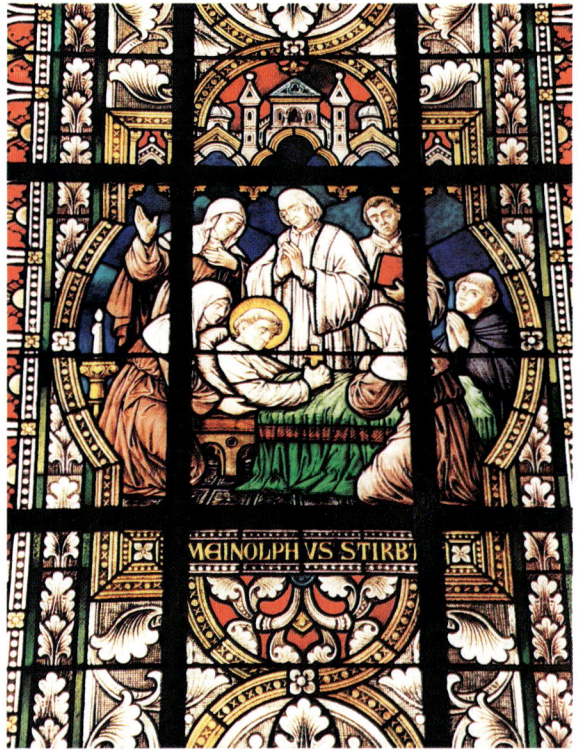

Der Tod des heiligen Meinolf. Glasgemälde aus der Kirche St. Meinolf in Bellersen.

Alle vier bis heute vorliegenden Überführungsbe-
richte – aus Le Mans, Paderborn/Corvey, Avranches und Bielefeld – stimmen, wie Alfred Cohausz
feststellt, im wesentlichen überein und bestätigen
so gegenseitig ihre Authentizität. Erconrad bringt
jedoch noch zusätzliche Informationen, so etwa
über das Gelübde des Archidiakons Meinolf, in
Böddeken ein Kloster zu errichten, oder über das
St.-Medardus-Kloster bei Le Mans, das Karl der
Große im Jahr 799 in Anwesenheit von Papst
Leo III. dem Paderborner Domstift geschenkt hatte, das aber schon im neunten Jahrhundert bei den
Normannenüberfällen auf das Frankenreich zerstört wurde und in Vergessenheit geriet. Vielleicht
lag jedoch in der Klosterstiftung des Kaisers, so
vermutet Cohausz, einer der Gründe, warum sich
Paderborn „seinen" Heiligen ausgerechnet von Le
Mans und nicht aus irgendeiner anderen fränki-
schen Stadt holte.

Markus Nolte

Was, bitte, ist ein „Pavonicaudafer"?

Erstens: Es soll Leute geben, die kommen nur „nach Libori", also zum Liborifest Ende Juli jeden Jahres, um den Tusch zu hören. Zweitens: Es soll sogar im Umkreis des Metropolitankapitels von Paderborn den einen oder anderen geben, der nicht weiß, was ein „Pavonicaudafer" ist. Und drittens: Es geht die Rede, daß einer der Ranghöchsten im Vatikan den Impuls für die Prozession am Libori-Dienstag gegeben haben soll. Libori ist seit jeher ein fast sagenumwobenes Fest, zumindest aber ein Fest voller Traditionen, von alten und nicht so alten Traditionen.

Der Tusch etwa, eine „mittelalte" Tradition. Im Hohen Dom zu Paderborn wird er zur Erhebung des goldenen Libori-Schreins des Meisters Krako gleich dreimal geblasen. Seit dem Jahr 1836, also genau tausend Jahre nach der Überführung der Gebeine des heiligen Liborius von Le Mans nach Paderborn, wird eben dieser Tusch in bewährter Manier dreier aufeinander aufbauender, gebrochener Dreiklänge gespielt.

Damals, 1836, war dieser Tusch vollkommen „up to date". Denn damals wurde auch das Oratorium „Paulus" von Felix Mendelssohn-Bartholdy uraufgeführt. Eben diesem Oratorium ist die Melodie des Libori-Tuschs entnommen. Grund dafür war wohl nicht die mitreißende Melodie dieser Musik, sondern auch deren Umfeld: Der Tusch umspielt im Original den bekannten Choral „Wachet auf, ruft uns die Stimme! Der Bräut'gam kommt …" So geht es an Libori nicht nur um den Tusch als wirkungsvolles dramaturgisches Mittel. Der Tusch hat zugleich eine wichtige Aussage: „Was ihr hier seht und hört, soll euch aufrütteln!" Das ist lebendige Tradition, beginnend im Jahr 836 über 1836 bis 1997, dem Erinnerungsjahr an den 1600. Todestag des heiligen Liborius.

Was aber, bitte, ist ein „Pavonicaudafer"? Zunächst einmal ist das auf jeden Fall eine sehr, sehr alte Tradition. „Pavonicaudafer" ist schlicht der lateini-

Ein „Pavonicaudafer", wie der Träger des Pfauenwedels in lateinischer Sprache heißt, schreitet seit alter Zeit bei der Libori-Prozession dem Reliquienschrein voraus.

sche Ausdruck für den Träger des Pfauenwedels, der traditionsgemäß von einem Diakon aus dem Hochstift Paderborn dem Liborischrein vorangetragen wird. Der Legende nach soll ein Pfau bei der Übertragung der Reliquien des heiligen Liborius von Le Mans nach Paderborn im Jahre 836 der Prozession vorangeflogen sein. Als der Schrein mit den Gebeinen des Heiligen endlich im Paderborner Dom abgesetzt wurde, sei der Pfau – so erzählt es die alte Geschichte – tot zu Boden gefallen.

Dennoch gilt der Pfau als Symbol der Unsterblichkeit und als Zeichen königlicher Würde. Insofern paßt er gut zum Libori-Tusch. Wahrscheinlicher aber ist eine Erklärung aus dem Bereich der Liturgiegeschichte: In der gallischen Liturgie, wie sie im neunten Jahrhundert in Le Mans gefeiert wurde, waren Fächer aus Pfauenfedern im Gebrauch, um während der Meßfeier Ungeziefer von Kelch und Opferschale fernzuhalten. Außerdem dienten sie dazu, den Zelebranten bei großer Hitze Kühlung zu geben. Es ist also gut möglich, daß die Paderborner Abgesandten, die die Reliquien in Le Mans in Empfang nahmen, diesen höchst praktischen liturgischen Brauch dort kennenlernten und in ihre Heimat an der Pader mitnahmen.

Seit dem Jubelfest 1736, als die 900-Jahr-Feier der Übertragung mit großer Pracht begangen wurde, wurden dem eigentlichen Festtag des heiligen Liborius noch zwei weitere Festtage hinzugefügt. Das Triduum, der heilige „Dreitag" – wie er etwa auch in der Karwoche zusammen mit Ostern bekannt ist –, entstand. Im Jahr 1958 nahm auf Einladung von Erzbischof Lorenz Jaeger auch der Kardinal-Staatssekretär Eugène Tisserant am Liborifest teil. Er war so begeistert von der großen Sonntags-Prozession mit dem Libori-Tusch, daß er anregte, am

Der Pfau des Brunnens auf dem Kapitelfriedhof des Paderborner Doms weist auf die Unsterblichkeit und auf das Ewige Leben hin, das den Toten verheißen ist.

Dienstag zum Abschluß des Triduums eine ähnliche Prozession einzuführen. Der Erzbischof und das Metropolitankapitel setzten diese Idee umgehend in die Tat um.

Nur allzu verständlich ist es daher, daß am Dienstag auch der berühmte Libori-Tusch noch einmal, nein, dreimal zu hören ist. Und: Libori wäre nicht Libori, wenn nicht auch der seit Jahrhunderten auf zahlreichen Kunstwerken abgebildete Pfau mit im Spiel wäre – und natürlich auch der Pavonicaudafer.

Als Attribut des heiligen Liborius wird der Pfau auf vielen Kunstwerken abgebildet. Unser Bild zeigt St. Liborius auf dem Chorgitter des Patrokli-Domes in Soest. Das Kunstwerk gestalteten die Gebrüder Winkelmann im Jahr 1976.

Daniel Sesboué

Im Liebesbund ewiger Bruderschaft

Die Gründung eines Bandes der Freundschaft, einer ewigen Bruderschaft zwischen der Diözese Paderborn und der Diözese Le Mans, ist eine Tatsache, die durch die Geschichte bestätigt wird: die Überführung der Reliquien des heiligen Liborius, eines der ersten Bischöfe von Le Mans, nach Paderborn. Warum dieses Ereignis?

Im Jahre 815 wurde der Sachse Badurad zum zweiten Bischof der neuen Diözese Paderborn ernannt. Während seiner Studien hatte er den Sachsen Aldrich kennengelernt, der Berater von Kaiser Ludwig dem Frommen war und 832 Bischof von Le Mans wurde. Badurad wollte seine Diözese unter den Schutz eines heiligen Bischofs stellen und bat daher Aldrich um die Reliquien eines der Gründer von Le Mans, der als Heiliger verehrt wurde. Die Reliquien von St. Liborius wurden ausgewählt. Liborius, Zeitgenosse Martins, des berühmten Bischofs von Tours, wurde so der Patron der Diözese Paderborn. In der Vesper am Fest des heiligen Liborius wird gesungen: „Gallien freut sich, mit Liborius einen so großen Mann gegeben zu haben; Germanien ist sehr glücklich, weil sein Körper ihm anvertraut wurde."

Bischof Georges Gilson von Le Mans war während seiner 15jährigen dortigen Amtszeit jedes Jahr zu Gast beim Liborifest und bekundete damit die enge Verbindung seiner Diözese mit der Erzdiözese Paderborn.

So war eine spirituelle Freundschaft zwischen der Diözese Paderborn und der Diözese Le Mans geboren, die sich im Laufe der Geschichte immer wieder bewährt hat. Natürlich haben wir keine präzisen Zeugnisse hinsichtlich dieser Verbindungen über die gesamten elf Jahrhunderte hinweg. Aber die wichtigsten Wegmarken zeigen, daß die Verbindungen immer lebendig waren.

1204: Der Austausch von Briefen zwischen den beiden Domkapiteln

Ein Brief des Paderborner Kapitels beruhigt die Kapitulare von Le Mans über die eventuelle Verlegung des Bischofssitzes von Paderborn. Es ist nichts zu befürchten. Das Kapitel von Le Mans antwortet mit Freude: „Liborius wurde uns provisorisch übergeben; er ist der Eure für immer."

Das Eintreten der Diözese Le Mans zugunsten der Diözese Paderborn im 17. Jahrhundert

Die Vorbereitung des Westfälischen Friedens bedeutete für die Diözese Paderborn die schwere Bedrohung, in das Territorium des protestantischen Hessen integriert zu werden. Im Jahre 1647 baten die Paderborner Domkapitulare den königlichen Bevollmächtigten Heinrich von Orléans um die Aufrechterhaltung der Diözese. Gleichzeitig baten sie den Bischof und das Kapitel von Le Mans, für sie beim König einzutreten.
Zu Weihnachten des Jahres 1647 versicherte der Bischof von Le Mans, Emery de la Ferté, Paderborn den königlichen Schutz. Der Friedensvertrag vom 24. Oktober 1648 legte schließlich die Aufrechterhaltung der Diözese Paderborn fest. Da aber Hessen weiterhin die Länder bedrohte, bat der Bischof von Paderborn, Dietrich von der Recke, 1655 den Bischof von Le Mans, Philibert de Beaumanoir de Lavardin, um Hilfe. 1656 kam ein weiterer Schutzbrief, der die bisherige Verbindung der Diözese von Paderborn und Le Mans bestärkte.

Trotz der Kriege bleibt das Band der Bruderschaft im 18. und 19. Jahrhundert bestehen

Während des Siebenjährigen Krieges (1756-1763) durchquerten viele Franzosen die Diözese Paderborn. In der Französischen Revolution flohen zahlreiche Priester, die sich weigerten, den Eid auf die zivile Verfassung abzulegen. Paderborn nahm viele Priester und auch den Bischof von Le Mans, François de Jouffroy Gonssans, auf. Er starb dort im Jahre 1799. Im 19. Jahrhundert korrespondierten die Bischöfe beider Diözesen miteinander, besonders Monseigneur Drepper und Monseigneur Bouvier.
Anläßlich des Krieges von 1870/71 fand ein preußischer Militärpfarrer Hilfe des Pfarrers von Lhomme bei der Pflege der Verwundeten. Als der Pfarrer sah, daß der Militärpfarrer aus Paderborn stammte, rief er: „Wir sind Brüder!"
Zwischen den beiden Weltkriegen des 20. Jahrhunderts besuchten sich immer wieder gegenseitig Repräsentanten der Diözesen und nahmen an den Festlichkeiten zu Ehren des heiligen Julian in Le Mans und des heiligen Liborius in Paderborn teil.

Die Libori-Priesterbruderschaft

Seit Ende des Krieges 1939-1945 haben sich die Bande zwischen Paderborn und Le Mans verfestigt. 1946 kam Heinrich Diebecker, ein junger Priester aus Paderborn, der freiwillig als Geistlicher die deutschen Kriegsgefangenen in Frankreich betreute, in das Lager von Mulsanne. Er bat Monseigneur Grente um Milderung der Bedingungen des Lebens im Lager und konnte die Freilassung der Hälfte der Häftlinge bewirken. Regelmäßig ging er in das Seminar von Le Mans, das er sein „Haus" und seine „spirituelle Heimat" nannte. Pastor Diebecker war ein unermüdlicher Förderer der Verbindung zwischen den beiden Diözesen und damit der Versöhnung zwischen Frankreich und Deutschland.
Unter der Leitung von Pastor Diebecker fanden Begegnungen der Jugend statt: 1953 in Le Mans und 1954 in Paderborn anläßlich des Liborifestes. Das markanteste Ereignis in der Nachkriegszeit war die Gründung der Libori-Priesterbruderschaft im Jahre 1960. Die Initiative dazu kam vom Paderborner Dompfarrer Anton Schwingenheuer.

Hoch reckt sich des Dom von Le Mans zum Himmel empor. Seit dem Jahr 836 ist die Diözese Le Mans mit der Diözese Paderborn im „Liebesbund ewiger Bruderschaft" verbunden.

Mit Begeisterung nahm Monsigneur Charles Leboisne, der Dompfarrer von Le Mans, diese Idee auf. Die beiden Bischöfe Monseigneur Lorenz Jaeger und Monseigneur Paul Chevalier gaben ihr Einverständnis und boten ihre Hilfe an.

So betrachtet die Bruderschaft die beiden Dompfarrer als ihre Gründungsväter. Die Priester der beiden Diözesen, die Mitglieder der Libori-Priesterbruderschaft sind, weben enge Freundschaftsbande, die sich vor allem in der gegenseitigen Teilnahme an den Feierlichkeiten anläßlich des Juliansfestes in Le Mans (Ende Januar) und anläßlich des Liborifestes in Paderborn (Ende Juli) ausdrücken.

Die wichtigste Aktivität ist jedoch die Organisation von Studientagen, die alle zwei Jahre abwechselnd in Paderborn und in Le Mans stattfinden. An diesen Studientagen – wie auch an den häufigen Wallfahrten – nehmen auch befreundete Laien teil. Der Rhythmus der Studientage wurde immer treu eingehalten und erlaubt es, Themen zu diskutieren, die das kirchliche Leben in der Welt von heute betreffen. Manchmal sind die Ansichten verschieden, immer aber ergänzen sie sich: Die Teilnahme von Deutschen und Franzosen ermöglicht Dialog und Austausch.

Städtepartnerschaft von Paderborn und Le Mans

Im Geiste der französisch-deutschen Annäherung verabschiedeten die beiden Städte Paderborn und Le Mans am 3. Juni 1967 eine Städtepartnerschaft. Die Idee dazu kam vom Paderborner Bürgermeister Tölle. Die Anfrage wurde über Monseigneur Chevalier an den Bürgermeister von Le Mans, Chapalain, weitergereicht. Diesem folgte 1965 Dr. Jacques Maury im Amt. Die Feierlichkeiten anläßlich der Städtepartnerschaft, die sich symbolisch in der Namensveränderung der Avenue de Tessé in „Avenue de Paderborn" verdeutlicht, fanden im Rahmen eines religiösen Festes statt. Kardinal Jaeger, der Erzbischof von Paderborn, feierte mit mehreren Konzelebranten die heilige Messe in der Kathedrale von Le Mans. Die Bürgermeister beider Städte sowie zahlreiche Persönlichkeiten nahmen an dieser Meßfeier teil. Seitdem organisieren die Partnerschaftsgremien beider Städte den Austausch zwischen Paderborn und Le Mans, vor allem im Bereich der Schulen.

Die Förderung der Diözese Paderborn beim Bau neuer Kirchen in der Diözese Le Mans

Die Dankbarkeit der Diözese Le Mans gegenüber der Bruderdiözese Paderborn für die großzügige Unterstützung zur Errichtung neuer Kirchen in der Stadt Le Mans ist sehr groß. In fast vierzig Jahren konnten bereits fünf Kirchen von dieser Unterstützung profitieren, zuerst die Kirche Saint Liboire, die im Jahre 1961 von Kardinal Jaeger konsekriert wurde, dann Saint Aldric, Christ-Sauveur, Saint Paul und Saint Bernard.

Man muß die Großzügigkeit der Diözese Paderborn auch im Zusammenhang mit dem Haus Saint Aldric, das die alten Priester der Diözese aufnimmt, erwähnen. Der Begegnungssaal Saint Liboire im Herzen des Erdgeschosses macht die brüderliche Hilfe deutlich.

Die Freundschaft der Bischöfe der beiden Diözesen

Seit 25 Jahren pflegen die Bischöfe der beiden Diözesen Bande der Freundschaft und geben damit den Priestern und Gläubigen ein Beispiel der Brüderlichkeit zwischen unseren Kirchen. Am Juliansfest nimmt jeweils der Erzbischof von Paderborn teil; nur ganz selten hat er sich durch einen Weihbischof vertreten lassen.

Die beiden letzten Bischöfe von Le Mans haben in großer Treue am Liborifest in Paderborn teilgenommen. Monseigneur Alix war fast jedes Jahr zugegen. Monseigneur Gilson hat während seiner 15jährigen Amtszeit als Bischof von Le Mans das Liborifest kein einziges Mal ausgelassen. Durch diese Begegnung haben sich die Bande verfestigt. Sie geben konkrete Zeichen einer brüderlichen Hilfe. Le Mans ist glücklich, daß seit 1993 zwei junge Paderborner Priester ihr Amt in der Diözese Le Mans ausüben.

Die Bande der Bruderschaft, die unter dem Schutz des heiligen Liborius steht, laden uns zur Festigung des Friedens zwischen unseren Nationen und zum Aufbau der Kirche ein. Das ist die Kirche Jesu, der die Menschen immer wieder aufruft, sich zu vereinigen, um der Welt Zeugnis vom wahren Glück zu geben: das der wahren Liebe, die nicht aufhört, sich zu verschenken.

Henri Daniel-Rops

Die Kathedrale von Le Mans –
Juwel gotischer Baukunst

Wenn man die Schwelle der Kathedrale von Le Mans überschritten hat, verspürt man eine starke Ergriffenheit, zugleich eine große Spannung. Es genügt, hier hereinzukommen, um instinktmäßig zu erraten, daß das Schiff dieser Kirche nicht immer so gewesen ist, wie wir es sehen, sondern daß es noch sichtbar die Spuren der aufeinanderfolgenden Generationen trägt, die an diesem Gotteshaus gearbeitet haben.

Im Gegensatz zu dem, was an so vielen Orten geschah, z. B. in Paris, Reims und Amiens, hat man nicht vernichtet, was schon vorhanden war, um es wieder ganz neu zu machen, als um das 12. und 13. Jahrhundert das Baufieber die Christenheit in Frankreich ergriff. Hier in Le Mans hat man ausgebessert, ergänzt, umgearbeitet und verändert, aber für das Auge, das sehen kann, sind alle Abschnitte dieser geduldigen Geschichte wahrnehmbar. Die

Romanische und gotische Säulen bilden in der Kathedrale von Le Mans eine unvergleichliche Symbiose. Die Kunst der Romanik wurde bewahrt und zugleich gotisch fortgesetzt. Der gotische Chor entstand zwischen 1217 und 1254. Im 14. Jahrhundert wurde die Vierung bis zur Höhe des Chors hochgezogen und mit dem Bau der Querschiffe begonnen. Nach dem Bau des Nordquerschiffs im 15. Jahrhundert wurden die Bauarbeiten eingestellt. Die Kathedrale blieb seit 1430 unvollendet. In ihrer Lage über der alten Stadtmauer gehört sie zu den schönsten Bauten der französischen Hochgotik.

früheste romanische Kathedrale hat noch Spuren an den beiden Arkaden nahe den dem Querschiff benachbarten Pfeilern hinterlassen. Sie wirken plump und schwerfällig mit ihrem massiven Pfeiler zwischen drei nur schlecht sich abhebenden Säulen mit kaum angedeuteter Basis. So vermitteln sie ganz den Eindruck der Reste einer sehr alten Basilika.

Vollendung gotischer Kunst

Sehen wir doch das Schiff einmal genauer an. Es ist gotisch mit seinen makellosen Spitzbögen, und doch spürt man hier nicht diese ungezwungene Kühnheit, dieses Ausweichen vor den Gesetzen des Materials, die so bezeichnend sind für die große Spitzbogenkunst in ihrer Vollendung. Die Säulen, die wir hier sehen, sind noch die alten romanischen Säulen, jene, die im 11. Jahrhundert die Decke trugen, dann im 12. Jahrhundert das erste Steingewölbe, an dessen Stelle das gotische Gewölbe trat. Der Architekt hatte ganz einfach, als er das ganze Gewicht der Decke auf die vier Auffangpunkte der Kreuzbögen verlagern mußte, die simple, aber geniale Idee, eine von drei der zylindrischen Säulen in ihren entsprechenden Pfeiler einzufügen, dessen Verstärkung sie so bildeten. So hat die gotische Kathedrale die romanische zum Skelett. Sie setzt sie fort und bewahrt sie zugleich.

Steinernes Abbild der übernatürlichen Kirche ist die Kathedrale von Le Mans, deren Harmonie jeden Besucher gefangennimmt.

Die Kathedrale von Le Mans nach einer Ansicht aus dem „Atlas der Kirchlichen Baukunst des Abendlandes" von Dehio und Bezold, 1887.

Steinernes Abbild der Kirche

Die Generationen folgten einander in der Bauhütte von Le Mans. Aber keine suchte sklavisch die vorhergehende zu kopieren, sondern gab sich ganz und gar ihrer Aufgabe hin mit demselben Glauben, mit derselben Liebe wie die voraufgehende. Dieser Glaube und diese Liebe waren ausschlaggebend dafür, daß die Unterschiede in der Inspiration und in der Technik sich auflösen konnten in dieser Harmonie. Diese Kunst kündet bis in ihre Steine eine beständige Treue.

Die Kathedrale von Le Mans ist wie alle Kirchen nur das steinerne Abbild der übernatürlichen Kirche. Und die absolute Gewißheit, daß durch die Gemeinschaft der Heiligen ein Band besteht, das uns an sie bindet, werde ich im zunehmenden Schatten der Kathedrale stärker und tröstlicher verspüren. Dann wird völlige Hingabe mein Herz erfüllen.

Reinhard Bürger

Die St.-Liborius-Priesterbruderschaft

Gegründet im Jahre 1960 und somit vom Alter zu den „BiVis" (Bis-Vierziger) zählend, ist die St.-Liborius-Priesterbruderschaft ein noch recht junges Gewächs in der langen Geschichte der Beziehungen zwischen den Bistümern Le Mans und Paderborn. Ihre Wurzeln reichen aber weiter zurück. Die Gründung der Bruderschaft lebt von den Erfahrungen von Menschen, die schon lange vorher um Verständigung und Versöhnung der beiden so lange verfeindeten Nachbarn Frankreich und Deutschland bemüht waren.

Zurück zu den Wurzeln

Die Ideen für eine Verständigung zwischen den Völkern waren schon seit den zwanziger Jahren in den Köpfen gerade vieler junger Menschen lebendig. In der Pax-Christi-Bewegung werden diese Gedanken nach dem Zweiten Weltkrieg aufgegriffen und umgesetzt.

Eine Reihe von Priestern beginnt nach den Erfahrungen des Krieges mit der Versöhnungsarbeit und mit dem Ausbau von Kontakten, besonders unter den Jugendlichen. Heinz Diebecker, der schon unter den Kriegsgefangenen in Frankreich als Seelsorger tätig gewesen war, fährt 1953 mit dem Diözesanjugendseelsorger Ludwig Jüngst, dem Jugendführer Hans Wernecke und Jugendlichen nach Le Mans. In Le Mans sind es unter den Priestern Marcel Tarot und Louis Houdoun, die die Kontakte aufbauen. 1954 kommen die ersten französischen Jugendlichen zum Liborifest nach Paderborn. Mit finanzieller Unterstützung durch die Paderborner Jugend kann in den fünfziger Jahren eine neue Kirche in Le Mans gebaut werden, die St.-Liborius-Kirche.

Die erste Idee für eine Bruderschaft unter den Priestern kommt vom damaligen Dompfarrer in Paderborn Anton Schwingenheuer, immer unterstützt vom unermüdlichen Heinz Diebecker. Seine Idee wird 1960 vom Manceller Dompfarrer Charles Leboisne aufgenommen.

Die Gründung der Bruderschaft

Anton Schwingenheuer und Charles Leboisne stellen ihr Projekt den beiden Bischöfen Jaeger und Chevalier vor, die sofort zustimmen und teilnehmen. Man kann zu Recht sagen, daß die beiden Dompfarrer die Gründer der Bruderschaft sind, sie werden auch ihre ersten Präsidenten. Heinz Diebecker wird Vizepräsident, Wilfried Göddecke Sekretär für Paderborn und Jean Leliévre für Le Mans.

Ziele der Bruderschaft sind es, eine Gemeinschaft des Gebetes füreinander zu bilden, einander zu unterstützen, die Kontakte untereinander auszubauen und die pastorale Situation der jeweils anderen Seite zu verstehen. Man wollte sich gegenseitig informieren in gemeinsamen Konferenzen, die andere Kultur verstehen und nach Möglichkeit die Sprache des anderen lernen. Diese Ziele wurden in den Statuten der Bruderschaft festgeschrieben, die 1964 von den Bischöfen in Kraft gesetzt wurden. Die Bischöfe selbst sind Mitglieder der jeweiligen Vorstände.

In den folgenden Jahren treten zahlreiche Priester (inzwischen auch Diakone und Laien) der Bruderschaft bei (1997 ca. 200 in Paderborn und ca. 70 in Le Mans). Vor allem die in zweijährigem Rhythmus stattfindenden Studientagungen entwickeln sich zu einer regen Plattform für den gegenseitigen Austausch.

Die Studientagungen

Die Studientagungen finden jeweils im Wechsel in Le Mans und in Paderborn statt. Folgende Themen haben die Bruderschaft über die Jahre beschäftigt:

1964: Das Priesterbild heute in Land- und Stadtregionen in Frankreich und Deutschland
1968: Dialog mit Atheisten
1972: Gedanken zur Jugendarbeit
1974: Gemeindepastoral in der Industriegroßstadt (Dortmund)
1976: Katechese (Le Mans)
1979: Die Verantwortung der Christen für Europa (Paderborn)
1981: Die gegenwärtige ökumenische Situation in Frankreich und Deutschland (Le Mans)
1983: Die Verantwortung der Christen für den Frieden (Paderborn)
1985: Die gemeinsame Verantwortung von Priestern und Laien für die Kirche (Le Mans)
1987: Die Weitergabe des Glaubens in einer säkularisierten Welt (Paderborn)
1990: Amt und Berufung (Le Mans)
1991: Studientagung in Magdeburg: Die Wende in der DDR (Paderborn / Magdeburg)
1993: Die religiöse Situation der Jugend heute (Le Mans)
1995: Der Wandel in der Arbeitswelt und Konsequenzen für die Kirche (Dortmund)
1997: Unsere Pastoral angesichts der aktuellen Veränderungen der Familien heute (Le Mans)

Kompetente Frauen und Männer als Referenten und die Zeugnisse aus den Reihen der Mitglieder haben die Studientagungen immer zu eindrucksvollen Begegnungen werden lassen, wenn auch nicht frei von Konflikten. Über die Jahre ist auf diese Weise eine Vertrautheit gewachsen, die die Eigenart des jeweils anderen respektiert und immer nach den Konsequenzen aus der Begegnung für die eigene Praxis fragt.

Gegenseitige Hilfe

Ein wesentlicher Unterschied der Kirchen in unseren beiden Ländern besteht in den finanziellen Möglichkeiten. Dem deutschen Kirchensteuersystem steht in Frankreich ein Finanzierungssystem gegenüber, das die Kirchenbeiträge von den Gemeindemitgliedern direkt erheben muß. Der finanzielle Spielraum ist damit sehr eingeschränkt. Die Paderborner Sektion der Bruderschaft hat sich deshalb die Sorge für die alten und kranken Priester in Le Mans zur Aufgabe gemacht. Die Spenden der deutschen Mitglieder werden seit vielen Jahren zum Betrieb des Hauses St. Aldrich verwendet, das als Altersheim für die Manceller Priester dient. Eine besonders gelungene Aktion war der Spendenaufruf zu Weihnachten 1989 für den Ausbau der Kranken- und Pflegestation des Hauses. Dieser Aufruf richtete sich an alle Priester des Bistums Paderborn mit der Bitte um einen solidarischen Beitrag. Auf diese Weise konnten über 100 000 DM von den Paderborner Priestern für die Manceller Mitbrüder zur Verfügung gestellt werden.

Seit 1993 sind auf eigenen Wunsch zwei Mitglieder der Bruderschaft im Bistum Le Mans als Priester tätig: Christoph Hentschel in La Flèche und Bazouges und Karl-Heinz Köhle in Le Mans in der Gemeinde Notre Dame du Pré und in der Studentengemeinde. Durch ihre aufgeschlossene und einsatzfreudige Art haben diese beiden jungen Kollegen viel Anerkennung im Bistum Le Mans erfahren. In ihren Gemeinden werden sie als echte Bereicherung erlebt. Im Gegenzug ist ab September 1997 Bruno Delaroche für ein Jahr im Erzbistum Paderborn in Dortmund-Scharnhorst als Vikar tätig.

Ausblick

In fast vierzig Jahren seit 1960 hat sich die politische und kirchliche Situation gründlich geändert. Die Aussöhnung zwischen Frankreich und Deutschland ist weitgehend gelungen, die Einigung Europas – auch wenn es Rückschläge gibt – inzwischen unumkehrbar. Aufgabe für die nächsten Jahrzehnte ist die Integration der Staaten Osteuropas in die gesamteuropäische Entwicklung. Die Kirchen sind sich der Herausforderungen durch die veränderten Lebensbedingungen der Menschen bewußt, Antworten werden nur im gemeinsamen Suchen möglich. Der Stellenwert der Kirchen selbst hat sich verändert. Sie stehen in Konkurrenz zu anderen Anbietern im Feld der Sinnsuche und der Wertediskussion. Durch die fortschreitende Globalisierung unserer Lebenswelten bekommen Informationen einen hohen Stellenwert.

Auch in Zukunft wird sich die Bruderschaft den aktuellen Fragen in Kirche und Welt stellen und sich in ihrem Rahmen und mit ihren Möglichkeiten „die Freude und Hoffnung, die Trauer und Angst der Menschen von heute" (2. Vaticanum) zu eigen machen.

Paderborn und Le Mans in Freundschaft verbunden

836 Die Reliquien des heiligen Liborius werden nach Paderborn überführt. Bischof Aldrich von Le Mans und die Gesandten des Bischofs Badurad von Paderborn schließen den „Liebesbund ewiger Bruderschaft" zwischen den beiden Kirchen.

1203 Auf Grund schlechter Nachrichtenverbindungen zwischen Le Mans und Paderborn nach der Teilung des Frankenreiches ist in Le Mans der Eindruck entstanden, als sei die Verehrung des heiligen Liborius in Paderborn in Vergessenheit geraten. Eine Gesandtschaft aus Le Mans überreicht in Paderborn eine Lebensbeschreibung des heiligen Liborius und einen Translationsbericht, der an die alten Verpflichtungen erinnern soll. Die Gesandtschaft kann sich an Ort und Stelle davon überzeugen, daß der Heilige im Gedenken der Kirche von Paderborn lebendig ist.

1204 Als Bestätigung der Verehrung läßt Paderborn nun seinerseits einen Translationsbericht nach Le Mans überbringen. Die Gesandtschaft dankt gleichzeitig für den Besuch im Vorjahr.

1243 Zur Bekräftigung des Bundes zwischen beiden Kirchen sendet Le Mans eine Reliquie des heiligen Julian nach Paderborn. Der heilige Julian war der erste Bischof von Le Mans und ist Patron des Bistums.

1622 In den Dreißigjährigen Krieg wird auch das Hochstift Paderborn hineingezogen. Christian von Braunschweig, Administrator des Bistums Halberstadt (genannt „Der Tolle Christian"), überfällt die Bischofsstadt und plündert den Domschatz. Er raubt auch den Reliquienschrein, in dem die Gebeine des heiligen Liborius aufbewahrt werden. Aus dem goldenen Schrein läßt er die „Christianstaler" schlagen. Die Reliquien des Heiligen führt er in einem Leinensäckchen mit sich.

Auch in Notzeiten und Kriegen bewährte sich die Freundschaft zwischen den Kirchen von Le Mans und Paderborn. In der französischen Revolution floh der Bischof von Le Mans, François Gaspard de Jouffroy-Gonssans, nach Paderborn, wo er am 23. Januar 1799 starb und im Dom seine letzte Ruhestätte fand. Später wurde er in seine Heimat überführt. Eine Grabplatte im nördlichen Querhaus des Paderborner Doms erinnert an den Bischof. Sein Bild befindet sich im Franziskanerkloster Paderborn.

1627 Dem Domkapitel von Paderborn gelingt es, die Reliquien nach ihrer fünfjährigen Irrfahrt wiederzugewinnen. Sie werden am 31. Oktober 1627 feierlich in den Dom zurückgeführt. Seitdem begeht das Bistum jedes Jahr in der letzten Oktoberwoche das Fest der Rückführung der Reliquien des heiligen Liborius.

1647 Nachdem Paderborn wiederholt in die Kriegswirren hineingezogen worden war, stellt König Ludwig XIV. von Frankreich auf Veranlassung des Domkapitels von Le Mans einen Schutzbrief für das Bistum Paderborn aus. Das Kapitel begründet seine Bitte an den König mit dem Hinweis, daß in Paderborn ein französischer Heiliger und früherer Bischof von Le Mans hoch verehrt werde.

1648 Der belgische Jesuit Johannes Bollandus richtet an die Friedensunterhändler in Münster die Mahnung: „Um den Frieden der Völker zu sichern, bedarf es jener christlichen Eintracht und Gemeinschaft, welche uns die Libori-Verehrung immerfort ins Gedächtnis ruft." Die Intervention des Bischofs von Le Mans verhindert es, daß Paderborn dem schwedischen Reich zugeschlagen wird.

1656 Der von König Ludwig XIV. ausgestellte Schutzbrief wird den Bestimmungen des Westfälischen Friedens gemäß erneuert.

1762 Nach dem Tod Bischof Clemens Augusts von Paderborn im Jahre 1761 versuchen preußisch-hannoversche Truppen, die Wahl eines Nachfolgers zu verhindern. Das Domkapitel von Le Mans wird erneut beim französischen König, Ludwig XV., vorstellig, dessen Intervention schließlich eine Neuwahl für den Paderborner Bischofsstuhl ermöglicht.

1795 In der Zeit der französischen Revolution muß Bischof François Gaspard de Jouffroy-Gonssans von Le Mans fliehen, weil er den Eid auf die „Constitutions" verweigerte. Er fand Aufnahme in Paderborn, wo er 1799 starb und zunächst im Dom begraben wurde.

1806-1813 In den Napoleonischen Wirren bewahrt der Bischof von Le Mans Paderborn vor der Übereignung an das Königreich Westphalen mit der Hauptstadt Kassel (König Lustig).

1870-1871 Im Deutsch-Französischen Krieg ist es den Bemühungen Paderborns zu danken, daß Le Mans vor Plünderungen und Zerstörung durch deutsche Truppen bewahrt bleibt.

1914-1918 Während des Ersten Weltkrieges finden Deutsche in Le Mans und Franzosen in Paderborn Zuflucht und mancherlei Hilfe.

Der 836 bei der Translation abgeschlossene „Liebesbund ewiger Bruderschaft" zwischen den Diözesen Le Mans und Paderborn wurde in den folgenden Jahrhunderten immer wieder erneuert und bekräftigt. Nach dem Austausch der fränkischen und sächsischen Translatio-Berichte und dem gegenseitigen Besuch von Gesandtschaften aus beiden Diözesen in den Jahren 1203 und 1204 sandte die Kirche von Le Mans im Jahr 1243 eine Reliquie des heiligen Julian nach Paderborn. Unser Bild zeigt das Siegel des Briefes von Bischof Geoffroy de Loudon von Le Mans an den Propst und das Domkapitel von Paderborn.

1936 Trotz der Nazi-Herrschaft und der immer lauter werdenden Kriegspropaganda kommen Vertreter des Domkapitels von Le Mans zur Elfhundertjahr-Feier der Übertragung der Reliquien nach Paderborn: Dem Haß wird ein deutliches Zeichen des Friedens und der Verständigung entgegengesetzt.

1939-1945 Auch während des Zweiten Weltkrieges bricht die Verbindung zwischen den beiden Kirchen nicht ab. Urlauber-Soldaten vermitteln den Briefwechsel zwischen Bischof Georges Grente von Le Mans und Erzbischof Lorenz Jaeger.

1945 Von Le Mans und Paderborn wird die Vermittlung von Post der Kriegsgefangenen angeregt und organisiert. Der Bischof von Le Mans nimmt sich mit besonderer Sorge der deutschen Kriegsgefangenen in seinem Bistum an.

1948 Alljährlich kommt seit 1948 der Bischof von Le Mans zum Libori-Fest nach Paderborn, während der Erzbischof von Paderborn jedes Jahr zum Fest des heiligen Julian, Patron des Bistums Le Mans, die Schwesterkirche besucht. Die Verbindungen sind so lebendig wie je und bilden einen Markstein der Aussöhnung zwischen Deutschen und Franzosen.

Hermann-Joseph Rick

Europa im Zeichen des heiligen Liborius

Es stand in einem Brief des belgischen Jesuitenpaters Johannes Bollandus. Dieser hatte sich auch durch seine hagiographischen Studien einen weithin bekannten Namen gemacht. Kurz vor Abschluß der Verhandlungen, die 1648 zum Ende des Dreißigjährigen Krieges führten, schrieb er an die Friedensunterhändler in Münster: „Um den Frieden der Völker zu sichern, bedarf es jener christlichen Eintracht und Gemeinschaft, die uns die Libori-Verehrung immerfort ins Gedächtnis ruft."

Mit Bedacht sprach der Jesuit von Liborius als Patron des Friedens. Der Heilige war damals in Münster wohl bekannt. Seine Reliquien waren 1622 vom Tollen Christian von Braunschweig aus Paderborn geraubt worden und konnten erst 1627 nach langer Irrfahrt zurückgebracht werden. Damit dies in den Wirren des Krieges und der Nachkriegszeit nicht wieder passierte, hatte das Domkapitel den kostbaren Schatz 1631 in die Obhut des benachbarten Bistums Münster gegeben, wo er bis 1650 in Sicherheit blieb.

Die Münsteraner Friedensverhandlungen fanden also gewissermaßen in Gegenwart dieses Heiligen statt. Vor allem war sich der Vertreter des Papstes bei den Friedensverhandlungen, Nuntius Fabio Chigi, der Anwesenheit der Reliquien bewußt. Als er von heftigen Steinschmerzen befallen wurde, bat er den heiligen Liborius um Hilfe, die ihm auch gewährt wurde. Als Fabio Chigi 1665 als Papst Alexander VII. den römischen Bischofsstuhl bestiegen hatte, förderte er aus Dankbarkeit die Verehrung des westfränkischen Heiligen, dessen Reliquien in Deutschland gehütet und verehrt wurden. Der erste Schritt in die europäische Dimension war getan.

Dies ist der geschichtliche Hintergrund, der Erzbischof Johannes Joachim Degenhardt bestimmte, 1977 die „St.-Liborius-Medaille für Einheit und Frieden" zu stiften. Unmittelbarer Anlaß war ein europäisches Ereignis von hohem Rang: Im folgenden Jahr, 1978, standen die ersten direkten Wahlen

zum Europäischen Parlament bevor. Erstmals hatten die Bürger Europas die Möglichkeit, sich eine europäische Repräsentanz zu schaffen. In dieser Situation erinnerte sich der Erzbischof an das Wort des Bollandus vom Zusammenleben der Völker im Zeichen des heiligen Liborius. Der „Liebesbund ewiger Bruderschaft", der 836 bei der Übergabe der Reliquien zwischen den Kirchen in Le Mans und Paderborn geschlossen worden war, hatte alle Auseinandersetzungen und Kriege zwischen Deutschland und Frankreich überdauert. Beide Kirchen standen in enger Gemeinschaft, ohne ihre je eigene spirituelle Identität aufzugeben. Das kann ein Modell für das Zusammenleben der Völker in einer europäischen Gemeinschaft sein – welche konkrete politische Verfassung sie sich auch immer geben wird.

Die lateinische Inschrift der St.-Liborius-Medaille erinnert an den mehr als 1160jährigen „Liebesbund ewiger Bruderschaft" zwischen den Kirchen von Le Mans und Paderborn: „Christus ist unser Friede – Zusammengekettet in der Bruderschaft der Liebe."

Mit der „St.-Liborius-Medaille für Einheit und Frieden" zeichnet der Erzbischof in der Regel alle fünf Jahre eine Persönlichkeit aus, die sich um die Einheit Europas auf der Grundlage christlicher Prinzipien verdient gemacht hat. Wie die Stiftung der Medaille selbst einen konkreten europäischen Anlaß hatte, so auch die Auswahl der mit ihr ausgezeichneten Persönlichkeiten.

Leo Tindemans

Während sich im Stiftungsjahr 1977 die nationalen Regierungen, Parteien und Bürger auf die Wahlen vorbereiteten, schien die Entwicklung der europäischen Institutionen seit einiger Zeit zu stagnieren. Schon im Dezember 1975 hatte der belgische Premierminister Leo Tindemans ein vielversprechendes Gutachten zur europäischen Entwicklung vorgelegt. Es ging von dem Grundgedanken aus: Europa muß gekennzeichnet sein von Offenheit für den Menschen und seine Personenwürde, seine Grundrechte und seine Freiheit. Es muß auch offen sein für jenen Teil der Wirklichkeit, der über das Meßbare, Konstruierbare, Erklärbare hinausreicht bis in die Tiefendimension des Kerns christlicher Botschaft. Der Autor des Gutachtens strebte für Europa eine Gesellschaftsordnung an, „die uns eigen ist und die Werte widerspiegelt, die zugleich Erbe und

Leo Tindemans, der damalige Premierminister des Königreiches Belgien, war 1977 erster Träger der „St.-Liborius-Medaille für Einheit und Frieden".

gemeinsame Schöpfung unserer Völker sind. Scheitern wir, so bringen wir unsere Demokratien in Gefahr und vererben unseren Kindern eine dekadente Gesellschaft", hieß es in dem Gutachten.

Diese klare Haltung Tindemans in der Europapolitik war der Grund, weshalb der Erzbischof diesem Politiker die erste Medaille überreichte. In der Verleihungsurkunde heißt es dazu: „Ihre praktische Politik ist geprägt durch Ihre christliche Glaubensüberzeugung. Das Gutachten zeugt von Ihrer Verwurzelung in der Soziallehre der Kirche. Sie ziehen daraus konkrete Folgerungen, die den Menschen in den Mittelpunkt auch der wirtschaftlichen und technischen Entwicklung stellen. Sie bekräftigen zum Wohle aller die Grundwerte, wie sie von der Kirche vertreten werden."

Jan Kardinal Willebrands

Im Jahr der ersten direkten europäischen Wahlen war der Erzbischof von Krakau, Karol Kardinal Wojtyla, als erster Nichtitaliener seit vier Jahrhunderten zum Papst gewählt worden. Von Beginn seiner Amtszeit an wies Johannes Paul II. immer wieder darauf hin, daß zu Europa von ihrer Geschichte und Kultur her auch die Völker des Ostens gehören, die durch den Eisernen Vorhang vom Westen getrennt waren. Der christliche Glaube sei die gemeinsame Wurzel der Völker dieses Kontinents.

Jan Kardinal Willebrands, der Erzbischof von Utrecht, wurde 1982 für sein beharrliches Bemühen um die Einheit der Christen in Europa mit der „St.-Liborius-Medaille für Einheit und Frieden" ausgezeichnet.

Immer wieder richtete er den Blick der Menschen auf den Osten.

Derjenige, der im Bemühen um die christliche Einheit sich der Friedenssicherung widmete, war der ehemalige Erzbischof von Utrecht und damalige Präsident des Päpstlichen Rates für die Einheit der Christen, Jan Kardinal Willebrands. Er war bestimmt von dem Gedanken des II. Vatikanischen Konzils, daß das Zeugnis der Christen in der Welt um so glaubwürdiger ist, je mehr sie es gemeinsam ablegen können. Im Willen, daraufhin zu wirken, knüpfte er vertrauensvolle Kontakte zu den Kirchen des Ostens. Er war sich bewußt, daß die ökumenische Arbeit großer Geduld bedarf, aber in der Zukunft zum Erfolg führen wird. Die Zuerkennung der „St.-Liborius-Medaille für Einheit und Frieden" an diesen unermüdlichen Ökumeniker sollte Zeichen und Ermunterung für viele sein, seinen Weg der Zielstrebigkeit, der Geduld und der unerschütterlichen Hoffnung für die Einheit der Kirche mitzugehen, die ein wichtiger Schritt auf den Frieden der Welt zu ist.

Dr. Pierre Pflimlin

Für die Verleihung der dritten Medaille wich der Erzbischof vom vorgesehenen Fünf-Jahres-Rhythmus ab. Der Grund dafür war der 1150. Jahrestag der Übertragung der Reliquien des heiligen Liborius von Le Mans nach Paderborn, den die Kirche von Paderborn 1986 festlich beging. In diesem Jahr wählte Erzbischof Degenhardt einen Mann aus, der aus der Heimat des heiligen Patrones stammte, den langjährigen Präsidenten der französischen Nationalversammlung und zeitweisen Präsidenten des Europäischen Parlamentes, Dr. Pierre Pflimlin. Wie kaum ein anderer nach Konrad Adenauer und Robert Schuman hat er sich für die Aussöhnung und das Wachstum der Freundschaft zwischen Franzosen und Deutschen eingesetzt. Diese Freundschaft sollte Kern des wachsenden Europas sein. So galt der ganze Einsatz dieses vom christlichen Glauben tief geprägten Politikers dem Bemühen, die Repräsentanz der europäischen Bürger zu stärken, damit Europa unmittelbar erfahrbar

Dritter Preisträger der St.-Liborius-Medaille war 1986 im Jahr der 1150-Jahr-Feier der Reliquien-Überführung nach Paderborn der langjährige Präsident der französischen Nationalversammlung, Dr. Pierre Pflimlin. Er erhielt die Auszeichnung für sein unermüdliches Engagement um die Aussöhnung zwischen Frankreich und Deutschland.

Freifrau Csilla von Boeselager, die damals schon schwer erkrankte Gründerin des „Ungarischen Malteser Caritas-Dienstes", erhielt im Jahr 1992 die „St.-Liborius-Medaille für Einheit und Frieden" für ihre Aufopferung und Tatkraft während und nach der Öffnung der Grenzen Ungarns für Flüchtlinge aus der DDR.

und erlebbar wird. Damit half er, die Losung zu verwirklichen, die auf der Rückseite der Medaille eingraviert ist: „Einheit schaffen und Frieden stiften".

Freifrau Csilla von Boeselager

Dann kamen die bewegenden Jahre 1989/1990, in denen der Eiserne Vorhang sich dank des Andranges der DDR-Flüchtlinge von Osten aus öffnete. Schon einige Jahre zuvor hatte Ungarn signalisiert, daß nun Hilfstransporte aus dem Westen möglich und willkommen seien. Kaum war das Signal angekommen, da ergriff Freifrau Csilla von Boeselager, selbst gebürtige Ungarin, die Initiative und organisierte die ersten Hilfstransporte. Ihr Einsatz mündete in die Gründung des „Ungarischen Malteser Caritas-Dienstes" – „zur Wahrung des Glaubens und zur Hilfe für Bedürftige" – zunächst in Deutschland, wenig später in Ungarn. Sie selbst wurde die erste Vorsitzende. Ihr Einsatz war so überzeugend, daß das Auswärtige Amt in Bonn

und die deutsche Botschaft im August 1989 mit der Bitte an die damals schon Schwererkrankte herantraten, sich der unermeßlichen Zahl der Flüchtlinge aus der rasch zerfallenden DDR in Budapest anzunehmen. Was das an Aufopferung, Hingabe und Tatkraft erforderte, wird nur der ermessen können, der hinter den Zahlen der Gesichter der vielen einzelnen leidenden Menschen erkennt. Kaum einmal in der jüngeren Geschichte Europas ist der Dienst am Frieden so konkret gewesen. Csilla von Boeselager war die erste Persönlichkeit aus dem Erzbistum Paderborn und die erste Frau, der Erzbischof Degenhardt die Medaille überreichte.

Gerade an Gestalt und Wirken dieser kraftvollen Frau wird, wie auch an den drei anderen Geehrten, erkennbar, was die Umschrift auf der Vorderseite der „St.-Liborius-Medaille für Einheit und Frieden" meint, wenn sie ein Wort aus einem Bericht über die Translation der Reliquien des heiligen Liborius aufgreift: „Concatenata fraternitate caritatis – Zusammengeschmiedet in der Bruderschaft der Liebe". Und wenn sie verdeutlichend hinzufügt: „Christus ist unser Friede".

Wilfried von Rüden

1622-1627: Irrfahrt mit glücklichem Ausgang

„Horch, Kind, horch, wie der Sturmwind weht
und rüttelt am Erker!
Wenn der Braunschweiger draußen steht,
der faßt uns noch stärker.
Lerne beten, Kind, und falten fein die Händ,
damit Gott den tollen Christian von uns wend!"

Diese erste Strophe des „Wiegenliedes" aus dem Roman „Der große Krieg", das Ricarda Huch (1864–1947) dichtete, spiegelt die Angst der Menschen vor dem Herzog Christian von Braunschweig-Wolfenbüttel und dessen Söldnerhorden. Sie war, wie die Ereignisse bewiesen, keineswegs

Herzog Christian von Braunschweig im Jahr 1619 nach einem Gemälde von Paulus Moreelse im Landesmuseum Braunschweig. Der „Tolle Christian" raubte 1622 die Reliquien des heiligen Liborius, die erst nach langer Irrfahrt 1627 wieder nach Paderborn zurückkehrten.

unberechtigt. Schon bevor er am 31. Januar 1622 mit großem Gefolge in Paderborn einrückte, hatte ihm eine Kölner Zeitung den Beinamen „Der Tolle" verliehen, der sich durch die Jahrhunderte bis auf den heutigen Tag erhalten hat.

Noch am Abend des 31. Januar 1622 begab sich Christian mit seinen Soldaten in den Dom, ließ ihn bis tief in die Nacht durchsuchen und durchwühlen und die Beute in sein Quartier, das Jesuitenkolleg, bringen: den vergoldeten Silberschrein mit den Reliquien des heiligen Liborius, eine Bleikiste mit 8 000 Goldstücken zu je fünf Talern Wert, die unter dem Hochaltar entdeckt wurde, weitere 8 000 Taler aus dem Kapitelhaus und viele sakrale Gegenstände aus Gold und Silber.

Marsch in den Süden

Während der Liboriusschrein und alle anderen aus Edelmetall gefertigten Gegenstände in die Münze nach Lippstadt wanderten, wo sie nach der Einschmelzung zu „Pfaffenfeindtalern" geprägt wurden, ließ er die Reliquien in ein Tuch einschlagen. Es wurde zugenäht und mit seinem Siegel versehen. Anfangs war Christian durchaus geneigt, den inständigen Bitten der Jesuiten, ihnen die Reliquien zu überlassen, zu entsprechen. Doch auf Einflüsterungen seines abergläubischen Gefolges behielt er sie. Ihm wurde gesagt, Heiligenreliquien hätten die Kraft, den Besitzer vor Hieb- und Stichwunden zu bewahren.

Unter Mitnahme von Geiseln verließ der „Tolle Christian" die Stadt Paderborn. Sein weiterer Weg führte über Höxter und durch das Eichsfeld nach Höchst am Main. Hier brachten ihm die Truppen der Liga unter Feldmarschall Tilly am 19. Juni 1622 eine vernichtende Niederlage bei. Tilly konnte die aus Paderborn als Geiseln mitgeführten Jesuiten befreien und zurückschicken. Angeblich soll Christian 14 000 Soldaten verloren haben, als er sich an der Bergstraße mit der Truppe des Grafen Mansfeld vereinigte. In Mannheim erhielten die beiden Heeresführer Verstärkung von Friedrich von der Pfalz, setzten am 12. Juli bei Straßburg über den Rhein und rückten weiter ins Elsaß vor. Als Friedrich von der Pfalz nicht weiter mit ihnen gemeinsame Sache machen wollte und sich zurückzog, marschierten Mansfeld und Christian Richtung Lothringen.

Geschenk oder verkauft?

Während der „Tolle Christian" mit seiner Truppe in der Nähe von Pont-á-Mousson oberhalb Metz lagerte, stattete ihm der Wild- und Rheingraf Philipp Otto mit mehreren Begleitern einen Besuch ab. Philipp Otto stellte Christian die Frage, wo er bei seinen weiten, mühevollen Reisen die Reliquien des heiligen Liborius gelassen habe. Christian antwortete, er besitze sie noch, und ließ durch einen Sekretär aus der Kiste, in der sein Silbergeschirr aufbewahrt wurde, ein versiegeltes leinenes Tuch holen und auf den Tisch legen. Christian bekundete nachdrücklich, es seien tatsächlich die geraubten Gebeine.

Widersprüchlich sind die Angaben, ob Christian die Reliquien dem Rheingrafen geschenkt oder verkauft hat. Auf der einen Seite ist die Rede von einem Geschenk, auf der anderen von der Zahlung von 4 000 Kronen und der Abgabe eines guten Reitpferdes. Der Rheingraf soll auch die Schenkung eines für ihn ungünstig im Braunschweigischen gelegenen Lehnsgutes als Gegengabe versprochen haben.

Die Irrfahrt der geraubten Reliquien, die bis heute die Menschen beschäftigt und ihren Niederschlag in unzähligen Reiseberichten, Erzählungen, Gedichten, Theaterstücken und in der bildenden Kunst fand, war vorläufig zu Ende.

Glanzvolle Prozession

Der Rheingraf schickte den Schatz durch seine Begleiter in sein südlich von Nancy gelegenes Schloß Neuviller. Seine Frau Christine ließ die Reliquien auf dem Altar ihrer Kapelle aufstellen und sorgte für eine Ausbreitung ihrer Verehrung, vor allem durch eine glanzvolle Prozession, bei der sie mitgeführt wurden.

Inzwischen hatten die Paderborner die Gebiete, die Christian durchzogen hatte, absuchen lassen. Doch die ausgesandten Boten kehrten erfolglos zurück. Da kam unerwartet eine Meldung aus Brüssel. Kur-

Der „Tolle Christian" mit Kriegsvolk und Beutewagen nach einer Zeichnung von E. H'loch, Ostönnen, aus dem Jahr 1920. Damals wurden in Soest in einem historischen Festzug u. a. die Ereignisse des Dreißigjährigen Krieges nachgestellt.

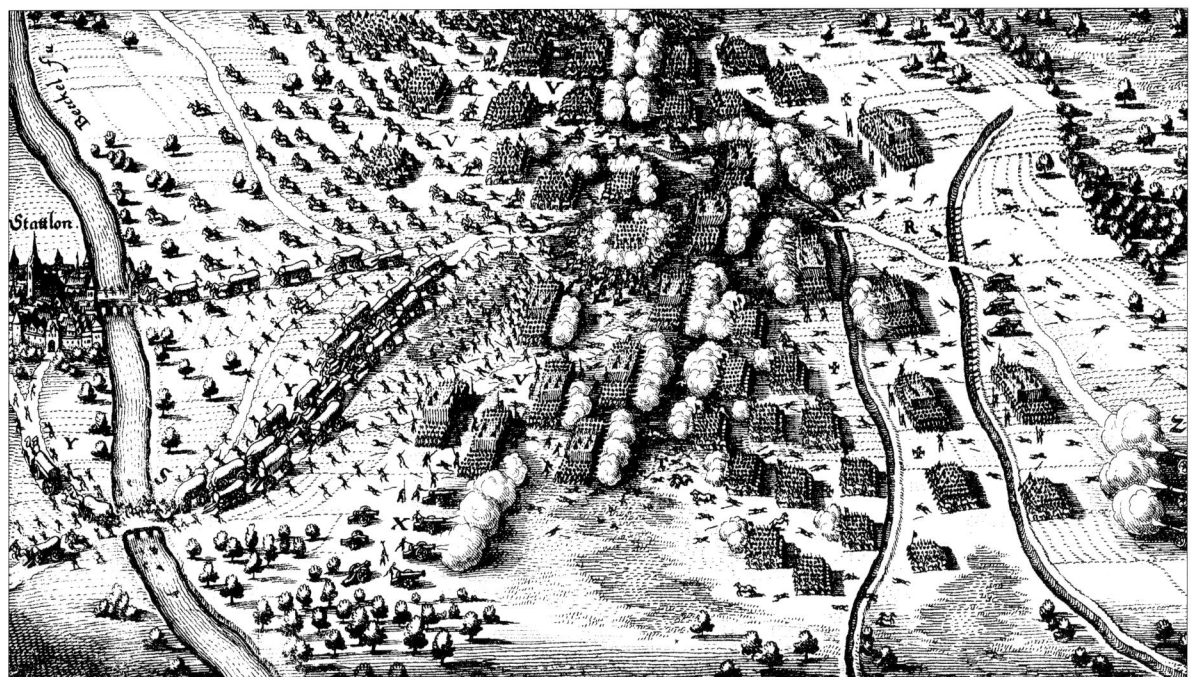

In der Schlacht bei Stadtlohn wurde das Heer des „Tollen Christian" durch die Truppen der Katholischen Liga des Feldmarschalls Tilly am 6. August 1623 völlig geschlagen und aufgerieben. Dieser Sieg brachte ganz Nordwestdeutschland in die Hand der Liga und des Kaisers. Der Kupferstich von 1634 zeigt die Schlachtaufstellung der feindlichen Heere.

fürst und Bischof Ferdinand hatte seine dortigen Gesandten Wilhelm von Westphalen und von Wachtendonck über den Raub informiert. Sie erfuhren vom Herzog von Croy, daß sich die Reliquien bei seinem Schwager in Neuviller befänden. Der Rheingraf selbst ließ über ein Mitglied seines Gefolges, Johann Carl Erlenwein aus Ürdingen, der einen sechswöchigen Heimaturlaub antrat, dem Kurfürsten in Bonn mitteilen, er besitze die Reliquien und sei nicht abgeneigt, sie zurückzugeben. Erlenwein wurde nach Neuviller geschickt, traf den Rheingrafen aber nicht an. Dessen Frau war nicht bereit, sie ohne die Zustimmung ihres Mannes auszuliefern. Inzwischen hatte sich jedoch der Kurfürst auf dem Reichstag in Regensburg mit dem Rheingrafen über die Rückgabe geeinigt.

Trauriger Abschied

Im Mai 1623 trat Johann Carl Erlenwein erneut die Reise nach Lothringen an, nun in Begleitung des Hofkaplans Johann de Blier, um die Reliquien nach Bonn zu holen. Die Abgesandten des Kurfürsten und Bischofs Ferdinand reisten in Begleitung eines

Posttrompeters und bedienten sich einer mit vier Pferden bespannten Kutsche. Neuviller erreichten sie am 6. Juni 1623.

Am folgenden Morgen wurde das alte Tuch, das die Reliquien barg, geöffnet. Sie kamen in eine hölzerne Lade, die mit blauer Seide umhüllt und mit dem Siegel der Gräfin versehen wurde. Die auf Wunsch des Rheingrafen zurückbehaltenen Partikel ließ die Gräfin in ein Reliquiar einfügen und in der Schloßkapelle aufbewahren. Mit schriftlichen Beglaubigungen der in Neuviller geschehenen Wunder und einem Brief der Gräfin an den Kurfürsten und Bischof traten die Abgesandten die Rückreise an.

Ähnlich wie beim Abschied der Gesandten von Paderborn aus Le Mans im Jahr 836 standen auch in Neuviller unzählige Menschen weinend vor dem Schloß, traurig darüber, daß die Reliquien des heiligen Liborius, eines Bischofs aus ihrer Heimat, ihr Dorf verließen. Die Rückreise führte über Metz nach Trier zur Abtei St. Maximin. Vor der Weiterfahrt wurden hier die Reliquien ausgesetzt und ein Hochamt zelebriert. Über die Trier-Kölner-Landstraße durchfuhr die Kutsche Schweich, Wittlich, Adenau und erreichte am 15. Juni 1623 über Altenahr das Doppelkloster der Brigitten in Marienforst bei Godesberg. Der Kurfürst und Bischof Ferdinand schickte den Jesuitenpater Benedikt Schweindel, seinen Beichtvater, und den Jesuiten Georg Schrotel zum Kloster. Sie öffneten die Lade, informierten sich über den Inhalt und versiegelten sie erneut. Prior Johannes Wagner und Äbtissin Maria Elisabeth von Hersfeld verwahrten die Lade für die folgenden vier Jahre in der Sakristei.

Georg Schrotel und Benedikt Schweindel nahmen von Marienforst einen Brief der Gräfin von Croy mit, außerdem eine Beglaubigung der in Neuviller geschehenen Wunder. Beide Dokumente waren für den Kurfürsten und Bischof Ferdinand in Bonn bestimmt.

Als sich die politischen Verhältnisse in Westfalen beruhigt hatten und auch der neue Schrein des Hans Drako von Dringenberg fertiggestellt war, gab Kurfürst und Bischof Ferdinand dem Drängen des Paderborner Domkapitels auf Rückführung der Reliquien nach. Am 12. Januar 1627 begaben sich der Landdroste Wilhelm von Westphalen und der Domkämmerer Theodor Adolph von der Reck nach Marienforst und holten sie nach Schloß Neuhaus.

Wild- und Rheingraf Philipp Otto, 1623 erster Fürst von Salm, gelang es, den „Tollen Christian" zu überreden, die geraubten Reliquien des heiligen Liborius herauszugeben. Unser Bild zeigt ein zeitgenössisches Gemälde.

Wieder im Dom

Am Sonntag vor Allerheiligen, am 31. Oktober 1627, war die Irrfahrt der Liboriusreliquien endgültig beendet. Am Westerntor stand der neue Schrein in einem Zelt bereit. Der Chronist weiß zu berichten: „Eine riesige Menschenmenge hatte sich versammelt, als sich von Neuhaus her eine festliche Prozession näherte. Vier prächtige mit den schönsten Pferden bespannte Wagen bildeten den Mittelpunkt. Der erste führte die Reliquien. Fünfzig Mann zu Pferde von der fürstlichen Leibgarde und eine Anzahl Fußsoldaten mit klingendem Spiel schlossen den Zug".

Als die Reliquien verehrt und in den neuen Schrein gelegt worden waren, setzte sich die Prozession zum Dom in Bewegung. Nach einem feierlichen Dankgottesdienst und dem Ambrosianischen Lobgesang fand der Schrein an alter Stätte seinen Platz. Zur Erinnerung an diesen denkwürdigen Tag hat die Kirche von Paderborn seitdem den 25. Oktober als zweiten Liborifesttag bestimmt, allgemein „Klein-Libori" genannt.

Pokal zum Dank

Ein Bericht über den Raub und die Rückführung der Liborius-Reliquien wäre unvollständig, würde nicht der Hauptpersonen gedacht, die zur Rettung und Wiedererlangung entscheidend beitrugen.

Rheingraf Philipp Otto stand als Kommandeur eines Kavallerie-Regimentes im Dienst des französischen Königs. 1623 wurde er in den Fürstenstand erhoben und war der erste Fürst von Salm des heute noch – in Westfalen auf Schloß Anholt – bestehenden Geschlechts. Ein großes Reiterbild des Fürsten und ein Porträt seiner Gemahlin Christine halten auf Schloß Anholt die Erinnerung wach. Fürst Philipp Otto starb 1634 in Neuviller an Wunden, die er sich in der Schlacht bei Nördlingen zugezogen hatte.

Ebenfalls im französischen Heer diente Johann Carl Erlenwein (1595-1667). Für seine Tapferkeit bei der Belagerung von Caen in der Normandie zeichnete ihn König Ludwig XIII. mit einer goldenen Medaille aus. Wie seine Vorgänger und Nachfolger wurde Erlenwein Bürgermeister von Ürdingen und Linn. Der Name ist in Krefeld noch stark vertreten. Verärgert darüber, weil er vom Pader-

Gräfin Christine, geb. von Croy, setzte sich stark für die Verehrung des heiligen Liborius in Neuviller ein. Sie durfte bei der Rückgabe der Reliquien an die Gesandten des Kurfürsten einige Partikel behalten. Die auf diesen Seiten wieder-gegebenen Gemälde sind im Besitz des Museums Wasserburg Anholt.

borner Domkapitel nach der Rückführung der Reliquien keinerlei Dank erhalten hatte, beklagte er sich am 9. Januar 1628 beim Domdechanten Adolph von der Reck.

Daraufhin erhielt er nach einigen Monaten einen silbernen vergoldeten Pokal mit dem eingravierten Bild des hl. Liborius. Umgehend bedankte sich Erlenwein und versicherte, er werde „aus diesem Pocale auf die Gesundheit und die Wohlfahrt des gesamten Capitels trinken". Die Auszeichnung aus Paderborn wird in Erlenweins Ahnentafel und in einer 1980 in Krefeld erschienenen „Chronik Erlenwein" der Spedition Erlenwein besonders hervorgehoben. Der Kurfürst und Bischof Ferdinand schenkte Erlenwein für seine Verdienste eine goldene Gedenkmünze.

Chronik der Reliquien-Irrfahrt 1622-1627

31. Januar 1622

Der „Tolle Christian" raubt die Liboriusreliquien aus dem Dom.

19. Juni 1622

Christian von Braunschweig wird bei Höchst von Tilly entscheidend geschlagen. Befreite Geiseln kehrten nach Paderborn zurück.

14. August 1622

Rheingraf Philipp Otto trifft in Lothringen Christian von Braunschweig und überredet ihn zur Herausgabe der Reliquien.

14. September 1622

Die Gesandten des Kurfürsten und Bischofs Ferdinand berichten ihm aus Brüssel von der Anwesenheit der Reliquien im Schloß zu Neuviller.

18. September 1622

Rheingraf Philipp Otto informiert den Kurfürsten und Bischof Ferdinand durch Johann Carl Erlenwein über seine Bereitschaft, die Reliquien zurückzugeben.

15. Februar 1623

Kurfürst und Bischof Ferdinand schreibt dem Paderborner Domkapitel vom Reichstag in Regensburg über seine Begegnung mit Rheingraf Philipp Otto.

21. Mai 1623

Gräfin Christine veranstaltet in Neuviller eine festliche Prozession unter Mitführung der Liboriusreliquien.

29. Mai 1623

Johann Carl Erlenwein und Hofkaplan Johann de Blier treten die Reise nach Neuviller an.

7. Juni 1623

Gräfin Christine übergibt den Abgesandten in Neuviller die Reliquien, behält aber für sich Partikel zurück.

Von Schloß Neuhaus wurden die Reliquien des heiligen Liborius am 31. Oktober 1627 in festlicher Prozession in den Dom von Paderborn zurückgebracht.

11. Juni 1623

Ankunft der Reliquien in der Abtei St. Maximin in Trier. Weiterfahrt durch die Eifel.

15. Juni 1623

Gesandte und Reliquien treffen im Brigittenkloster Marienforst bei Godesberg ein.

16. Juni 1623

Überprüfung der Echtheit der Reliquien durch Abgesandte des Kurfürsten und Bischofs Ferdinand in Marienforst.

12. Januar 1627

Landdrost Wilhelm von Westphalen und Theodor Adolph von der Reck reisen zur Abholung der Reliquien nach Marienforst und bringen sie nach Schloß Neuhaus.

31. Oktober 1627

Abholung der Reliquien vom Schloß Neuhaus und Rückführung in den Dom.

Wilfried von Rüden

Besuch in Neuviller: Überraschung nach 375 Jahren

Neuviller sur Moselle. Das in Frankreich übliche große Schild am Ortseingang des kleinen Dorfes an der aus den Vogesen kommenden Mosel ist unübersehbar. Von einem Hang oberhalb der dunkelroten Ziegeldächer grüßt die Kirche. 500 Meter davon entfernt und durch einen Weg verbunden das Château, das Schloß, in dessen Kapelle die Reliquien des hl. Liborius bis zur Rückführung verwahrt und hochverehrt wurden.

Der Besucher aus der Erzdiözese Paderborn steht genau in der Mitte zwischen Kirche und Schloß. Die ehemalige Residenz des Rheingrafen Philipp Otto und dessen Frau Christine, der geborenen

Prinzessin von Croy, ist noch bewohnt, jedoch ihr völliger Verfall kaum mehr aufzuhalten.

Der Besucher stellt sich die Frage, was wohl geschehen wäre, wenn Philipp Otto sich nicht mit Erfolg um die Rettung der Reliquien des heiligen Liborius gekümmert hätte. Gäbe es heute noch in Paderborn und in anderen Ländern eine so starke Verehrung?

Der kleine Ort Neuviller in Lothringen, in dem die Zeit seit der Anwesenheit der Reliquien stehengeblieben zu sein scheint, kann nicht ungenannt bleiben, wenn über die Geschichte des Liboriuskultes und besonders über den Raub der Reliquien be-

Als zweiter Patron wird St. Liborius in der Dorfkirche von Neuviller in Lothringen verehrt. Am Sonntag nach dem 9. Juni, nach fränkischen Chroniken der Todestag des Heiligen, erinnert jedes Jahr das auf dem Altar aufgestellte Reliquiar an die Aufbewahrung der Reliquien in Neuviller vor 375 Jahren.

richtet wird. Nicht einmal ein Jahr blieben sie im Schloß, und doch kann man sich vorstellen, was es für die Menschen in weiter Umgebung bedeutete, als sie hier eintrafen. Die Gebeine eines Heiligen waren in ihr weitab von der nächsten großen Stadt Nancy gelegenes Dorf gekommen!

Freude über Besuch

Weitere Fragen kommen von selbst. Hat sich in Neuviller eine Erinnerung an diese Zeit erhalten? Gibt es noch eine Reliquie, zumal überliefert ist, daß die Schloßherrin einige Partikel für sich behalten durfte? Gibt es überhaupt noch eine Verehrung?

In einem schlichten Haus, das direkt an das Chor der Dorfkirche angebaut ist, so daß zwischen beiden eine Durchgangsmöglichkeit besteht, wohnt Abbé A. Hacquard, seit 1953 Pfarrer von Neuviller. Der Besucher läßt ihm durch das Küsterehepaar einen in französischer Sprache verfaßten Brief vorlesen, in dem über den Zweck des Besuches aus der Erzdiözese Paderborn informiert wird. Das Gesicht des Abbé hellt sich auf. Er freut sich über den wohl ersten Besucher aus dem fernen Deutschland, der zumindest in seiner Amtszeit nach Neuviller gekommen ist.

Statuen und Reliquie

Die Küsterin schließt die Eingangstür zur Kirche auf und deutet im Windfang nach oben auf eine alte Holzstatue, St. Liborius als Bischof darstellend. Im Chor folgt die nächste Überraschung! An der linken Seite grüßt von einem Podest eine große Statue des hl. Liborius, in der Hand das Evangelienbuch mit Steinen haltend.

Die Küsterin öffnet in der Sakristei mehrere Schränke und bringt dann mit einem Reliquiar den eindeutigen Beweis, daß St. Liborius oder St. Liboire, wie er im Französischen genannt wird, genau 375 Jahre nach der Ankunft der Reliquien noch immer verehrt wird. Die Schloßkapelle, in der sie verwahrt wurden, ist – so wird berichtet – 1749 zerstört, wieder aufgebaut und 1808 nach abermaliger Zerstörung nicht wieder errichtet worden.

Die kleine Monstranz, in der eine große Partikel der der Gräfin Christine geschenkten Reliquien

Eine Statue des heiligen Liborius steht auf einem Podest im Chor der Kirche von Neuviller. Sie hält das Evangelienbuch mit Steinen in der Hand.

eingebettet ist, offensichtlich das Stück eines Fingers, trägt auf einem Schriftband die Bezeichnung St. Liboire. Weitere Reliquien gelangten durch den Neffen des Grafen Philipp Otto, der in Belgien begütert war, nach dort und bildeten die Grundlage der heute noch in Flandern bestehenden Liboriverehrung.

Fest am 9. Juni

In Neuviller wird das Fest des hl. Liborius – er ist hier der zweite Patron der Kirche – am 9. Juni gefeiert. Nach fränkischen Chroniken starb der Manceller Bischof am 9. Juni 397. An diesem Tag bzw. bei der Feier am nachfolgenden Sonntag wird das Reliquiar auf dem Altar aufgestellt. Eine Prozession findet allerdings nicht mehr statt. Die Fontaine des St. Liboire, deren Wasser die Pilger heilende Kraft zuschrieben, ist zwar noch vorhanden, jedoch trocken. Im vorigen Jahrhundert kamen alljährlich zum Liborifest noch zahlreiche Menschen aus der Umgebung zur Kirche von Neuviller.

Der Besuch in Neuviller geht zu Ende. Ein strahlender Vorfrühlingstag hat Menschen aus zwei Nationen, in denen St. Liborius verehrt wird, zusammengeführt. Es war trotz Sprachschwierigkeiten eine unvergeßliche Begegnung, für den Besucher vor allem durch die außergewöhnliche Freundlichkeit, die ihm entgegengebracht wurde. Auch in Neuviller weiß man jetzt, daß der heilige Bischof aus Frankreich nach wie vor im Nachbarland Deutschland große Verehrung genießt. Und darauf schienen die, die den Besucher durch die Kirche führten und ihm Fotos ermöglichten, stolz zu sein.

Abbé A. Hacquard ist seit 1953 Pfarrer in Neuviller. Er freut sich über den Besucher aus der Erzdiözese Paderborn und zeigt ihm die Monstranz, in der eine große Partikel der einst der Gräfin Christine geschenkten Reliquien des heiligen Liborius eingeschlossen ist.

In Neuviller sur Moselle, einem kleinen Dorf in Lothringen, wurden die Reliquien des heiligen Liborius während ihrer Irrfahrt nach dem Raub durch den „Tollen Christian" fast ein Jahr aufbewahrt.

Zum Heil und Wohl der Menschen

*Der heilige Bischof Liborius
hat die Last des Bischofsamtes
fast ein halbes Jahrhundert lang getragen.
Getreu hat er den Verkündigungsdienst,
den Heiligungsdienst
und das Leitungsamt
in der Nachfolge Christi ausgeübt.
Deshalb gilt das Wort des Herrn
aus dem Evangelium auch ihm:
„Wohlan denn,
du guter und getreuer Knecht,
weil du über weniges getreu geblieben bist,
will ich dich über vieles setzen.
Geh ein in die Freude deines Herrn."
Die Fürbitte des heiligen Liborius
möge in unserer Zeit Bischöfen,
Priestern und allen Gläubigen helfen,
Christi Auftrag zum Heil und Wohl der Menschen
und zur Ehre Gottes weiterzuführen.*
Erzbischof Johannes Joachim Degenhardt

Der „Tolle Christian" als Notgeld-Motiv

Immer wieder im Lauf der Jahrhunderte hat der Reliquienraub des „Tollen Christian" vor allem in Erzbistum und Stadt Paderborn die Gemüter bewegt und die Phantasie zur Darstellung und Ausschmückung der damaligen Ereignisse veranlaßt.

So wurde sein Raubzug Anfang der zwanziger Jahre als Motiv für eine Notgeld-Serie der Stadt Paderborn ausgewählt. Herausgegeben von der Sparkasse im Auftrag des Magistrats der Stadt, wurden die verschiedenen Szenen des Jahres 1622 auf den Farbbildern der jeweiligen Geldbeträge von 25 Pfennigen bis zu zwei Mark wiedergegeben.

Die Notgeld-Serie trug das Datum vom 10. November 1921. Auf den Zahlscheinen hieß es: „Zahle gegen diese Platzanweisung aus unserem Guthaben an Überbringer..." Das Notgeld war „gültig bis 1 Monat nach öffentlicher Aufkündigung."

50 Pfennig: „Verrat der Stadt durch Drohmam am 30. Januar 1622."

75 Pfennig: „Feierlicher Einzug des tollen Christian am 31. Januar 1622 in Paderborn."

1 Mark: „Der Raub des Domschatzes mit den Gebeinen des hl. Liborius Anno 1622."

2 Mark: „Abzug des tollen Christian mit den Geiseln Februar 1622."

Margarete Niggemeyer

Verehrt im Goldschrein – der wahre Domschatz

Wo ist der Domschatz?

Wer nach dem Domschatz fragt, wird in die Schatzkammer des Diözesanmuseums geführt. Dort steht inmitten der kostbaren Gold- und Silberschmiedearbeiten der Liborischrein. Einmal im Jahr wird er heraufgeholt und in feierlicher Prozession im Hochchor des Domes aufgestellt. Zuvor wird in der Krypta ein schwarzes Holzkästchen mit den Reliquien des Heiligen in den Schrein gelegt. In den festlichen Liboritagen steht der Goldschrein an seinem eigentlichen Ort, denn im ursprünglichen Sinn des Wortes sind nicht die kostbaren Geräte der Domschatz, sondern die Reliquien der Heiligen. Sie sind der wahre Domschatz. Darin liegt vor allem der Ruhm eines Domes, wenn in ihm kostbare Reliquien von Heiligen aufbewahrt werden. Der äußere Glanz der Schreine oder anderer Reliquienbehälter ist nur ein Abglanz jener Herrlichkeit, welche die Heiligen im Himmel schauen.

Der Schrein des heiligen Liborius hat die Form einer einschiffigen Kirche ohne Querhaus. Er ist eine Kirche im Innern des Domes, wie es z. B. auch in Assisi der Fall ist. In der großen Kathedrale steht

An festlichen Liboritagen werden die Reliquien des Heiligen aus der Krypta geholt und in den Goldschrein des Meisters Drako gelegt. In feierlicher Prozession wird er am festlich geschmückten Hochaltar aufgestellt und durch die Stadt getragen als Ausdruck der Freude und der Verehrung des Schutzpatrons der Erzdiözese.

Der 1627 fertiggestellte Liborischrein wurde von dem Goldschmied Hans Krako aus Dringenberg geschaffen. Er ersetzte den von Herzog Christian von Braunschweig geraubten und in Münzen umgeschmolzenen Schrein des Bischofs Imad. Zur Herstellung des Schreins stifteten der Landdroste des Paderborner Hochstifts, Wilhelm von Westphalen und seine Gemahlin Elisabeth von Loe, 130 sächsische Doppelgulden.

die kleine Portiunkula-Kirche aus der Zeit des heiligen Franziskus. Deshalb liegt es nahe, in diesem Schrein ein Abbild der Kirche zu sehen, die auf festem Fundament aufruht, wie der Schrein auf einem reich verzierten Sockel. Dieser wird durch eine umlaufende Zierleiste geschmückt, die auch am Dachaufsatz in gleicher Weise am Schrein angebracht ist.

Das Bildprogramm

Das Bildprogramm des Schreins veranschaulicht das Pauluswort von der Kirche aus lebendigen Steinen: „Ihr seid auf das Fundament der Apostel und Propheten gebaut; der Schlußstein ist Christus Jesus selbst. Denn in ihm wird der ganze Bau zusammengehalten und wächst zu einem heiligen Tempel im Herrn. Durch ihn werdet auch ihr im Geist zu einer Wohnung Gottes erbaut" (Eph 2,20-22). Im einzelnen können die Worte des Apostels am Schrein im Bild entdeckt werden:

Das Fundament der Apostel

Auf beiden Längsseiten des Schreins sind sechs Apostel dargestellt. Sie stehen in rundbogigen Nischen, die durch eine Säule voneinander getrennt sind. Von der vorderen Stirnseite aus betrachtet, ergibt sich folgende Anordnung:

Rechte Seite:

S. PETRVS
Petrus mit Buch und (Himmels-)Schlüssel Du bist Petrus ... ich will dir die Schlüssel des Himmelreiches geben; alles, was du auf Erden binden wirst ... (Matthäus 16,18-19)

S. IACOBVSMA
Jacobus Major (der Ältere) mit Buch, Pilgerhut und Pilgerstab; Hinweis auf den Wallfahrtsort Santiago de Compostela in Spanien, wo er verehrt wird.

S. PHILIP
Philippus mit Buch als Attribut der Apostel; das

Stabkreuz ist Hinweis auf seinen Märtyrertod am Kreuz.

S. TOMAIS
Thomas mit Lanze, durch deren Stiche er getötet wurde; der „ungläubige" Thomas, der seine Hand in die Seiten-(Lanzen)wunde Jesu legte.

S. IACOBVSmi
Jacobus minor (der Jüngere) wurde mit einer Walkerstange erschlagen. Die Figur ist vertauscht mit Matthäus auf der anderen Seite.

S. JVDAS.TA
Judas Thaddäus, Bruder des Jacobus minor, neben dem er steht. Abgebildet mit Buch und Stab, mit dem er getötet wurde.

Linke Seite

S. ANDREAS
Andreas mit Buch, Attribut der Apostel als Verkünder des Evangeliums. Er starb am Kreuz in X-Form: „Andreas-Kreuz".

Der auf der vorderen Giebelseite abgebildete Kreuzestod auf dem Kalvarienberg hebt die herausragende Stellung Jesu Christi für die Erlösung und für das Leben der Kirche hervor. – Alle Standortangaben der Figuren gehen von der Stirnseite des Schreins aus.

S. IOHANNES

Johannes steht seinem Bruder Jacobus major gegenüber; Evangelist. Das Gift entweicht durch Kreuzzeichen in Form einer Schlange.

S. BARTOLME

Bartholomäus mit Buch und Messer, mit dem ihm vor der Enthauptung die Haut abgezogen wurde.

S. MATEVS

Matthäus, Evangelist mit Buch als Apostelzeichen. Mit dem Schwert am Altar hingerichtet. Figur vertauscht mit Jacobus minor.

S. SIMON

Simon. Seit dem späten Mittelalter ist die Säge sein Attribut. Als Baumsäge ist sie gut erkennbar.

S. MATTIVS

Matthias steht „hinten" links an letzter Stelle. Er wurde an Stelle von Judas Iskarioth als Apostel zugewählt. Mit dem Beil enthauptet.

Der Schlußstein ist Christus Jesus

Wenn auch das Wort vom „Schlußstein" nicht wörtlich im Bildprogramm des Schreins anzutref-

„Ihr seid auf das Fundament der Apostel und Propheten gebaut; der Schlußstein ist Jesus Christus." Dieses Wort aus dem Epheserbrief des Apostels Paulus kommt in den Abbildungen der zwölf Apostel zum Ausdruck, die auf den beiden Längsseiten des Schreins dargestellt sind. Unser Bild zeigt Petrus mit dem Schlüssel.

Die vier Evangelisten haben die Urkunde unseres Glaubens niedergeschrieben. So gehören sie selbstverständlich zum Bildprogramm des Liborischreins. Unser Foto zeigt den Evangelisten Markus mit dem Löwen.

fen ist, so wird doch durch die Kreuzdarstellung auf der vorderen Giebelseite die herausragende Stellung Jesu Christi betont. Von seinem erlösenden Kreuzestod lebt die Kirche. Das Giebelfeld über dem Kreuz schmückt eine thronende Madonna mit Jesuskind: Maria, die Ersterlöste, hat der Welt den Erlöser geboren.

… und wächst zu einem heiligen Tempel

Durch die Verkündigung der frohen Botschaft und die Entfaltung der theologischen Lehre im Dogma hat sich die Kirche im Laufe der Jahrhunderte immer mehr in das Geheimnis der Erlösung vertieft. Die vier Evangelisten haben die Urkunde unseres Glaubens in den Evangelien niedergeschrieben. Ihr Platz am Schrein sind die vier Ecken, an denen das Dach auf den Wänden des Langhauses aufruht.

vorn rechts:
LUKAS, Evangelist mit dem Stier

vorn links:
JOHANNES, Evangelist mit dem Adler

Im Giebelfeld über dem Kreuz eine thronende Madonna: Maria, die Ersterlöste, hat der Welt den Erlöser geboren.

hinten rechts:
MARKUS, Evangelist mit dem Löwen

hinten links:
MATTHÄUS, Evangelist mit dem Engel

In den vier Medaillons auf dem Dach befinden sich Abbildungen der vier großen Kirchenväter:

vorn rechts:
S. AVGVSTINVS, Kirchenvater
Wie es dem Knäblein unmöglich ist, mit der Muschel das Meer auszuschöpfen, wird Augustinus (als Bischof dargestellt) das Geheimnis Gottes nicht ergründen.

vorn links:
S. GREGORIVS, Kirchenvater
Gregor I. der Große, als Papst dargestellt mit der Papstkrone (Tiara) und dem dreifachen Kreuz auf dem Hirtenstab.

hinten rechts:
S. HIEGERONIMVS, Kirchenvater
Als Kardinal in der Studierstube dargestellt, wo er die Bibel (Vulgata) übersetzte. Der Löwe, dem er einmal geholfen hatte, erinnert an seine Zeit als Einsiedler in der Wüste.

hinten links:
S. AMBROSIVS, Kirchenvater
Mit Bienenstock als Bischof dargestellt; Bienen und Honig als Hinweis auf die „Süße" (Ambrosia) seiner Rede.

Auf dem Dachfirst und an den Dachlängsseiten sind weitere Zeuginnen und Zeugen des Glaubens dargestellt, die als Heilige nach der Botschaft des Evangeliums gelebt haben. Auch sie sind aufgebaut auf dem Fundament der Apostel.

rechte Längsseite:
S. CAROLVS BORROMEVS in Kardinalstracht mit Buch.

S. BRIGITA von Kildare/Irland mit Buch; in der linken Hand fehlt der Äbtissinnenstab.

S. MATTERNVS. St. Maternus war der erste Bischof von Köln.

S. IVSTINA, christliche Jungfrau und Märtyrerin.

S. ANTONIVS. D. BADVVA im Mönchsgewand mit Buch und Jesuskind, welches ihm erschienen ist.

linke Längsseite:
S. ANTONIVS. ABBAS der Eremit, in Mönchstracht mit Buch und Abtsstab.

S. CLARA, Gründerin des Clarissenordens mit Monstranz.

S. BENEDICTVS als Abt dargestellt.

In vier Medaillons auf dem Dach des Schreins sind Abbildungen der großen Kirchenväter Augustinus, Gregorius, Hieronymus und Ambrosius (unser Bild) wiedergegeben.

S. CATHARINA mit Krone, Schwert, Buch und Rad(bruchstück).

S. ROCHVS als Pilger, der auf ein Geschwür am Bein zeigt.

Die Heiligen an der vorderen Giebelseite sind:

rechts:
S. FRANCISCVS

links:
S. JOHAÑES BAPTISTA

Zwischen beiden steht das Giebelkreuz. An der hinteren Giebelseite stehen zwei Heilige:

rechts:
S. ELISABET von Thüringen

links:
S. GWILHELMVS mit Buch und Stab

Auf dem Dachfirst reihen sich nebeneinander von vorn:

S. SEBASTIANVS
Märtyrer, gefesselt, von Pfeilen durchbohrt.

S. AERASIMVS
Ein unbekannter Heiliger mit Lanze.

S. MICHAEL
Erzengel, Patron der Deutschen, tötet einen Teufelsdämon mit dem Schwert.

S. GORGIVS
Heiliger, tötet den Drachen mit der Lanze.

S. LORENCIVS
mit einem Rost als Attribut für sein Martyrium im Feuer.

Stifterehepaar und Künstler

Die rückwärtige Giebelwand enthält Stifter- und Künstlerinschrift. In der Übersetzung lautet die Stifterinschrift:

DEM GÜTIGSTEN UND HÖCHSTEN GOTT.
DIESEN NEUEN SCHREIN
DES HEILIGEN LIBORIUS,
DES PATRONS VON PADERBORN,
LIESSEN DIE EHELEUTE
WILHELM VON WESTPHALEN, ERBDROSTE,
UND ELISABETH VON LOE MACHEN,

St. Kilian, zu dessen Diözese Würzburg die Region um Paderborn vor der Gründung des Bistums im Jahr 799 gehörte, ist neben St. Liborius Schutzpatron der Erzdiözese Paderborn und auf einer Dachplatte abgebildet.

St. Liborius, seit vielen Jahrhunderten Schutzpatron der Erzdiözese, liegt neben St. Kilian auf dem Dach des Liborischreins, den der Dringenberger Goldschmied Hans Krako 1627 schuf.

UM DESSEN EHRE UND DAS WOHL
DES BIS HEUTE
BEKLAGTEN VATERLANDES
WIEDERHERZUSTELLEN.
DER FRÜHERE WURDE VON EINEM
WÜTENDEN SOLDATEN IN
VERHEERENDEN ZEITEN MIT UNGLÜCK-
LICHEM AUSGANG
GERAUBT.
IM JAHRE 1627

Zweiunddreißig gravierte Ahnenwappen des Stifterehepaares sind in kleinen Medaillons zu beiden Seiten der Inschrift und in der Sockelzone angebracht.

Die Künstlerinschrift:

DIESE ARBEIT HABE ICH HANS KRAKO
ZUM DRINGENBERGE GEMACHG VON
SOLGEN DALERN ALS HIR UNDEN BI GE-
LACHT SINDT. AO 1627.

Der Künstler weist auf Taler hin, die aus dem Gold des Schreins vom Tollen Christian geprägt wurden. Sie befinden sich an der vorderen und rückwärtigen Sockelzone und tragen die Inschrift:
Gottes Freundt – Der Pfaffen Feind.
Auch die rückwärtige Giebelwand trägt ein Giebelkreuz. Darunter wird die Krönung Mariens durch die heilige Dreifaltigkeit dargestellt.

Goldtaler, die vom „Tollen Christian" 1622 aus dem Gold des alten Schreins geprägt wurden, hat Hans Krako auf der vorderen und hinteren Sockelzone eingefügt. Sie tragen die Inschrift: „Gottes Freundt - Der Pfaffen Feind".

Der wahre Domschatz von Paderborn ruht im kostbaren Goldschrein, der am Liborifest hinter dem Altar im Blumenschmuck aufgestellt wird.

Der wahre Domschatz

In dieser fast verwirrenden Vielfalt von Figuren und Inschriften bilden zwei Heilige, die auf den Dachplatten liegen, den ruhenden Pol. Es sind Liborius und Kilian.

KILIAN

Kilian war ein Bischof aus Irland oder Schottland. In der Umgebung von Würzburg predigte er das Christentum und wurde im Jahre 689 ermordet. Auf seinen Märtyrertod weist die Siegespalme hin. Bis zur Gründung des Bistums Paderborn gehörte diese Gegend zum Bistum Würzburg, dessen Patron Kilian ist. Der Dom, der auch dem heiligen Kilian geweiht ist, besitzt eine kostbare Reliquie des Heiligen.

LIBORIUS

Liborius war zwischen 349 und 397 Bischof von Le Mans in Frankreich. 836 wurden seine Reliquien nach Paderborn überführt, wo er als Patron des Domes und des Bistums bis heute verehrt wird. In der Hand trägt er ein aufgeschlagenes Buch als Zeichen seiner Bildung. Auf dem Buch liegen kleine Steine, weil er als Helfer bei Steinleiden (Gallen-, Nieren- und Blasensteine) angerufen wird.

Das ist der wahre Domschatz, dessen sich das Paderborner Erzbistum rühmen kann. In den Mauern der Domkirche birgt es im kostbaren Goldschrein die Reliquien seines Patrons, des heiligen Liborius. Sein Todestag jährt sich im Jahr 1997 zum 1600. Male. Sein Lob ist durch alle Jahrhunderte erklungen und wird in jedem Jahr an seinem Festtag besonders feierlich angestimmt, im Anblick des Goldschreins, in dem der wahre Domschatz ruht.

Wilfried von Rüden

1631-1650: Mittler zum Frieden auch in Münster

Mit überwältigender Freude und kaum zu überbietenden Feierlichkeiten hatten die Paderborner am 31. Oktober 1627 die geraubten Reliquien des heiligen Liborius, die zuvor vier Jahre im Kloster Marienforst bei Bonn aufbewahrt und von hier nach Schloß Neuhaus zurückgebracht worden waren, in Empfang genommen. In dem neuen, von Hans Krako von Dringenberg gefertigten Schrein trug man sie in den Dom und setzte sie am alten Ort wieder bei.

Die Hoffnung der Kirche und der Bürgerschaft, den Schrein für immer in ihren Mauern behalten zu können, erfüllte sich jedoch nicht. Schon vier Jahre später, 1631, mußten Schrein und Reliquien vor den Hessen in Sicherheit gebracht werden. Sie gelangten in den Paulus-Dom zu Münster und blieben dort 19 Jahre bis zum 16. Oktober 1650.

Seit 1618 tobte jener Krieg, der mit dem „Prager Fenstersturz" seinen Anfang genommen hatte und als der Dreißigjährige Krieg zu einer Zeit unerhörten Leidens werden sollte. Er entstand aus dem konfessionellen Zwiespalt in Deutschland und aus politischen Gegensätzen im Habsburgerreich. Differenzen Habsburgs mit Dänemark, Schweden und Frankreich kamen hinzu und traten immer stärker in den Vordergrund.

230 Delegierte

In diesem Völkermorden hatte man Münster dazu ausgewählt, den Völkerbund jener Zeit, der Europa den Frieden bringen sollte, aufzunehmen. Es war schon 1641 zur Friedensstadt erklärt, neutral und für alle Kriegsführenden unantastbar. Während in ganz Europa ausgemergelte Landsknechte und unbeteiligte Bürger zu Millionen starben, bemühten sich seit 1643 mitten in Westfalen die 230 Delegierten der Parteien um einen Friedensschluß. Sie wollten in Münster (und in Osnabrück) die „Jahre der

Eine mehr als 300 Jahre alte Statue steht im südlichen Chorumgang des Paulus-Domes in Münster gegenüber der berühmten astronomischen Uhr. Wenn der Bischof von Münster stirbt, wird ihm nach altem Brauch der Bischofsstab des hl. Liborius mit in den Sarg gegeben. Sein Nachfolger läßt dann einen neuen Hirtenstab anfertigen.

Verwüstung, des Raubs, des Elends" beenden und eine neue politische Ordnung schaffen. Fünf Jahre wurde verhandelt, eine lange Zeit, in der die Friedenssehnsucht Europas auf Münster gerichtet war. Unter den Gesandten befand sich der Vertreter des holländischen Grafen Egmont, Herzog von Geldern, Pellegrino Carleni (Peregrinus Carlenus), Abt in S. Maria in Amelia im italienischen Umbrien, südlich von Assisi. Als ihm während der Verhandlungen in Münster Nierensteine Qualen bereiteten, vertraute er sich seinem Beichtvater, dem aus Rüthen stammenden Kapuzinerpater Bonaventura, an. Pater Bonaventura riet Carleni, zu Liborius, dem Helfer gegen Grieß und Nierensteine, seine Zuflucht zu nehmen. Während der Kranke inständig betete, zelebrierte Pater Bonaventura zu Ehren

Nach der Vorlage eines Kupferstichs, den Bollandus 1648 zur Zeit des Westfälischen Friedens in seinen Lebensbericht über Liborius aufnahm, entstanden in der Barockzeit viele Darstellungen des Heiligen. Das Ölgemälde wurde um 1736 aus Anlaß der 900-Jahr-Feier der Reliquienübertragung gemalt. Es zeigt St. Liborius als Bischof mit Buch und Steinattributen, die ihn als Helfer bei Steinleiden charakterisieren.

von St. Liborius, dessen Reliquien im Dom „ausgelagert" waren, eine Messe. Die Schmerzen Carlenis hörten nicht nur bald auf, sondern von jenem Tag an schied er viele Steine ohne Koliken bis zum Jahre 1648 aus.

Schrein geöffnet

Ein Bruder des Abtes, Agostino Carleni, Domkapitular in Amelia, wurde ebenfalls von Steinschmerzen geplagt. Sein Verwandter schickte ihm aus Münster gedruckte Antiphonen und Bilder des heiligen Liborius. Diese ließ Agostino Carleni unter den an Koliken Leidenden seines Bistums verteilen.

So war es nicht verwunderlich, daß sich das Domkapitel von Amelia am 30. September 1644 an das von Paderborn wandte, „um eine wenn auch noch so geringe Partikel von den Gebeinen" des hl. Liborius zu erhalten. Das Paderborner Domkapitel ließ nach Zustimmung des Bischofs am 9. Juni 1645 im Dom zu Münster den Schrein öffnen und trennte zwei Partikel ab. Die Kriegswirren verzögerten die Ausfertigung eines authentischen Dokumentes um ein Jahr. Als Zeugen werden genannt: Pater Bonaventura, Abt Carleni, die Paderborner Kanoniker Propst Theodor Adolf von der Recke, Dekan Kaspar Philipp von Ketteler, Cellerar und Kantor Johann Wilhelm Graf von Sintzig, der Dompropst von Münster, Adolf Heinrich Droste, der Propst von St. Mauritz, Arnold von Vittinghoff, genannt Schell, und Adolf Heinrich Droste jr.

In diesem Jahr wurde bei einer Prozession in Münster zur Erflehung des Friedens der Schrein des heiligen Liborius, getragen von Dominikanern, Franziskanern und Kapuzinern, mitgeführt. Anlaß war ein vierzigstündiges Gebet.

Durch sieben Kirchen

In eine Kapsel eingeschlossen, wurden die Reliquien Abt Pellegrino Carleni ausgehändigt. Am 31. August 1646 machte sich Pater Bonaventura auf den Weg nach Amelia, kam aber erst am 15. März 1647 „nach mannigfachen Hinderungen" dort an. Am 12. Mai 1647 wurden die Reliquien, inzwischen in kostbaren Reliquiaren gefaßt, am Fest S. Maria de Foce, einem hohen Feiertag in Amelia und ganz Umbrien, in glanzvoller Prozession durch sieben

Kirchen der Stadt getragen und im Dom zur Verehrung ausgestellt.

Die beiden Reliquiare mußten zwar in den napoleonischen Wirren abgegeben werden, doch blieben die Reliquien erhalten. Sie sind heute in einer silbernen Büste und einer weiteren in Form einer Monstranz aus Ebenholz und Elfenbein, reich beschlagen mit Silber, geborgen. Am 23. Juli, am Festtag des hl. Liborius, verehren große Pilgerscharen die Reliquien in der Liboriuskapelle im Dom zu Amelia. Und wie in Paderborn schallt auch jenseits der Alpen noch immer der alte Hymnus zum Himmel, hier wie dort in der Sprache des Volkes:

Il pio Pastor del Christiano ovile
Il gran Liborio preghi Dio per noi,
E il suo pregar dai calcoli ci salvi!

*

Du großer Hirt und Gottesmann
Liborius, halt für uns an.
Damit nicht Grieß und Nierenstein
Die Strafe unserer Sünden sein!

Von Amelia aus verbreitete sich die Verehrung des heiligen Liborius über ganz Italien bis Sizilien. Conrad Mertens nennt in seinem 1873 erschienenen Werk „Der heilige Liborius" noch mehr als 160 Verehrungsstätten. Zwar sind manche davon in Vergessenheit geraten, doch ist nach wie vor die Anrufung des Paderborner Schutzheiligen in Italien lebendig. In einem 1955 erschienenen Reisebericht von Josef Reinold wird von lebendiger Verehrung in Amelia, Florenz, Siena und vor allem in Neapel berichtet. Die Stadt am Vesuv nennt St. Liborius als einen ihrer Stadtpatrone und ruft ihn im Dom und fünf anderen Kirchen um Hilfe an. „Die Liborikirche kann an ihrem Patronatsfest nicht alle die Pilger aufnehmen, die herbeiströmen", ist zu lesen. In Pozzuoli, wo einst der hl. Paulus das Festland betrat, haben die Gläubigen St. Liborius eine Kapelle erbaut. „Man kann weder die Zahl der Kirchen nennen, die das Andenken an den großen Heiligen bewahren, noch die Schar der Gläubigen dieses Landes zählen, denen Liborius der mächtige Fürsprecher in Steinleiden und allen anderen Nöten des Leibes und der Seele ist", schließt der Reisebericht.

Von Amelia zog Pater Bonaventura nach Rom weiter. Er bemühte sich eifrig darum, den Namen des hl. Liborius zu verbreiten. Selbst Papst Innozenz X. wünschte eine Lebensbeschreibung des

Fürst Fabio Chigi, der 1655 zum Papst gewählt wurde und den Namen Alexander VII. annahm, vertrat als Nuntius von Papst Innozenz X. seit 1644 bei den Friedensverhandlungen in Münster die Interessen der katholischen Kirche. Er wurde durch die Fürbitte des heiligen Liborius von einer Steinkrankheit geheilt und setzte sich seitdem für dessen Verehrung in Italien ein.

Heiligen sowie dessen Bild und Antiphon. Der ehemalige Nuntius von Köln, Kardinal Petro Luigi Caraffa, erhielt auf seine Bitte am 1. August 1651 nach der Rückkehr von Schrein und Reliquien aus Paderborn eine Partikel. Man gab sie einem am Collegium Germanicum im Rom Studierenden mit nach Italien. Sie kam als Geschenk des Kardinals in die Kirche SS. Celso e Giuliano in Rom.

Diplomat und Gelehrter Fabio Chigi

Papst Innozenz X. hatte seinen Nuntius in Köln, den Fürsten Fabio Chigi, 1644 nach Münster geschickt, um dort bei den Friedensverhandlungen zwischen den katholischen Mächten zu vermitteln und die Interessen der Katholischen Kirche zu vertreten. Fabio Chigi stammte aus Siena, beherrschte mehrere Sprachen, hatte in drei Fakultäten die Doktorwürde erworben und trug den Titel eines Bischofs von Nardo (Süditalien). Er traf am 19.

März 1644 in Münster ein und wohnte mit seinem 15 Personen umfassenden Gefolge im Minoritenkloster. Hier leitete er über 800 Zusammenkünfte und bemühte sich dabei, die Rechte der Kirche zu verteidigen. Seine Aufgabe erfüllte er in enger Verbindung mit dem Botschafter der Republik Venedig, Alvise Contanini, der als Landsmann sein Vertrauen genoß.

Im diplomatischen Spannungsfeld der feindlichen Mächte hat sich Nuntius Chigi trotz seiner ständigen Mahnungen an die Katholiken, an den althergebrachten Rechtstiteln der Kirche keine Abstriche zu machen, bis zuletzt als Vermittler behauptet und sein persönliches Ansehen bewahrt, obwohl er dem Vertragswerk nicht habe zustimmen können, da es tief in die kirchlichen Besitzansprüche eingriff, stellt der Historiker Helmut Lahrkamp fest. Sein Protest gegen die Verträge sei ihm von Rom vorgeschrieben worden, habe seinem Ansehen jedoch nicht geschadet.

„Nun seid dankbar!"

Während seines Aufenthaltes in Münster wurde wie Pellegrino Carleni auch Fabio Chigi nierenkrank. Nach Anrufung des hl. Liborius und dank der Hilfe und Betreuung durch den münsterischen Stadtarzt und Ratsherrn Dr. Bernhard Rottendorff überstand er die zu dieser Zeit lebensgefährliche Operation. Chigi beauftragte den Antwerpener Jesuitenpater Bollandus – er vertrat die damalige Gesellschaft für die Heiligenbeschreibung –, das Leben des hl. Liborius in sein Werk aufzunehmen. Ein Jahr vor dem Abschluß der Verhandlungen schickte Bollandus die Dokumente an den Gesandten des Papstes nach Münster und vermerkte, der hl. Liborius habe diesen die schwere Operation überstehen lassen und ihn gestärkt, den Frieden aushandeln zu können. „Nun seid dankbar!" An die Friedensunterhändler richtete der belgische Jesuit die Mahnung: „Um den Frieden der Völker zu

Der Friedensreiter verkündete überall im Jahr 1648 den Abschluß des Westfälischen Friedens, der die dreißig Jahre dauernden Kriegswirren in Europa beendete. Handkolorierter Holzschnitt des Augsburger Buchmalers Max Anton Hannas. Titelbild eines Flugblatts aus dem Jahr 1648.

sichern, bedarf es jener christlichen Eintracht und Gemeinschaft, welche uns die Libori-Verehrung immerfort ins Gedächtnis ruft."

Während die beiden Italiener Pellegrino Carleni und Fabio Chigi der Liboriusverehrung in Italien zu einer unvorhergesehenen Blüte verhalfen, hatte die Anwesenheit der Reliquien im Dom zu Münster keine nennenswerten Auswirkungen auf eine Verehrung des Paderborner Patrons im Bistum Münster. Mit einer Ausnahme: 1631, im Jahr der Ankunft von Schrein und Reliquien in Münster, stiftete Domherr Johann Wilhelm von Sintzig († 1664) eine 1,90 m hohe Steinplastik des hl. Liborius. Nach altem Brauch wird der Statue nach dem Tod eines münsterischen Bischofs der Stab abgenommen, um ihn dem toten Oberhirten ins Grab beizugeben. Sein Nachfolger muß einen neuen Stab schenken. Es wird vermutet, daß der Stabwechsel auf Ferdinand von Fürstenberg zurückgeht. Dieser wurde 1667 bei Fürstbischof Christoph Bernhard von Galen Hilfsbischof mit dem Recht der Nachfolge, obwohl er schon seit 1661 Bischof von Paderborn war. Als Fürstbischof Christoph Bernhard starb und in der von ihm erbauten Josephs-Kapelle im Umgang des Doms zu Münster beigesetzt wurde, könnten seine Nachfolger entschieden haben, daß statt des kostbaren Bischofsstabes der hölzerne der Liboriusfigur genommen werden solle, der dann durch einen neuen ersetzt werden mußte.

Zum Abschied Salut

Fabio Chigi verkehrte in Münster mit einem Freundeskreis humanistisch gebildeter Männer. Er suchte seine Erholung bei geistvollen Gesprächen und bei der Lektüre wissenschaftlicher Werke. An seinen Aufenthalt in Westfalen erinnern Gedichte, die Fabio Chigi verfaßte und in denen er Land und Leute beschreibt. Der Kenner und Liebhaber der lateinischen Dichtkunst widmete humorvolle Verse seinem ärztlichen Freund Dr. Bernhard Rottendorff. Darin schildert er den westfälischen Regen, der ihm offensichtlich als Sohn des sonnigen Italiens viel zu schaffen machte: „Heimat des Regens! So möchte ich dich, Mimigarda, benennen! Dich, die Krone westfälischen Landes, ich bitte, verzeih mir; denn ich will dich nicht schmähen, sechs Jahre sind's nun, daß ich hier bin, aber ich sah dich nicht anders als triefend von ständigem Regen!"

Aus Umbrien stammte der Abt Pellegrino Carleni, der nach seiner Heilung von einem Nierensteinleiden – ebenso wie Papst Alexander VII. – für die Verehrung des hl. Liborius in Italien sorgte. Das Porträt wurde von einem unbekannten Kupferstecher 1648 geschaffen.

Die schweren Festungsgeschütze auf den münsterischen Wällen schossen donnernd Salut, als Fabio Chigi am 13. Dezember 1649 Münster in Richtung Aachen verließ, um eine neue Aufgabe als Friedensvermittler in Frankreich zu übernehmen. Nach seiner Rückkehr nach Rom wurde er 1652 Kardinal und am 7. April 1655 Nachfolger von Papst Innozenz X. Er nahm den Namen Alexander VII. an. Der neue Papst erinnerte sich seiner Heilung in Münster und verfolgte mit Interesse die sich auch in Rom ausbreitende Verehrung. Am 1. November 1655 wurden dem Liborius-Schrein im Paderborner Dom zwei Partikel entnommen, eine für den Papst, die andere für Kardinal Rapazola. Kapitular Wilhelm von Fürstenberg nahm sie auf einer Reise nach Rom mit und händigte sie Papst und Kardinal aus. 1704 gelangte auch Papst Clemens XI. in den Besitz einer Liboriusreliquie. Er war über das Geschenk aus Paderborn so erfreut, „daß er bald darauf verordnete, das Fest des hl. Liborius in der ganzen Kirche als ein festum simplex in der Messe und im Brevier zu commemoriren".

Chigi starb am 22. Mai 1667. Im Petersdom fand er sein Grab. Der Baumeister und Bildhauer Lorenzo Bernini, der in Chigis Amtszeit u. a. die Kolonnaden des Petersplatzes gebaut hatte, schuf zu seinem Andenken ein prächtiges Monument aus Marmor und Bronze.

Hilfe aus Le Mans

Als Vertreter Paderborns weilte der Dompropst Dietrich Adolf von der Reck in Münster. Ihm wird ein wesentlicher Anteil am Zustandekommen des Westfälischen Friedens zugeschrieben. Auf dem Friedenskongreß gelang es ihm mit Hilfe der Fürsprache des befreundeten Domkapitels von Le Mans, die von den Hessen an das Bistum Paderborn gestellten Gebietsforderungen zurückzuweisen. König Ludwig XIV. von Frankreich stellte für das Bistum Paderborn am 12. Dezember 1647 einen Schutzbrief aus. Das Kapitel von Le Mans hatte seine Bitte an den König mit dem Hinweis begründet, in Paderborn werde ein französischer Heiliger und früherer Bischof von Le Mans hoch verehrt. Zwar mußte an die Hessen eine Abfindungssumme von 30.000 Talern gezahlt werden, doch war der weitere Bestand des Fürstbistums Paderborn gesichert. Es verlor jedoch die Hälfte seiner Pfarreien, weil deren Bewohner zum Protestantismus übergetreten waren. Einen zweiten Schutzbrief erhielten der inzwischen Bischof gewordene Dietrich Adolf von der Reck und sein Domkapitel auf deren Wunsch erneut durch Vermittlung des Manceller Bischofs und dessen Domkapitel am 24. September 1656 von König Ludwig XIV. Grund war die fortwährende Bedrängung des Bistums Paderborn durch die Hessen.

„Alle Welt ist froh"

In Münster und Osnabrück verkündeten am 25. Oktober 1648 Kanonendonner und Festgeläut den so sehnlich erwarteten Frieden. Ein künstlerisch gestaltetes Flugblatt trug die frohe Botschaft vom Friedensschluß in die Lande:

„Ich bringe gute Post und neue Friedenszeit.
Der Friede ist gemacht, gewendet alles Leid.
Merkur fleugt in der Lufft, und auch der Friede: Io,
Gantz Münster, Osnabrugg und alle Welt ist froh.
Die Glocken thönen stark, die Orgeln lieblich klingen,
Herr Gott, wir loben Dich, die frohen Leute singen."

Die Bilanz des drei Jahrzehnte währenden Völkermordens war schrecklich. Nach Schätzungen lebten in Deutschland 1618 rund 21 Millionen Menschen. Beim Friedensschluß war ihre Zahl auf 13 Millionen geschrumpft. In Paderborn sank die Zahl der Bürger auf 500. „Groß waren neben den menschlichen und materiellen Verlusten auch die Veränderungen im geistigen Leben der Nation. Bürger und Bauern verloren ihr Selbstwertgefühl, die Greuel der Soldateska machten die Menschen roh und stumpf", vermerkt der Historiker Dr. Helmut Lahrkamp.

Mittler zum Frieden

Der Friedensvertrag zwischen den verfeindeten Mächten wurde in Münster in Gegenwart der Reliquien des hl. Liborius geschlossen. Er zeigte sich erneut als Mittler zum Frieden. Vor diesem Hintergrund erweist sich die Stiftung der „St.-Liborius-Medaille für Einheit und Frieden" durch den Paderborner Erzbischof Dr. Johannes Joachim Degenhardt als ebenso berechtigt wie begrüßenswert. Mit ihr zeichnet der Paderborner Oberhirte alle fünf Jahre eine Persönlichkeit aus, die im öffentlichen Leben Verantwortung trägt und sich um die Einheit Europas auf der Grundlage christlicher Prinzipien verdient gemacht hat. Die Umschrift der Medaille „Einheit und Frieden schaffen" nimmt den Gedanken aus dem Tagesgebet vom Fest des hl. Liborius auf, daß Gott helfen möge, „auf seine (des hl. Liborius) Fürsprache die Einheit der Kirche zu wahren und alle Uneinigkeit zwischen den Völkern zu überwinden".

In allen Jahrhunderten ist St. Liborius ein Vorbild christlicher Existenz gewesen, zugleich aber auch ein Fürsprecher um Frieden und Versöhnung in unversöhnlich erscheinenden Auseinandersetzungen, damals während der schwierigen Friedensverhandlungen in Münster wie auch in unserer Zeit.

Das prachtvolle Marmor- und Bronze-Grabmal im Petersdom für Papst Alexander VII., dem Nuntius des Papstes bei den Verhandlungen zum Westfälischen Frieden 1648, schuf Bernini, der Schöpfer der Kolonnaden des Petersplatzes und vieler anderer Renaissance-Kunstwerke.

Himmlischer Schatz aus der Fremde

Schon bald nach der Überführung der Reliquien des hl. Liborius von Le Mans nach Paderborn verbreitete sich der wundertätige Ruf des Heiligen in einer Anrufung bei schweren Nierenkoliken. Nach einer Legende soll Liborius selbst an einem Steinleiden erkrankt gewesen sein. Wie der italienische Professor und Urologe Umberto Musiani aus Bologna auf einem internationalen Symposium des Krankenhauses der Missionsschwestern in Münster-Hiltrup bemerkte, war die Anrufung des „wundertätigen Heiligen" für die gequälten Nierenkranken des Mittelalters die einzige Hilfe. Die Ärzte waren gegen die Schmerzen vollkommen machtlos, schmerzstillende Mittel gab es nicht, es blieb nur die Hoffnung auf Selbstheilung oder ein „Wunder". So wurde St. Liborius als Helfer bei Steinleiden schon vor vielen Jahrhunderten angerufen. Im Paderborner Dom befanden sich Votivtafeln aus dem 10. Jahrhundert, die den Heiligen als Helfer für die Nierenkrankheit nannten. Eduard Stakemeier weist darauf hin, daß die geologische Beschaffenheit des Paderborner Landes und die Bestandteile seines Trinkwassers die Bildung von Harn- und Nierensteinen begünstigen können.

Die erste urkundliche Erwähnung einer „wundersamen Heilung" stammt aus dem Jahre 1267, als Erzbischof Werner von Mainz, von Nierenkoliken getrieben, nach Paderborn reiste, wo er nach Anrufung des hl. Liborius von seinem Leiden befreit worden war. Im „Handbuch der Namen und Heiligen" ist vermerkt, daß Papst Clemens XI. auf die Fürsprache des hl. Liborius von seinem Steinleiden geheilt wurde.

Bitten aus Italien

Daß die beiden italienischen Gesandten beim Friedenskongreß in Münster, Pellegrino Carleni und Fabio Chigi, an einem Nierensteinleiden erkrankten, mag seine Gründe in ihrem mehrjährigen Aufenthalt in einem für sie ungewohnten feuchten Klima haben. Die Lage von Chigis Unterkunft in dem in der nassen Aa-Niederung erbauten Minoritenkloster war für die ohnehin angegriffene Gesundheit des päpstlichen Gesandten schädlich.

Daß auch in anderen Ländern die Menschen an Nierensteinen litten, beweisen die Bitten aus Italien um Übersendung von Reliquien des hl. Liborius, ausgelöst durch die Heilung der beiden in Münster weilenden Italiener. Aus Amelia ist ein Brief überliefert, den der Hauptmann Romolo Cerichelli am 25. April 1648 an den Abt Pellegrino Carleni schrieb. Der Offizier war seit acht Jahren von Blasensteinen so heftig geplagt worden, daß er in den letzten vier Jahren keine einzige Nacht ruhig schlafen konnte und über große Schmerzen im Unterleib klagte. Er nahm Zuflucht zu St. Liborius und wurde gesund in jener Stunde, in der die Reliquien in feierlicher Prozession durch Amelia getragen wurden. Sein Brief an Carleni lautet:

„Während ich von diesen Schmerzen gepeinigt wurde, siehe, da kam zu uns nach Amelia jener himmlische Schatz, den du zum Heile unseres Vaterlandes in der Fremde erhalten hast, nämlich die ehrwürdigen Reliquien des hl. Liborius. Mit diesen hat mich unser Bischof berührt, und zugleich haben einige fromme Leute um Herstellung meiner Gesundheit ihr andächtiges Gebet zu Gott gesandt. Während der herrlichen Prozession, die im vorigen Mai bei Übertragung dieses Heiligtums abgehalten wurde, habe ich die Hilfe des hl. Liborius für mich so gut und eifrig angerufen als ich konnte; seitdem habe ich bis auf den heutigen Tag von den früheren Schmerzen nicht das geringste empfunden und genieße noch jetzt eine ziemlich gute Gesundheit. Dafür schulde ich Gott und dem hl. Liborius unendlich Dank; dir aber, hochwürdiger Herr, danke ich noch besonders, weil wir durch deine vielfachen Sorgen und Mühen einen so kostbaren Schatz erlangt haben."

Hieronymus Lampanus, ein bewährter Stadtarzt in Amelia, bezeugt, vor der Ankunft der Liboriusreliquien seien Steinschmerzen im Volke sehr verbreitet gewesen, nach der Ankunft jedoch aus der Stadt völlig verschwunden, „weil alle Menschen, sobald sie davon einen Anfall verspürten, sich sogleich an den hl. Liborius wandten und von ihm mit der gewünschten Hilfe erfreut wurden". Der Arzt verfaßte über diese Aussage eine Urkunde, bekräftigte sie mit seinem Eide und versah das Dokument mit seinem Siegel: „Ameria (alter Name für Amelia), den 9. Dezember 1649. Hieronymus Lampanus, Philosoph und Arzt."

Wilfried von Rüden

1736: Barocke Pracht und Frömmigkeit

„Nie hat Paderborn eine herrlichere Feierlichkeit gesehen als diese, die aus dem lebendigen Gefühle inniger Dankbarkeit für die vielen Wohltaten hervorging, die Paderborn in dem abgelaufenen Jahrhundert – dem Jahrhundert des Dreißigjährigen Krieges – durch die Vermittlung des heiligen Liborius empfangen hatte." – „Das Jubiläum von 1736 gab Bischof Clemens August die willkommene Gelegenheit zu einer Feier so glänzend, wie sie weder vorher noch nachher der Liborianische Cultus jemals hervorgebracht hat."

Diese beiden Äußerungen der Chronisten Michael Strunck und Conrad Mertens decken sich mit denen der vielen anderen, die das große Ereignis des Jubiläums im Jahr 1736 schildern, bei dem die 900. Wiederkehr der Reliquienüberführung des heiligen Liborius von Le Mans nach Paderborn begangen wurde. Im Jahr 1636 hätte das 800. Jubiläum gefeiert werden können, doch verhinderte der Dreißigjährige Krieg, der auch über Stadt und Hochstift Paderborn unendliches Leid brachte, jede öffentliche Festveranstaltung. Außerdem befanden sich Reliquien und Schrein des heiligen Liborius zu dieser Zeit im Dom zu Münster. Bis zum 25. August 1636 war Paderborn in der Gewalt der Hessen. Hundert Jahre später war nun die Zeit gekommen, das 900. Jubiläum um so glanzvoller zu begehen.

Fromm und großmütig

Im Alter von 18 Jahren hatte am 27. März 1719 Clemens August, Herzog zu Bayern aus dem Hause Wittelsbach, das Bistum Paderborn übernommen. Er war bereits Fürstbischof von Regensburg, Fürstpropst von Berchtesgaden, Propst von Altötting und Fürstbischof von Münster. Außerdem wurde er 1723 Kurfürst und Fürstbischof von Köln, 1724 Fürstbischof von Hildesheim, 1728 Fürstbischof von Osnabrück und 1732 Hochmei-

Kurfürst Clemens August von Wittelsbach (1700-1761) richtete im Jahr 1736 das prunkvolle Fest zur 900-Jahr-Feier der Reliquienüberführung nach Paderborn aus. Das Gemälde zeigt ihn in großer Staatsrobe. Seine rechte Hand weist auf eine Stelle im Neuen Testament: „Alles, was Du auf Erden bindest, wird auch im Himmel gebunden sein."

ster des Deutschen Ordens. Sein Wahlspruch lautete: „Pietate et magnanimitas – In Frömmigkeit und mit Großmut."

„Fromm und religiösen Sinns, freundlich und herablassend gegen jedermann, war er aber auch ein prachtliebender Herr, umgab sich mit einem glänzenden Hofstaat und scheute keinen Aufwand und keine Kosten, wo es ein öffentliches Interesse, eine Festlichkeit oder die Ausführung von großartigen

Bauten galt. Das Jubiläum von 1736 gab ihm willkommene Gelegenheit zu einer so glänzenden Feier", schreibt Conrad Mertens, dessen Standardwerk „Der heilige Liborius" 137 Jahre nach dem großen Ereignis erschien.

Mit stattlichem Gefolge

Der Beginn des Jubiläums war auf den 22. Juli 1736, dem Tag vor dem Liborifest, angesetzt. In Rom hatte Clemens August einen „Vollkommenen Ablaß" für alle erwirkt, die sich durch den Besuch des Doms und den Empfang der Eucharistie an dem Fest beteiligten. Mehrere tausend Taler hatte man aufgewendet, um den Dom zu restaurieren und besonders auszuschmücken.

Fürstbischof Clemens August sorgte für einen wahrhaft barocken Rahmen. Er, der auf seine Münzen die Worte „Non mihi, sed populo – Nicht für mich, sondern für das Volk" prägen ließ, traf bereits am 15. Juli 1736 mit großem Gefolge, zu dem viele Musiker und Sänger zählten, von seiner Resi-

Der Festaltar zur 900-Jahr-Feier 1736 im Dom zu Paderborn wurde nach einem Entwurf Franz Christoph Nagels von Johann Theodor Axer aus Paderborn geschaffen. Zeitgenössischer Kupferstich von J. A. Pfeffel, Augsburg.

Dem

Hochwürdigsten Durchlauchtigsten
Fürsten und Herrn,

HERRN

Clemens August,

Ertz-Bischoffen zu Cölln,

Des Heiligen Römischen Reichs durch
Italien Ertz-Cantzler und Churfürsten,
Legato Nato des Heil. Apostolischen Stuhls zu
Rom, Administratori des Hochmeisterthums in
Preussen, Meister Teutschen Ordens in Teutsch-
und Welschen Landen, Bischoff zu Hildesheim,
Paderborn, Münster und Osnabrück, in Ober-
und Nieder=Bayern, auch der Obern Pfaltz,
in Westphalen und zu Engern Hertzog, Pfaltz-
grafen bey Rhein, Landgrafen zu Leuchten-
berg, Burggrafen zu Stromberg, Grafen
zu Pyrmont, Herrn zu Borckelohe, Werth,
Freudenthal und Eulenberg.

Eine Fülle von Ämtern und Würden war in der Person des Kurfürsten Clemens August vereint.

denz in Bonn kommend in Schloß Neuhaus ein. Diese westfälische Residenz war auch das Ziel der zahlreichen Abordnungen deutscher Königs- und Fürstenhäuser ebenso wie der Bischöfe, Weihbischöfe, Äbte und Vertreter des gesamten Adels des Paderborner Landes.

„Mausoleum Liborianum"

Ein einzigartiges Geschenk machte Kurfürst Clemens August mit einem Altar, auf dem im Mittelschiff des Doms der Schrein mit den Reliquien des heiligen Liborius zur Schau gestellt wurde. Vom Domgewölbe schwebte ein gewaltiger Baldachin herab. Kartuschen trugen die Widmungsinschrift „Dem hl. Liborius, dem Patron unserer Heimat, der durch zahlreiche Wunderwerke berühmt geworden ist, hat dieses Mausoleum errichtet Clemens August, Kurfürst von Köln und Bischof von Paderborn, im Jahre 1736, dem 900. seit der Überführung der Reliquien."

Der Baldachin war mit weißer Seide ausgeschlagen und mit breiten Goldlitzen geschmückt. Vier freischwebende Engel hielten an den Ecken lange Bahnen roter Seide mit goldenen Schnüren. Umge-

Im Eingangsraum des Diözesanmuseums Paderborn sind die noch erhaltenen Teile des Festaltars von 1736 ausgestellt.

ben war der Festaltar von überlebensgroßen allegorischen Figuren. Den Entwurf der Anlage, von Clemens August als „Mausoleum Liborianum" bezeichnet, machte der fürstbischöfliche Hofarchitekt Franz Christoph Nagel.

Die Gesamtanlage des Mausoleums, mit dessen Resten im Diözesanmuseum Paderborn eine Rekonstruktion vorgenommen wurde, war mit dem allseits freistehenden Altar, den ringsum laufenden Stufen, den großen Figuren und dem mächtigen Baldachin die imposanteste Art der Präsentation, die der Schrein des heiligen Liborius jemals aufzuweisen hatte. Das „Mausoleum Liborianum" wurde von den Menschen jener Zeit bewundert und bestaunt. Es war Ausdruck des Lebensgefühls im 18. Jahrhundert, wie es überall in der Kunst, in Bauwerken und Kirchen, aber auch im Brauchtum zum Ausdruck kam.

Eine ungeheuer große Volksmenge strömte zu dem wohl größten kirchlichen Fest in der Geschichte von Kirche und Stadt Paderborn. Die Besucher kamen nicht nur aus dem Hochstift, sondern auch aus den Nachbardiözesen Hildesheim, Münster, Osnabrück und Köln, ja selbst aus den benachbarten Ländern. Zur musikalischen Ausgestaltung war die kurfürstliche Hofkapelle nach Paderborn beordert worden.

Vier Triumphbögen mit sinnreichen Inschriften wiesen auf dem Markt, in der Nähe der Busdorfkirche, vor dem Rathaus und bei der Benediktinerkirche den Weg, den die Prozession an den Hauptfesttagen nehmen sollte. Alle öffentlichen Gebäude und alle Privatwohnungen, die Straßen und Stadttore, ebenso die Eingänge zum Dom waren mit Fahnen, Grün und Blumen geschmückt. „Niemand sparte", so heißt es in einem zeitgenössischen Bericht, „Kosten, Arbeit und Fleiß, um seinen Theil zur Festfeier beizutragen. Die Stadt gewann ein Ansehen, als wäre sie durch einen Zauberschlag in einen Lusthain verwandelt worden."

Glanzvolle Prozession

Am Nachmittag des 22. Juli 1736 machte sich Fürstbischof Clemens August von Neuhaus aus mit einem stattlichen Kutschengefolge nach Paderborn auf den Weg. Im Dom eröffnete er das Jubelfest, nachdem der Libori-Schrein von Weihbischöfen und Äbten zum neuen Festaltar getragen worden war.

Glanzpunkt der Feierlichkeiten war der folgende Tag, das eigentliche Fest des Schutzpatrons. Die kirchlichen und weltlichen Behörden, der gesamte Adel des Hochstiftes, die auswärtigen Deputierten und Gesandten, alle mit brennenden Kerzen in den Händen, begleiteten den Schrein, den sechs Weihbischöfe trugen, durch die Stadt. Prälaten, Äbte, Geheime Räte und Drosten lösten die Weihbischöfe ab.

Der Kurfürst und Bischof trug das Allerheiligste unter einem Baldachin, geleitet von den Mitgliedern des Deutschen Ordens in weißen, mit einem schwarzen Kreuz verzierten Mänteln. Generalvikar Bernard Ignaz von Wydenbrück schritt mit dem traditionellen Pfauenwedel dem Schrein voran. Auf dem Rathausplatz hielt Domprediger Pater Gabriel Erich die Ansprache, die Clemens August auf einem Ehrenthron verfolgte. Er erteilte dann der riesigen Volksmenge den Segen und las danach ein Hochamt im Dom.

Fürstbischof Clemens August im Jahr 1719 nach einem Kupferstich von J. Audran.

Der Triumphwagen des hl. Liborius (im Bild links) in den Gärten von Schloß Neuhaus gehörte mit zum großen Abschlußfest der 900-Jahr-Feier 1736. Es fand mit einem monumentalen, vom Hofbaumeister Schlaun entworfenen Feuerwerk seinen Höhepunkt.

Glocken und Kanonen

Weitere Höhepunkte der Festwoche waren am 24. Juli eine Theateraufführung der Studenten, bei der der Raub und die Rückführung der Reliquien im Mittelpunkt standen, am 26. Juli die Übergabe wertvoller Geschenke durch Clemens August für den Dom, darunter zwei große fünfarmige Leuchter, am 28. Juli die Verleihung des theologischen Doktorgrades an fünf Weltgeistliche und fünf Jesuiten in der Universität. Mit einer Prozession zur Kapelle auf dem Liboriberg klang die Festwoche aus. Als Clemens August nach der Schlußandacht Paderborn verließ, „da erschallten alle Glocken, und die Geschütze auf den Wällen sandten dem

scheidenden Fürsten und Bischof die letzten Grüße nach".

Um die Verehrung des heiligen Liborius zu vermehren, ist bei diesem Jubiläum im Jahre 1736 die Liboriusbruderschaft gegründet worden. Erstes Mitglied wurde Clemens August. Die Bruderschaft sollte ein Dank für die Erhaltung des Glaubens und für die Wiedererlangung der vom „Tollen Christian" geraubten Reliquien sein. Nach dem Fest faßte man den Beschluß, das Liborifest in Zukunft alljährlich mit einem Triduum, einem drei Tage dauernden Fest, zu feiern.

Mit einem nie zuvor erlebten gigantischen Feuerwerk im Schloßgarten zu Neuhaus fand des Fest seinen Abschluß. In der Mitte eines großen

Triumphwagens saßen Karl der Große und St. Liborius. Das Gefährt wurde von einem Adler, einem Löwen, einem Phönix und einem Pfau gezogen. Seitlich waren Papst Leo III., der im Jahr 799 in Paderborn weilte, und Ferdinand von Bayern, in dessen Amtszeit die Reliquien des hl. Liborius zurückgeführt werden konnten, postiert. Selbst Abbildungen des Paderborner Domes und des Schlosses Neuhaus fehlten nicht. Im Vordergrund des Panoramas erschienen drei Flußgötter, deren ausströmendes Wasser den Zusammenfluß von Pader, Lippe und Alme beim Schloßgarten von Neuhaus andeuteten.

Das Feuerwerk, von keinem Geringeren als dem westfälischen Barockbaumeister Johann Conrad Schlaun konzipiert, brannte in drei Phasen ab, jede von 24 Kanonenschüssen angekündigt. Schwärmerisch wird diese einmalige Attraktion von Augenzeugen geschildert: „Hier erhoben sich brennende Pyramiden, in den Lüften kreuzten sich unaufhörlich langgedehnte Raketen und Schwärmer und sandten sprühende Funken auf die grünen Auen herab. Überall rauschten aus den Gebüschen kreisende Feuerkugeln und machten dem Himmelsgewölbe das Reich der Dunkelheit streitig. Dazwischen wanden sich Feuerschlangen über die Rasen zum erbaulichen Schreck manchen Zuschauers.

Zur Erinnerung an die 900-Jahr-Feier 1736 wurde diese Gedenkmünze herausgegeben. Sie zeigt den von Engeln getragenen Reliquienschrein über dem Panorama der Stadt Paderborn.

Selbst auf den Gewässern brachen auf schwimmenden Kähnen Leuchtstrahlen in verschiedenartigen Figuren hervor."

Auswirkungen bis heute

Fünfzig Jahre nach dem 900jährigen Jubiläum, im Jahre 1786, beging Fürstbischof Friedrich Wilhelm von Westphalen das Triduum zwar feierlicher als gewöhnlich zum Dank für das Ende des Siebenjährigen Krieges, doch die außergewöhnliche Prunk- und Prachtentfaltung des Fürstbischofs Clemens August wurde nicht wiederholt. Da Fürstbischof von Westphalen (1782-1789) zudem schwer erkrankt war und 1786 mit dem Hildesheimer Domherrn Franz Egon von Fürstenberg einen Koadjutor mit dem Recht der Nachfolge erhielt, stand das Erinnerungsjahr an die Überführung der Reliquien unter ungünstigen Vorzeichen, die sich auch auf die Festlichkeiten auswirkten.

Das Jahr 1836 war mit der Tausend-Jahr-Feier ein weiterer markanter Erinnerungstag, bei dem das Bistum unter den besonderen Schutz des heiligen Liborius gestellt und die Feier des Triduums auf die ganze Oktav ausgedehnt wurde. Der Dom und auch der Liborischrein waren zuvor gründlich restauriert worden. Eine Gedenkmünze erinnerte an die nun tausend Jahre zurückliegende Translatio. Der Schrein blieb eine Woche im Dom ausgesetzt, und etwa 80 000 Gläubige empfingen an den Festtagen die hl. Kommunion.

Trotz des „runden" Jubiläums blieben die Feierlichkeiten in einer Zeit des politischen Umbruchs und der zunehmenden preußischen Einflußnahme weithin auf den religiösen Bereich beschränkt, abgesehen vom traditionellen Kirmes- und Markttreiben, das längst zur Selbstverständlichkeit zu jedem Liborifest gehörte und ihm seinen besonderen Charakter als zugleich religiöse und weltliche Erinnerung an den heiligen Liborius gab.

Die drei Jubiläen, besonders aber die prunkvolle 900-Jahr-Feier im Jahr 1736, haben Auswirkungen auf das Liborifest bis auf den heutigen Tag. Zwar ist die Liturgie den Veränderungen durch das Konzil angepaßt worden, doch beruht der Ablauf noch immer vor allem auf jenem Fest in barocker Pracht und Frömmigkeit, das Kirche und Stadt Paderborn damals feierten.

Hermann-Joseph Rick

1936: Feststehen im Bekenntnis

Das glanzvollste Libori-Jubiläum war zweifellos die 900-Jahr-Feier der Translation von 1736. Das „entschieden ernsteste" – so jedenfalls charakterisiert es Prof. Hans Jürgen Brandt – beging die Kirche von Paderborn zweihundert Jahre später als 1100-Jahr-Feier der Translation.

Seit drei Jahren war Hitler an der Macht. Die „Gleichschaltung" im Innern des „Reiches" war weit fortgeschritten. Devisen- und Sittlichkeitsprozesse gegen Priester und Ordensleute bestimmten die Haltung der Nazi-Machthaber gegenüber der Kirche. Sie wurden allerdings in der ersten Jahreshälfte 1936 zurückgeschraubt, weil Hitler zur Olympiade den vielen zu erwartenden ausländischen Gästen das Bild eines möglichst freiheitlichen Deutschland zeigen wollte. Aus diesem Grund nahm er die Lautstärke seiner antifranzösischen Ausfälle zurück, wenn er auch gleichzeitig durch die Besetzung des Rheinlandes und durch gezielte Verstärkung der Wehrmacht seine Kraftprotzerei gegenüber dem Ausland fortsetzte, was gerade in Frankreich äußerste Besorgnis und entsprechende Reaktionen hervorrief. Aber auch in Deutschland konnte jeder aufmerksame Beobachter ahnen, was die Stunde geschlagen hatte.

In dieser Situation machten sich Erzbischof Caspar Klein und das Metropolitankapitel daran, die Jubiläumsfeiern für das Jahr 1936 vorzubereiten. Mit seinem Fastenhirtenbrief stimmte der Erzbischof die Gläubigen auf das bevorstehende Jubiläum ein und gab dem Fest zugleich die Zielvorgabe. Erzbischof Klein begann seinen Brief mit dem Satz: „In die Stürme harter Prüfungen und schwerer Verfolgungen, die für die Kirche fast nie enden, läßt der Herr von Zeit zu Zeit durch freudige Ereignisse Strahlen überirdischen Lichts voll Milde und Klarheit hereinscheinen, die, wenn auch nur für kurze Augenblicke, das Bittere der Bedrängnisse vergessen machen und Gottes Nähe uns fühlbar zeigen." Das war eine exakte Beschreibung

Als Stärkung des Glaubens und zugleich als Immunisierung gegen die NS-Ideologie empfanden die Gläubigen die 1100-Jahrfeier der Translation im Jahr 1936. Obwohl die Machthaber „öffentliche Kundgebungen" streng verboten hatten, kamen etwa 150 000 Pilger während der Libori-Festwoche nach Paderborn. Unser Bild zeigt die Libori-Prozession 1936 beim Einzug in die Marktkirche.

der Lage, wie sie sich im Frühjahr 1936 darstellte. Den „kurzen Augenblick" wollte der Erzbischof nutzen, um die Gläubigen im Glauben zu stärken und sie gegen die Ideologie des Nationalsozialismus resistent zu machen. Deshalb waren die Fahrten zum Libori-Jubiläum bewußt als Wallfahrt oder, wie es auch heißt, als Pilgerfahrt gedacht. Wer zum Schrein des heiligen Patrons aufbrach, legte ein im wahrsten Sinne des Wortes unübersehbares Bekenntnis zu seinem Glauben und zur Kirche ab.

„Öffentliche Kundgebungen" verboten

Die Nazis haben das übrigens sehr gut verstanden, wie aus erhaltenen Berichten des Sicherheitsdienstes und der Gestapo hervorgeht. Nach ihrer Einschätzung ist es dem Klerus wie lange nicht gelungen, die Katholiken zu mobilisieren. Ihre Reaktionen waren entsprechend. Zwar durften die Pilger aus den verschiedensten Gebieten des weiten Bistums, zu denen damals auch das heutige Bistum Magdeburg gehörte, unter Vorantragen des Kreuzes und kirchlicher Fahnen in Prozessionsform vom Bahnhof zum Dom ziehen, aber „öffentliche Kundgebungen" waren strikt verboten. Sie versuchten aber auch, die Zahl der Pilger einzudämmen. Dazu nutzten sie die Tatsache, daß Besucher der Berliner Olympiade aus dem Westen Paderborn passieren mußten. Zusammen mit den Pilgern wäre der Verkehrsstrom so groß geworden, daß die Stadt ihn kaum hätte bewältigen können. Sie bestanden daher darauf, daß das Liborifest um eine Woche vorzuverlegen sei. Die Entscheidung darüber fiel verhältnismäßig spät. Die Behörden erwarteten wohl, die Verlegung des Festes werde so große organisatorische Schwierigkeiten machen, daß dadurch die Zahl der Pilger eingeschränkt werde.

Diese Rechnung ging nicht auf. Die Gläubigen kamen in Scharen! Die Chronik der Festwoche, die im Erzbischöflichen Archiv aufbewahrt wird, hat die Zahlen festgehalten. Danach kamen täglich allein mit den Sonderzügen zwischen 10 000 und 15 000 Pilger. Dazu kamen noch „Tausende von Wallfahrern, einzeln oder in kleinen Gruppen, mit Autos, Motorrädern und vor allem mit dem Autobus". Insgesamt belief sich die Zahl der Sonderzug-Pilger während der Festwoche auf 124 000, so daß die Gesamtzahl der Pilger auf 150 000 geschätzt werden konnte. Die Chronik berichtet, wie sich der Andrang von Pilgern etwa an den beiden Sonntagen auswirkte. Für Sonntag, den 19. Juli, waren keine Pilgerzüge vorgesehen. Er sollte der Bevölkerung Paderborns und der nächsten Umgebung gehören. Dennoch war eine „nach Tausenden zählende Menge" gekommen, „die den Dom bis auf den letzten Winkel füllte oder draußen an den Lautsprechern horchte". Die gleichgeschaltete Paderborner Presse schrieb am nächsten Tag begeistert von einer Jubiläumsfeier, „die, wenn auch ohne äußeren Glanz, aber nicht an innerem Wert und

an Bedeutung den festlichen Tagen von 1736 nachsteht, dem größten aller je im Paderborner Land gefeierten Feste".

Noch großartiger gestaltete sich der zweite Festsonntag (26. Juli): „Der Dom war derart überfüllt, daß bereits vor neun Uhr niemand mehr hineinlassen werden konnte. Die letzten Pilger (insgesamt kamen an diesem Tag 15 Pilgerzüge) wurden gar nicht mehr zum Dom, sondern direkt zum kleinen Domplatz geleitet, wo Domkapitular Pieper die Liturgie feierte, oder zur Jesuitenkirche, wo Weihbischof Baumann ein Pontifikalamt zelebrierte. Wegen des Massenandrangs hatte man im Dom den gesamten hohen Chor freigegeben. Jeder Sitz- oder Stehplatz war auch dort besetzt. Die Laien saßen in den Chorstühlen, so daß kaum Platz für die Geistlichen blieb. Sie standen auf jedem freien Fleck bis unmittelbar vor den Stufen des erzbischöflichen Thrones und des Hochaltares. Am Nachmittag mußten wegen der Menge der Wallfahrer drei Pilgerandachten gehalten werden."

Ovationen für den Erzbischof

Die Chronik hält auch fest, die Disziplin der vielen tausend Pilger sei vorbildlich gewesen. Dennoch wurde das Verbot „öffentlicher Kundgebungen" nicht beachtet. Die Chronik berichtet darüber: Als am Samstag (18. Juli) nach der Pontifikalvesper der Erzbischof den Dom verließ, „harrte seiner im Paradies und auf dem Markt eine große Menge Volkes, die keinen Einlaß mehr in die Kathedrale erhalten hatte, und brachte ihrem Oberhirten lebhafte Ovationen dar. Auch vor dem erzbischöflichen Palais erwarteten ihn Scharen freudig bewegten Volkes und begrüßten seine Ankunft mit lautem Zuruf. Die gleichen Szenen wiederholten sich während der ganzen Festwoche bei jeder Hin- und Rückfahrt des Erzbischofs. Heilrufe wechselten mit dem Preisgesang ,Großer Gott, wir loben dich' und dem Treuebekenntnis ,Fest soll mein Taufbund immer stehen'." Es wird ausdrücklich hinzugefügt, solche Szenen hätten sich an jedem Tag wiederholt. Nur am letzten Sonntag wurden die Kundgebungen am erzbischöflichen Palais unmöglich gemacht, „weil die Polizei den Platz im weiten Umfang abgesperrt hielt". Auf diese Weise hat die Polizei dann ganz am Ende, sozusagen in letzter Minute, ihr Kundgebungsverbot doch noch durchgesetzt. Außerdem wurden bei den Kundgebungen für die Bischöfe einige Theologen verhaftet, allerdings auch bald wieder freigelassen. Was im einzelnen vorlag, ist nicht mehr auszumachen.

Dem Charakter des Liborifestes entsprechend dokumentieren sich dessen Ziele und Inhalte vor allem in den Predigten, die während der großen Gottesdienste gehalten werden. Wer allerdings darüber Aufschluß haben möchte, sucht in den Quellen vergeblich. Das „Westfälische Volksblatt" registriert zwar durchweg die Prediger, über deren Aussagen wird jedoch nichts berichtet, außer in ein paar allgemeinen Formeln. So wird z. B. notiert, Erzbischof Klein habe am Nachmittag des ersten Sonntags „ermahnende und erhebende Worte an die Zehntausende von Besuchern" gerichtet. Ähnlich zurückhaltend sind auch die Hinweise in der Chronik.

Clemens August Graf von Galen predigt

Eine Bemerkung läßt in diesem Zusammenhang jedoch aufhorchen. Die Notiz zum Samstag, dem 25. Juli, heißt: „Clemens August Graf von Galen, der Bischof von Münster, zelebrierte heute das Pontifikalamt. Er hielt auch die mit Spannung erwartete Predigt, ... er las seine Predigt ab und gab das Manuskript zu den Akten des Jubiläums."

Warum, so fragt sich der verdutzte Leser, wurde die Predigt „mit Spannung erwartet"? Graf Galen galt als ein spröder, keinesfalls hinreißender Redner. Die Predigten, die den „Löwen von Münster" weit über Deutschland hinaus berühmt machten, wurden erst 1941 gehalten. Dennoch gab es eine Vorgeschichte zur Paderborner Predigt, die jene Chroniknotiz verständlich macht. Am 9. Februar 1936 hatte er in Xanten anläßlich der Altarweihe in der Krypta des Domes zu Ehren der römischen Märtyrer eine Predigt gehalten, in der er die Angriffe der Nazis auf die Kirche hart geißelte. Unter anderem hatte er gesagt: „Es gibt in deutschen Landen frische Gräber, in denen die Asche solcher ruht, die das katholische Volk für Märtyrer des Glaubens hält, weil ihr Leben ihnen das Zeugnis treuester Pflichterfüllung für Gott und Vaterland, Volk und Kirche ausstellt ..." Immer wieder kam die Predigt auf die Märtyrer als Zeugen des Glaubens zurück. Der Bischof forderte seine Hörer auf: „Tut es ihnen nach! Ja, tut es ihnen nach! Um eurer

Direkt zum Kleinen Domplatz oder zur Jesuitenkirche mußten die Gläubigen beim Liborifest 1936 zu Parallelveranstaltungen geleitet werden, weil der Dom überfüllt war. Das Fest wurde zu einer unübersehbaren Demonstration des Glaubens in einer Zeit der Verfolgung und Bedrängnis.

Seelen, um eurer Kinder, um unseres Volkes willen."

Diese Einstimmung der Gläubigen auf die Bereitschaft zum Martyrium rief ein solch großes Echo und derart wütende Angriffe gegen ihn hervor, daß der Bischof ernsthaft um seine Person fürchtete. Jedenfalls traf er schon am 22. Februar 1936 „konkrete Anweisungen für den Fall, daß er irgendwie durch Gewalt an der freien Ausübung seines bischöflichen Amtes gehindert werden sollte", heißt es zu der inzwischen veröffentlichten bischöflichen Geheimverfügung. Die Xantener Predigt und ihre gefahrvollen Begleitumstände mögen die hohen Erwartungen, die die Chronik feststellt, geweckt haben.

Gegen die NS-Widukind-Ideologie

So weit wie in Xanten, innerhalb seiner eigenen Diözese, ging Bischof von Galen allerdings beim Liborifest in Paderborn nicht. Dennoch läßt auch diese Predigt nichts an Deutlichkeit fehlen. Sie begann eher verhalten, konventionell und harmlos, wenn er den Gläubigen das Beispiel des heiligen Liborius vorhielt und sie mit dem Wort aus dem

Buch Levitikus (11,44) mahnte: „Seid heilig, weil auch ich heilig bin." Dann leitete er auf einen kurzen historischen Rückblick mit deutlicher Akzentuierung über. Bischof von Galen kam auf den Sachsenherzog Widukind zu sprechen, den die Nazis geschichtsfälschend für sich beanspruchten. Der Prediger holte ihn in die Kirche zurück, indem er sagte: Was Heiligkeit bedeute, „wußte Widukind, der tapfere Sachsenherzog, seit seiner Bekehrung, und daher hat er von da so treu und beständig nach Heiligkeit gestrebt, daß man in Jahrhunderten, die seiner Zeit näher standen als das unsere und in denen man ihn besser kannte, als wir ihn kennen, ihn als Heiligen der katholischen Kirche verehrte. Möge der selige Widukind für uns beten, daß sein Volk, unser Volk, nicht den Höchsten vergißt, der seinem Leben und Sterben, unvergänglichen Wert und höchste Vollendung gibt."

Frontalangriff auf Rosenberg

Mit diesen Sätzen setzte sich von Galen eindeutig von der Widukind-Ideologie der Nazis ab. Dies war jedoch nur gleichsam die Ouvertüre zu dem nun folgenden Frontalangriff. Anlaß war eine Äußerung Alfred Rosenbergs auf der Reichstagung der NS-Kulturgemeinde am 16. Juni 1936 in München. Der Bischof fragt: „Gilt auch heute noch, gilt auch für uns die Heiligkeit noch als Höchstwert im Menschenleben?" und zitiert dann – in Frageform – die Äußerung Rosenbergs: „Oder ist es so, wie kürzlich in einer Versammlung in München behauptet wurde, daß das Ideal des Mittelalters dem Schicksal unserer Tage nicht entspricht und nicht mehr geeignet erscheint, dem innersten Ringen unseres Jahrhunderts eine feste Form für die Zukunft zu verbürgen?" Rosenberg hatte behauptet, das Mittelalter habe eine Wertskala geschaffen, an deren Spitze Armut, Keuschheit und Gehorsam gestanden hätten. Bischof von Galen gibt zu, daß die Kirche den Evangelischen Räten einen hohen Wert beimißt, widerspricht jedoch Rosenberg heftig, was deren Einordnung in das Wertesystem angeht. Die Evangelischen Räte stünden nicht an der Spitze der christlichen Wertskala, sondern am Schluß, nämlich als Auswirkungen und Heilmittel der Kardinaltugenden. Ironisch fügte er hinzu: „Wer als Praeceptor Germaniae über die Tugendlehre des Mittelalters sprechen will, der müßte sich schon die

Mühe machen, die kirchliche Lehre des Mittelalters zu studieren." Wenig später sagte er: „Wehe dem Menschengeschlecht, wehe unserm Volk, wenn es Lehren folgen würde, die erklären, daß Selbstsucht und Selbstüberwindung ‚dem Schicksal unserer Tage nicht mehr entsprechen'!"

Gehorsam aus christlichem Verständnis

Graf von Galen erklärte Punkt für Punkt die Lehre der Kirche über die Evangelischen Räte. Besonders ausführlich ging er auf den Gehorsam im christlichen Verständnis und dessen Pervertierung durch die Nationalsozialisten ein: „Ist es erstaunlich, daß man heute den Gehorsam einer Wertgruppe zuweist, welche im Mittelalter in Geltung gewesen sei, aber angeblich dem ‚Schicksal unserer Tage nicht mehr entspricht'? Und doch liest man immer wieder von feierlichen Verpflichtungen ganzer Volksgruppen zum Gehorsam! Am 20. April dieses Jahres (d. i. an Hitlers Geburtstag, d. V.) hat man sogar tausende von unmündigen Kindern veranlaßt, mit einem feierlichen Eid, unter Anrufung des hl. Namens Gottes, sich zum Gehorsam gegenüber dem Reichsjugendführer und die von ihm bestellten Unterführer zu verpflichten! Und dabei soll der Gehorsam nur dem Ideal einer versunkenen Zeit angehören und nicht mehr geeignet sein, ‚dem inneren Ringen unseres Jahrhunderts eine feste Form für die Zukunft zu verbürgen'! Freilich, der Gehorsam, der die Jugend den Weg Rosenbergs führen will, ist kein Ideal!" Dieser Perversion des Gehorsams stellt von Galen mit dem Apostelwort die Ermutigung an die Gläubigen gegenüber: „Man muß Gott mehr gehorchen als den Menschen" – und das in der Nachfolge Christi, „der gehorsam geworden ist bis zum Tod, ja bis zum Tod am Kreuze." Denn, so faßt von Galen zusammen, „Gehorsam hat nur Wert als Bewährung der Hingabe an Gott als Beweis und Bewährung des Glaubens, der Hoffnung und der Liebe."

Die Predigt des Münsterschen Bischofs in Paderborn deutet nicht nur an, läßt nicht nur zwischen den Zeilen lesen. Sie greift vielmehr kämpferisch und zum Teil ironisierend an, und zwar nicht irgendeine untergeordnete Figur, sondern den „Chefideologen" der Nazis, der zwei Jahre zuvor Reichsleiter der NSDAP geworden war. Vor dem Hintergrund der Xantener Ereignisse ist die Pader-

Bei einem Pontifikalamt im Dom hielt Bischof Clemens August Graf von Galen eine kämpferische Predigt, in der er die NS-Ideologie angriff und ihrer verzerrten Weltanschauung die Werte der Evangelischen Räte entgegenstellte.

borner Predigt des Bischofs von Münster nicht nur ein erneuter Beweis seiner Gradlinigkeit und seines Mutes. Die Einladung an den „Oberhirten des zweiten westfälischen Bistums" durch Erzbischof Klein und das Domkapitel muß wohl auch als Akt der Solidarität mit dem gefährdeten Bischof verstanden werden.

Einladung an den Bischof von Le Mans

Nicht nur die Treuekundgebungen gegenüber Kirche und Erzbischof während der Festwoche oder die ungeschminkte Predigt des Bischofs von Münster mögen den Zorn der Parteistellen erregt haben. Sorgen bereitete ihnen auch ein anderer „Programmpunkt". Erzbischof und Metropolitankapitel hatten nämlich zur Jubiläumsfeier auch den

Nachfolger des heiligen Liborius auf dem Bischofsstuhl von Le Mans, Bischof George Grente, eingeladen, damals eine Besonderheit. In einer Zeit, in der Frankreich vorwiegend unter dem Gesichtspunkt des „Erbfeindes" gesehen wurde, stellte diese Einladung ein Politikum hohen Ranges dar. Dokumente belegen, daß sie von staatlicher Seite auch so verstanden wurde.

In dem Briefwechsel mit Bischof Grente wurde – das ergab sich aus der Sache – wiederholt der „Liebesbund ewiger Bruderschaft" zwischen den beiden Kirchen erwähnt. Dieser spielte aber auch eine Rolle in den Programmankündigungen, auf dem Plakat sowie im Pilgerbüchlein, das eigens zum Jubelfest herausgegeben wurde. Wo immer es ging, wiesen die Verantwortlichen für das Fest darauf hin. Der Sicherheitsdienst fürchtete wohl mit Recht, es könnten mächtige Sympathiekundgebungen ausgelöst werden, falls der Bischof von Le Mans nach Paderborn komme. Jedoch konnte Bischof Grente nicht selbst der Einladung folgen, aber er sandte als persönliche Vertreter seinen Generalvikar, Apostolischer Protonotar Georges Coulon, und den Dompropst des Manceller Kapitels, Kanonikus André Leroux, der schon einige Jahre zuvor Paderborn besucht hatte, hier also bekannt war. Der Besuch wurde eigens in der Paderborner Presse angekündigt, die beiden hohen Würdenträger vorgestellt, Generalvikar Coulon sogar mit einem Foto, das ihn in Chorkleidung zeigte.

Einigendes Band der Freundschaft

Während der Festwoche wurde den Vertretern des Bischofs von Le Mans der höchstmögliche protokollarische Rang zuteil: In den Prozessionen gingen sie zusammen mit Weihbischof Baumann unmittelbar vor dem Libori-Schrein, am Dienstag der Festwoche feierte Generalvikar Coulon das Dom-Hochamt für die Pilger. Sowohl bei dieser Gelegenheit wie auch bei den Gottesdiensten an den übrigen Tagen begrüßte sie der Erzbischof vor den Tausenden von Gottesdienstbesuchern eigens und erinnerte – wie die Chronik vermerkt – „an die nun 1100 Jahre hindurch bestehende Verbrüderung zwischen den beiden Kirchen von Le Mans und Paderborn". Im Pontifikalamt am Sonntag fungierten beide als Ehrendiakone. Die Gäste aus Le Mans nahmen jedoch nicht nur an den Gottesdiensten teil. Sie suchten sich auch sonst einen Überblick über das Festtreiben und über die Stadt zu verschaffen. Sie besuchten z. B. die Libori-Ausstellung im Erzbischöflichen Diözesanmuseum, die dem „Liebesbund ewiger Bruderschaft" eine eigene Abteilung widmete.

In diesem Zusammenhang gewinnt auch eine Episode an Bedeutung, die eher am Rande lag. Wie damals alljährlich beim Liborifest fand am Montag mittag im Erzbischöflichen Palais ein Essen des Metropolitankapitels statt, zu dem auch die beiden Delegierten aus Le Mans eingeladen waren. Während des Essens hielten der Erzbischof und der Dompropst kurze Ansprachen, in denen sie erneut ihrer Freude über die Anwesenheit der Manceller Gäste Ausdruck gaben und Grüße an Bischof Grente zu übermitteln baten. Darauf antwortete Generalvikar Coulon seinerseits mit einer Ansprache, in der er es als bedenkenswerte Tatsache wertete, daß zwei Diözesen verschiedener Nationen ihre Bande der Freundschaft über 1100 Jahre hindurch bewahrt hatten.

Über diese Ansprache im kleinsten Kreis berichtete am nächsten Tag das „Westfälische Volksblatt", wobei es aus der Ansprache von Coulon wörtlich zitierte: „Gebe Gott, daß Liborius ein einigendes Band zwischen unsern beiden Nationen sei, wie die brüderlichen Bande, die unsere Diözesen einigen, ein Beispiel sind, das Nachahmung verdient." Diese Aussage, die den „Liebesbund" als Vorbild für das Zusammenleben der beiden Nationen wertete, ist ganz auf Frieden eingestellt. Ihre Veröffentlichung kann nur auf eine gezielte Indiskretion zurückgeführt werden. Diese Aussage sollte als Gegengewicht gegen antifranzösische Affekte bekannt werden. Daß sie in der gleichgeschalteten Presse erschien, wirft noch einmal ein Licht auf die besondere Situation im Sommer 1936, in der es den Nazi-Machthabern daran lag, ein günstiges Bild über die Verhältnisse im „Reich" zu vermitteln.

Trügerische Zuversicht

Wie trügerisch indes dieses Bild war, sollte sich schon bald erweisen. Das jedoch war zum Liborifest 1936 bestenfalls zu erahnen, aber noch nicht mit letzter Sicherheit abzusehen. So herrschte über Libori eher Zuversicht vor, die durch den Ernst, mit dem die Pilgerscharen alltäglich ihr Bekenntnis zu Glaube und Kirche ablegten, genährt wurde.

Trotz der bedrückenden Zeitumstände während der vorausgegangenen Jahre war das Jubiläum in seinem äußeren Verlauf fast ein „normales" Liborifest, in seiner Zielsetzung und seinem Inhalt eine der letzten machtvollen Glaubensfeiern. Aufgrund der unterschiedlichen Interessen auf kirchlicher Seite einerseits, auf staatlicher Seite andererseits wurde das Libori-Jubiläum zu einem Ereignis, das typisch für die damalige Zeit war. Die Kirche lernte, sich bietende Freiräume – auch wenn sie noch so eng waren – zu nutzen. Das Jubiläum war aber gleichzeitig untypisch, weil es sich in der damaligen Konstellation um eine fast einmalige Gelegenheit handelte – um einen jener „kurzen Augenblicke", von denen Erzbischof Caspar Klein in seinem Fastenhirtenbrief zur Ankündigung des Jubiläums gesprochen hatte.

Günter Beaugrand

Zeuge der Versöhnung: Abbé Franz Stock

„Franz Stock, das ist nicht nur ein Name, das ist ein Programm!" Mit diesen Worten charakterisierte Nuntius Roncalli, der spätere Papst Johannes XXIII., als Apostolischer Nuntius in Frankreich am Grab von Abbé Stock den Wegbereiter der Versöhnung zwischen Deutschland und Frankreich. Damals, am 28. Februar 1948, nahm Nuntius Roncalli in Anwesenheit nur weniger Freunde die Einsegnung des am 24. Februar in einem Pariser Krankenhaus im Alter von 43 Jahren an Entkräftung und gebrochenem Herzen verstorbenen Abbé Stock vor. Nach der Totenmesse wurde er auf dem

Kriegsgefangenenfriedhof Thiais im Süden von Paris beigesetzt.

„Franz Stock, das ist nicht nur ein Name, das ist ein Programm!" Ein Programm der Nächstenliebe und selbstloser Opferbereitschaft in einer Zeit des Hasses. Ein Programm, das bis in die Gegenwart ausstrahlt und Brücken schlägt zwischen den Menschen und Völkern. Besonders in Frankreich wird Franz Stock als Zeuge der Versöhnung seit vielen Jahren verehrt, werden Straßen und Plätze nach ihm benannt, nach einem Deutschen, der die Feindschaft in Brüderlichkeit umwandelte.

Eng verbunden fühlte sich Nuntius Roncalli dem von Franz Stock nach dem Krieg geleiteten Theologenseminar im Kriegsgefangenenlager von Chartres, das er mehrmals besuchte und nach Kräften förderte. Als Papst Johannes XXIII. prägte der frühere Nuntius das Wort: „Franz Stock, das ist nicht nur ein Name, das ist ein Programm."

Obwohl sich vor allem das deutsche Abbé-Stock-Komitee und seine Heimatstadt Neheim-Hüsten mit großem Engagement um das Andenken des Priesters bemühen, ist Abbé Stocks Name bei uns weniger im Gedächtnis als in Frankreich, das durch die Diözese Chartres den Seligsprechungsprozeß vorbereitet. Doch gerade Deutschland und die deutschen Katholiken hätten Anlaß, die Erinnerung an diesen Brückenbauer der Versöhnung zu bewahren und zu erneuern. Nach seinem aufopferungsvollen Wirken während des Krieges als Gefangenenseelsorger in Paris leitete er – selbst noch amerikanischer Kriegsgefangener – das Theologenseminar deutscher Kriegsgefangener in Chartres und bahnte so für Hunderte junger Menschen den Weg zur Priesterweihe. Mehrmals besuchte Nuntius Roncalli, der mit Abbé Stock eng verbunden war, das Seminar hinter Stacheldraht, das nach seinen Worten Deutschland und Frankreich zur Ehre gereiche und sich dazu eigne, zum Zeichen der Verständigung und Versöhnung zwischen den beiden Ländern zu werden.

Franz Stock, am 21. September 1904 als erstes von neun Kindern einer Arbeiterfamilie in Neheim in der Erzdiözese Paderborn geboren, besuchte das Neheimer Gymnasium. Als Gymnasiast schloß er sich zunächst dem Bund „Neudeutschland" und später dem von Romano Guardini inspirierten „Quickborn" an, dem er entscheidende Anstöße für seine priesterliche Berufung verdankte. Nach dem Abitur 1926 studierte er in Paderborn Theologie und ab 1928 einige Semester am „Institut Catholique" in Paris. Der Aufenthalt in Paris und der Kontakt mit französischen Katholiken vertieften seine Zuneigung zu Frankreich, so daß er – auch wegen seiner guten französischen Sprachkenntnisse – nach seiner Rückkehr in seine Bischofsstadt und nach der Priesterweihe am 12. März 1932 im Paderborner Dom ab 1934 zum Rektor der deutschen Gemeinde in Paris berufen wurde.

Brüderlichkeit gegen Diskriminierung

Schon bald kümmerte er sich auch um die aus Deutschland vor den Nazis geflohenen rassisch und politisch Verfolgten, setzte er Brüderlichkeit gegen Diskriminierung, obwohl er noch nicht ahnen konnte, welche unerträgliche Last im Krieg nach der Besetzung Frankreichs auf ihn zukommen

sollte, als er freiwillig die Gefangenenseelsorge in Paris übernahm.

Von 1940 bis 1944 war Abbé Stock zwischen den Fronten des Hasses ein unermüdlicher Samariter der von den Deutschen zum Tode verurteilten Gefangenen und Geiseln in den Gefängnissen von Paris. In einer Zeit, als die von der Gestapo gefaßten Angehörigen der Resistance und die wahllos den Todeskommandos ausgelieferten Geiseln verlassen und verzweifelt in den Kerkern auf die Hinrichtung warteten und kein Franzose ihnen beistehen durfte, wurde Abbé Stock zu ihrem einzigen Helfer und Mittler. Unter eigener Lebensgefahr knüpfte er Kontakte mit den Angehörigen, spendete den Gefangenen Trost und suchte ihr Leben zu erleichtern. Mehr als 1.500 zum Tode verurteilte Franzosen begleitete Franz Stock bei ihrem Gang zur Hinrichtungsstätte auf dem Mont Valérien, 1.500 Franzosen, die ihr Leben für ein freies Frankreich eingesetzt hatten oder als Vergeltung für gegen die Besatzung gerichtete Aktionen der Resistance sterben mußten.

„Frieden für Franz Stock, Priester der Erzdiözese Paderborn, geboren 1904 – gestorben 1948. Gefängnisseelsorger von Fresnes, La Santé und Cherche-Midi 1940-1944. Die dankbaren Familien der französischen Gefangenen und Hingerichteten."

Dieser Text steht auf dem Grabstein in der Pfarrkirche von Rechevres bei Chartres, in die Abbé Stock am 16. Juni 1963 umgebettet wurde. Er drückt die Dankbarkeit der Franzosen aus, die der Domprediger der Kathedrale von Notre Dame, Pater Riquet, während des Krieges selbst Häftling von Fresnes, bei der Umbettung am Grab des deutschen Priesters verdeutlichte: „Als Priester Jesu Christi ruht dieser Deutsche in französischer Erde. Er hat es verstanden, für seinen Glauben und für seine Liebe Zeugnis abzulegen. Aus freiem Entscheid und aus eigener Initiative wurde er zum Seelsorger der Franzosen, die die Gestapo gefangenhielt. Hunderte von uns vergessen niemals, wie brüderlich er in die Zellen kam. Abbé Stock besaß ein menschliches Herz. Alle konnten auf die Treue dieses katholischen Priesters bauen. Er verweilte mit brüderlicher Liebe bei ihnen bis zur Hinrichtung. Mitten im Krieg machte er sich zum Diener und Freund derer, die seine eigene Regierung als die ärgsten Feinde betrachtete. Seine Entschlußkraft und vollkommene Selbstlosigkeit ließen ihn den Widerstand seiner Landsleute besiegen und die

In der Kapelle des „Abbé-Franz-Stock-Hauses", der erneuerten und vergrößerten Begegnungsstätte für die deutsche
Gemeinde von Paris, hat der Künstler-Pfarrer Sieger Köder aus Ellwangen auf eindrucksvollen Glasfenstern den Weg
des Friedens und der Versöhnung zwischen den Völkern, vor allem zwischen Deutschland und Frankreich, dargestellt.
Zwei Fenster erinnern an die Kriege zwischen den beiden Ländern. Vor dem Turm und dem Beinhaus von Fort Douau-
mont, das die sterblichen Hüllen von 130.000 gefallenen Franzosen birgt, sieht man die Mutter Frankreich, die ihren to-
ten Sohn im Arm hält. Das andere Motiv zeigt die Schuttberge der Bombenangriffe des Zweiten Weltkrieges vor dem
Kölner Dom. Der Künstler hat seine Fenster ohne Honorar gestaltet, aber eine Spende für die Mission erbeten. Unser
Bild zeigt das Glasfenster mit dem Abbé-Stock-Haus vor der Kathedrale Notre Dame in Paris.

Sympathie der unseren gewinnen. Ja, es ist wirklich geschehen, daß er während der vier Jahre in die Gefängnisse gelangen konnte, welche die Geheime Staatspolizei streng verschlossen hielt. Es ist wirklich geschehen, daß er oft unseren Mut gestärkt und unsere Angst zerstreut hat. Er hat unseren Seelen geholfen, Gott in Frieden und in der Glut der Liebe wiederzufinden". Soweit Pater Riquet.

Täglicher Weg des Schreckens

Als Standortpfarrer des von den Deutschen besetzten Paris begründete Abbé Stock, völlig auf sich allein gestellt und von den Machthabern mit Mißtrauen beobachtet, ein Zentrum der Nächstenliebe, eine Insel der Versöhnung in einer Zeit des Hasses. Davon zeugen seine Tagebücher, in denen er die Besuche der Angehörigen und auch seine furchtbaren Qualen als Begleiter der Gefangenen bis vor die Gewehrläufe des Erschießungskommandos aufzeichnete. Davon zeugen auch die Aussagen der Überlebenden, für die Franz Stock der einzige Hoffnungsträger in einer Zeit des Grauens war.

Wurden bis Mitte 1941 nur Einzelerschießungen vorgenommen, so kam es ab Herbst mit Zunahme des Widerstandes gegen die Besatzung in Frankreich immer mehr zu Massenerschießungen. Am 16. September hatte Hitler alle festgenommenen Franzosen zu Geiseln erklärt, die jederzeit ohne Urteil hingerichtet werden konnten. Immer mehr steigerte sich der Kreislauf zwischen Widerstand und Vergeltung, immer belastender und zermürbender wurde der fast tägliche Weg des Schreckens, den Franz Stock mit den Verurteilten zur Hinrichtungsstätte auf dem Mont Valérien zurücklegen mußte.

Unendliche Dankbarkeit

Die Tagebücher berichten auch über seine Bemühungen um Freilassung, über die Besuche in den Zellen, über die Wünsche der Gefangenen und die Kontakte mit den Angehörigen, die ihn Tag für Tag aufsuchten: 26. Mai 1942: "Ungefähr 30 Besuche" – 31. Oktober 1942: "Kam gegen 5.30 nach Hause, dort warteten viele auf mich, etwa 45, bis 9.30 Uhr zogen sich die Besuche hin." Abbé Stock notiert für die Information der Angehörigen Ort und Zeit der Exekution, Name und Vorname, Ge-

burtsdatum, manchmal auch den Beruf des Hingerichteten und macht jeweils nur kurze Anmerkungen, denn er ist körperlich und seelisch überlastet, krank und ausgelaugt durch die grauenvollen Erlebnisse angesichts des Todes.

Der Tod spiegelt sich auch in den kurzen Sätzen wider, die die Verurteilten in die Kerkerwände ritzten: "Drei Unglückliche haben hier Hunger gelitten." – "Zwei Monate Tag und Nacht in Fesseln. Im Schweigen suche ich Vergessen. Im Schweigen suche ich den Tod." – "Verhör, geschlagen. Am Abend alle Viertelstunde mit dem Ochsenziemer geschlagen. Die ganze Nacht Licht. Ich werde erschossen." In diesen Texten wird das Leid des einzelnen, die unvorstellbare Not und Einsamkeit der meist jungen Menschen sichtbar, die Abbé Stock nach Kräften zu lindern suchte, wie es die Überlebenden bestätigten.

Der ehemalige Häftling General de Cossé-Brissac erklärte: "Wir errieten das Martyrium, das dieser Mann durchmachte, der den ganzen Tag hindurch die Härten des Regimes feststellte, das sein Volk wie das ganze, damals unterjochte Europa bedrückte. Er litt unter unserem Leiden. Ich bewahre ihm eine unendliche Dankbarkeit. Seinetwegen habe ich alle vergessen, die mich verfolgt haben. Seinetwegen habe ich mir geschworen, alles zu tun, um eine Aussöhnung der beiden Völker Deutschland und Frankreich unter dem Zeichen Christi herbeizuführen."

Mit Recht hat man Abbé Stock gerade von französischer Seite als Eckpfeiler der Versöhnung bezeichnet, und es waren die ehemaligen Widerstandskämpfer, vor allem aus der katholischen Resistance, die schon kurz nach dem Krieg über Abbé Stock den Weg zu ihren ehemaligen Feinden fanden. In Abbé Stock sahen sie einen Menschen und Priester, der ein anderes Deutschland verkörperte, der durch sein eigenes Leben, durch seine schon in seiner Jugend geprägte Liebe zu Frankreich die Grenzen der Feindschaft überschritt und für die Zukunft eines friedlichen Europa bürgte.

Einer seiner Freunde, Joseph Folliet, hat das Vermächtnis Abbé Stocks für uns und die Zukunft wohl am besten umschrieben, wenn er sagt: "Franz Stock ist nicht nur ein Vorbild der Menschlichkeit, sondern ein Typ der Heiligkeit, jener neuen Heiligkeit, die die Welt heute braucht auf dem Weg zu ihrer Einheit mitten durch Katastrophen, Blut und Tränen."

Theoderich Kampmann / Ernst Baumert

Auf einem Leiterwagen durch die Trümmer

Während des Dreißigjährigen Krieges hat der „Tolle Christian" im Jahr 1622 die Reliquien des heiligen Liborius geraubt und aus dem Silber des Liborischreins und des Domschatzes die „Pfaffenfeindtaler" prägen lassen. Nach dem Ende des Zweiten Weltkriegs mit der Zerstörung des Paderborner Doms und vieler Kirchen der Stadt im März 1945 wäre dem kunstvollen, von dem Dringenberger

Goldschmied Hans Krako 1627 geschaffenen neuen Liborischrein und den Reliquien im Juni 1945 fast ein ähnliches Schicksal beschieden wie 323 Jahre zuvor. Doch eine glückliche Fügung verhinderte die Zerstörung des Paderborner Heiligtümer.
Professor Theoderich Kampmann (1899–1983) sowie der damalige Theologiestudent und spätere Pfarrer Ernst Baumert (geb. 1924) haben entschei-

Der schwere Bombenangriff vom 27. März 1945 – kurz vor Kriegsende und wenige Tage vor dem Einmarsch der Amerikaner – verwandelte die Stadt Paderborn in ein Trümmerfeld. Auch der Dom wurde schwer getroffen. Nur wenige Menschen lebten damals in den Ruinen rund um den Dom. Durch Einbrüche waren in den folgenden Monaten auch die aus dem Dom rechtzeitig entfernten und in Kellern untergebrachten Heiligtümer und Kunstwerke schwer gefährdet. Fast wäre ihnen ein ähnliches Schicksal beschieden wie 1622 im Dreißigjährigen Krieg durch den „Tollen Christian". Theoderich Kampmann und Ernst Baumert waren an der Rettung beteiligt und hinterließen als Augenzeugen ihre Erlebnisse dem Erzbistumsarchiv.

dend dazu beigetragen, daß der Libori-Schrein und die Reliquien vor der Zerstörung bewahrt wurden. Sie zeichneten als Augenzeugen ihre dramatischen Erlebnisse auf, die in der Geschichte der Liboriusverehrung ihren Platz haben und im Zusammenhang mit den wechselvollen Ereignissen im Wandel der Jahrhunderte gesehen werden müssen. Wir geben sie deshalb gekürzt im Wortlaut wieder.

Prof. Kampmann berichtet:

Viele Paderborner Bürger werden sich der Situation erinnern in jenen Sommermonaten des Jahres 1945. Durch den Luftangriff vom 27. März, dem Dienstag in der Karwoche, war unsere Stadt fast hoffnungslos zerstört. Am Ostersonntag (1. April) rückten die Amerikaner ein. Nach einer kurzen Emigration kehrte ich am Freitag nach Ostern (6. April) zurück. In der Innenstadt lebten damals nur wenige Menschen, meistens in Kellern, knapp dreißig an der Zahl.

Zusammen mit meiner Haushälterin und drei Frauen des späteren Hegge-Konvents sowie zwei Theologiestudenten bezog ich zunächst die Keller und später einige notdürftig hergestellte Räume der zerstörten Akademie.

Am 13. Juni beobachteten wir, daß der Heizungsschacht vor dem Kreuzaltar der Marktkirche freigelegt war. Heizungsschächte aber wie Außenschächte – sie führten in die Tiefe des Kirchenkellers – waren verschüttet und unauffällig verbarrikadiert worden, um jeden Anreiz zum Hinabsteigen zu hindern. Im Morgengrauen des 14. Juni weckte uns eine Alarmvorrichtung, die aus Schraubenschlüsseln und Handwerkszeug angelegt war, um der Überraschung durch einen nächtlichen Überfall vorzubeugen. Aufgeschreckt sahen wir eine Gruppe Russen entweichen. Im Laufe des 14. Juni trafen wir wiederholt auf Russen, die sich in der Marktkirche zu schaffen machten, unter anderem einen Tresor erbrechend, der leer in der Sakristei stand. Die herbeigerufene englische Wache kam jeweils zu spät, um noch eingreifen zu können. In der Nacht auf den 15. Juni erwachten wir von einer Explosion, die in der Nähe geschehen sein mußte, doch verließen wir die Wohnung nicht, glücklicherweise, weil bei der anschließenden Schießerei sicher nicht alle mit dem Leben davongekommen wären. Am Morgen des 15. Juni entdeckten wir, daß zwei

Großeinbrüche erfolgt waren, der erste im Keller der Akademie, der zweite im Keller der Jesuitenkirche. In die Akademie waren die Einbrecher mit Hilfe von Leitern durch die 1. Etage gelangt, in die Marktkirche durch zwei freigelegte Schächte. In beiden Fällen waren die geraubten Güter erheblich. Die Einbrüche müssen übrigens unter Mitwirkung ortskundiger Einheimischer geschehen sein, da ortsfremde Russen unmöglich über derart genaue Lokalkenntnisse verfügen konnten.

Bei der Durchsuchung des Marktkirchenkellers entdeckten wir, daß der große Tresor, der heilige Geräte, Paramente und Reliquien barg, ein Loch vom Durchmesser eines halben Meters hatte, das aller Wahrscheinlichkeit nach durch Sprengung geschaffen war. Wie als erste unsere Theologen feststellten, waren Keller und Tresor bis ins letzte durchwühlt und gründlich geplündert worden. Aus dem Tresor waren Kelche, Chormäntelschließen und kleine Reliquiare entwendet. Wir fanden sie später zum Teil in den umliegenden Kellern wieder, da die Plünderer ihren geringen Wert erkannt haben mochten.

In den Tresor hinabsteigen mußte man übrigens über den Kopf und Arm der Imad-Madonna, da diese dem Sprengloch am nächsten stand.

Unser Libori-Schrein, der im Tresor sichergestellt war, war nur leicht beschädigt (unter anderem war eine Apostelfigur abgeschlagen). Das eigentliche Reliquiar war geöffnet. Der kleine Linnenbeutel, der die ehrwürdigen Überreste des Heiligen barg, war mehrmals durchstochen (offenbar zum Zweck der Untersuchung), vermutlich mit einem Seitengewehr. Untertags wimmelte es damals in Keller und Kirche von streunenden Russen. Pfarrer Stolte und Küster Bentler, Dr. Cohausz sowie die Polizeiwachtmeister Recker und Esser halfen kräftig mit, sie immer wieder zu vertreiben. Der Mut und die Geistesgegenwart von Wachtmeister Esser retteten übrigens Herrn Baumert und mich, als wir uns bei einer Kelleruntersuchung plötzlich von Russen eingekreist sahen, die in der einen Hand Kerzen und in der anderen Waffen trugen.

Unvergeßlicher Transport

Während des 15. Juni brachten wir in Sicherheit, was transportabel war: Kelche, Monstranzen, Paramente, Heiligenfiguren und anderes. Das Gnaden-

Der Dom von Paderborn nach der Zerstörung durch den Bombenangriff vom 27. März 1945.

bild der Marktkirche stand lange Zeit in unserer Notkapelle. Das Liborius-Reliquiar wurde bei Herrn Generalvikar Rintelen sichergestellt. Eine besondere Schwierigkeit aber bedeutete der Libori-Schrein. Durch das gesprengte Loch war er nicht zu transportieren; die Öffnung zu erweitern wäre ebenso schwierig wie inopportun gewesen; ein Tresorschlüssel war in Paderborn nicht aufzutreiben; der einzige vorhandene befand sich damals in einem Dorf, das von Paderborn aus (mit dem Rade) schwer zu erreichen war.

So erbaten wir für die drei folgenden Nächte (mehr konnte man uns nicht zugestehen) vom englischen Kommandanten eine Wache. Untertags wurde diese von deutschen Zivilisten durchgeführt. Am Abend des 17. Juni erhielten wir den Schlüssel, in der Morgenfrühe des 18. geschah jener Transport, der sich allen Beteiligten unvergeßlich eingeprägt hat. Nach Rücksprache mit Dompropst Simon und Generalvikar Rintelen wurde beschlossen, den Libori-Schrein im Mutterhaus der Vinzentinerinnen

unterzustellen, da dies im zerstörten Paderborn der einzige Ort war, der eine relative Sicherheit bot. Alle am Transport Beteiligten – die Theologen, die Frauen des späteren Hegge-Konvents, Küster Bentler, Rektor Dr. Legge, die Schwester Oberin und der Hausmeister des Vinzenz-Mutterhauses – wurden durch Eid zum Stillschweigen verpflichtet. Die Gefahr nämlich, daß Deutsche oder Russen den Ort der Sicherstellung erführen, war damals groß; neue Bedrohungen wären die Folge gewesen. Eine denkwürdige Libori-Prozession im Morgengrauen des 18. Juni!

Der Schrein wurde durch einen Lichtschacht emporgehoben. Auf einem Handwagen wurde er, zwischen Decken und Kisten versteckt, unter stillen Gebeten durch die Trümmerstraßen gefahren. Im Vinzenz-Mutterhaus, meines Erinnerns im Zimmer der Schwester Oberin, wurde er untergestellt. Erst zu Libori 1947 durfte man es wagen, den ehrwürdigen Schrein der Öffentlichkeit wieder zu zeigen.

Ernst Baumert berichtet:

Seit Anfang April 1945 wohnte ich bei Herrn Professor Theoderich Kampmann in den Trümmern der Akademie. Im weiten Umkreis von uns lebte damals noch kein Mensch. Der einzige Zugang zu unserer Wohnung ging durch die Trümmer der Jesuitenkirche.

In der Nacht vom 14. zum 15. Juni 1945 wurde nach einer starken Explosion im Hof oder in der Jesuitenkirche der Keller der Akademie unter uns geplündert. Nach den Stimmen zu urteilen, waren es Russen. Am nächsten Morgen stellte ich fest, daß zwei Notausgänge zu dem früheren Luftschutzkeller unter der Jesuitenkirche freigelegt waren. Aus einem Schacht stieg Rauch auf, der von glimmenden Büchern herrührte.

Ich kletterte mit einem anderen Theologen in den Keller. Im Kerzenschein entdeckten wir einen zwischen alten Säulen mit Backsteinen vermauerten Raum. In die rückseitige Mauer war in Brusthöhe ein fünfzig Zentimeter großes Loch gebrochen. Davor lagen leere Kelch- und Monstranzschatullen. In dem Raum stand unter dem Loch die Imad-Madonna, von den Einbrechern als Trittleiter benutzt. Der Libori-Schrein befand sich ungeöffnet und unbeschädigt unten am Boden, nur eine der aufgesetzten Apostelfiguren fehlte. Neben dem Schrein bemerkten wir ein etwa dreißig Zentimeter großes Ebenholzkästchen, dessen Deckel sich abnehmen ließ. Darin lag ein eingerissenes Leinensäckchen mit Reliquiengebeinen. Darauf benachrichtigten wir sofort Herrn Prof. Kampmann, der dann die Reliquien zum damaligen Dompropst Simon brachte.

Abwechselnd haben wir bis zum 17. Juni Wache gehalten. Am Morgen des 18. Juni wurde der Schrein von vier Personen an Seilen aus dem Keller gezogen und auf einem kleinen Leiterwagen durch die Trümmer der Stadt zum Mutterhaus der Vinzentinerinnen gefahren und hier in der Klausur im Zimmer einer Schwester aufgestellt.

Längst ist der Dom aus den Ruinen wiedererstanden. Die Heiligtümer sind geborgen und werden, nicht nur zu Libori, als kostbarer Schatz verehrt.

Andrea Auffenberg

Lobgesang mit Neumen und Noten

Die liturgische Verehrung des heiligen Liborius kann auf eine alte, viele Jahrhunderte bewährte Tradition zurückblicken, die sich an oft nur fragmentarisch überlieferten Quellen nachweisen läßt. Zahlreiche, teilweise zum Bestand des Erzbistumsarchivs Paderborn gehörende Handschriften geben Aufschluß über die Entwicklung liturgischer Texte und Gesänge, die schon im 12. und 13. Jahrhundert notiert wurden, bis ins 18. Jahrhundert in Gebrauch waren und in veränderter Form noch heute der Verehrung dienen. Einige dieser Quellen sollen in diesem Beitrag dargestellt werden, wobei der Akzent auf der musikwissenschaftlichen Interpretation liegt.

Bei der Bearbeitung der Handschriften aus dem Mittelalter stellte sich u. a. heraus, daß eine bereits im 12. Jahrhundert aufgezeichnete Antiphon zumindest bis in das 18. Jahrhundert musikalisch und textlich exakt überliefert ist. Conrad Mertens erwähnt diese Antiphon in Verbindung mit den Feierlichkeiten während der Rückführung der geraubten Liborius-Reliquien nach Paderborn im Jahr 1627 in seinem 1873 erschienenen grundlegenden Werk über das Leben, die Verehrung und die Reliquien des Heiligen.

Die Antiphon ist notiert in einem sogenannten „Brevier", in dem die dem Stundengebet zuzuordnenden Bücher seit dem 11./12. Jahrhundert zusammengefaßt wurden. Die Bücher des Stundengebets mit den Gesangsteilen waren das Antiphonar, das Hymnarium und das Psalterium. Für die Liturgie bedeutet ein „Brevier" oder „Breviarium" ein

Seit Jahrhunderten sind die Lieder und Gebete überliefert, die an den Festtagen des heiligen Liborius gesungen und von den Lektoren vorgetragen werden.

stichwortartiges Inhaltsverzeichnis der zu betenden oder zu singenden Texte, wobei die Gesänge entweder zum Teil oder ganz mit „Neumen" versehen waren. Unter Neumen ist die frühmittelalterliche Notenschrift zu verstehen, die keine Tonhöhen, sondern nur Tonrichtungen bezeichnet und den Verlauf einer Melodie daher nur andeutet.

Erste Seite des Fragments eines Breviers mit dem Anfang des Liborius-Offiziums, Ende 12. / Anfang 13. Jahrhundert

Unter den Fragmenten der Erzbischöflichen Akademischen Bibliothek Paderborn befindet sich ein sehr aufschlußreiches Doppelblatt, bei dem es sich um ein aus dem Ende des 12. Jahrhunderts oder Anfang des 13. Jahrhunderts stammendes Brevierfragment mit dem Anfang des Liborius-Offiziums handelt. Das Offizium ist mit Neumen versehen, die zumindest auf der ersten Seite des Blattes gut zu erkennen sind.

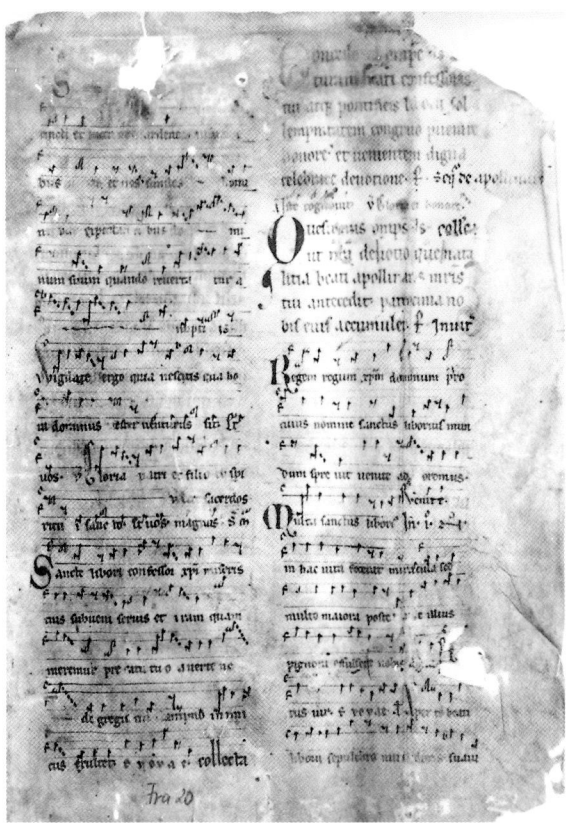

Aus dem Ende des 12. / Anfang des 13. Jahrhunderts stammt das Fragment eines Breviers mit dem Anfang des Liboriusoffiziums.

Das aus Pergament bestehende Doppelblatt mit einer Größe von 355 : 241 Millimetern ist leicht beschädigt und auf der Rückseite durch Leim gebräunt. Es diente als Einband eines Buches. Auf dem Vier-Linien-System sind F- und C-Schlüssel mit melodisch reich verzierten Neumen zu erkennen. Schrift und Neumen auf der zweiten Seite des Blattes sind nur teilweise erkennbar, da diese Seite gleichzeitig als Außendecke des Buches gedient hatte.

Die erste, nebenstehend wiedergegebene Seite des Blattes ist jedoch recht gut erhalten und bietet einen interessanten Einblick in die frühere Paderborner Singweise und den Aufbau des Liborius-Offiziums im 12./13. Jahrhundert. Das Responsorium, der liturgische Wechselgesang zwischen Solist und Chor, und z B. die Antiphon zum Magnificat „Sancte Libori confessor Christi – Heiliger Liborius, Bekenner Christi" enthalten Neumen, andere Texte sind jedoch ohne Neumen wiedergegeben.

Als bedeutsam im Hinblick auf die Entwicklung einzelner gesungener Teile des Stundengebets erweist sich die Antiphon zum Magnificat „Sancte Libori confessor Christi". Antiphonen gehören neben den Responsorien zu den wichtigsten Meßgesängen.

Die Antiphon beginnt etwas unterhalb der Mitte der linken Spalte in unserer Abbildung und endet vor dem letzten Wort „Collecta" mit den Differenztönen über e – u – o – u – a – e, den Vokalen von „Seculorum amen". Die Differenztöne werden notiert, weil für jede der acht Kirchentonarten nur je ein Psalmodiemodell, für die Antiphonen aber pro Tonart mehrere existieren. Der Psalmodieschluß weist deshalb sogenannte Differenzen, d. h. veränderte Schlußformeln, auf, die zum Anfang der Antiphon überleiten. Der Psalmsänger muß diese Differenzen beherrschen. Die Antiphon wird meist dem Psalmvers vorangestellt.

Die Antiphon „Sancte Libori confessor Christi" befindet sich auch in zwei aus dem 17. und 18. Jahrhundert stammenden Handschriften, die Prozessionsgänge und -bestimmungen des Paderborner Domes enthalten und im Erzbistumsarchiv Paderborn innerhalb der Handschriften als „Prozessionalien" eingeordnet sind. Hier sind die liturgischen Abläufe verschiedener Feiern im Paderborner Dom sowie der anschließende Prozessionsverlauf festgehalten. Der vorherrschende Aspekt liegt nicht auf textlichen Beschreibungen, sondern auf gesanglichen

Angaben, die jeweils die noch heute gebräuchlichen Noten im römischen Choral aufweisen.

Bei einem Vergleich stellt sich heraus, daß der Melodieverlauf der Antiphon in den „Prozessionalien" bis auf den Anfang über „Sancte Libori" mit demjenigen im Fragment aus dem 12./13. Jahrhundert genau übereinstimmt und daß sich die Melodie im Laufe der vielen Jahrhunderte nicht verändert hat. Diese Antiphon wurde demnach noch im 18. Jahrhundert so gesungen, wie es bereits im 12. Jahrhundert üblich war. Für das 19. Jahrhundert konnten leider keine Notenschriften der Antiphon ausfindig gemacht werden.

Liborifest-Meßformular aus dem 13. Jahrhundert

Im Erzbistumsarchiv Paderborn befindet sich ebenfalls ein Missalefragment aus dem 13. Jahrhundert. Bei einem Missale handelt es sich um ein Meßbuch, das alle Texte der Messe, also Lesungen, Gebete und Gesänge, enthält. Das allgemein übliche Missale entstand um 1200, als die sonst zur Meßfeier gebräuchlichen Bücher zusammengefaßt wurden. Beim Missale sind zwei Arten zu unterscheiden. Das einfache Missale, gedacht für den Priester, enthält nur die Texte der Gebete, Lesungen und Gesänge der Schola. In der Hälfte der Fälle sind die vom Priester zu singenden Teile der Meßfeier mit Noten versehen. Das andere Missale ist das Missale plenarium, das sogenannte Vollmissale, das auch die Melodien der Scholagesänge enthält.

Bei dem nebenstehend publizierten Missalefragment handelt es sich um ein Doppelblatt mit einer Größe von 370 : 260 Millimetern, das zweispaltig mit 32 Zeilen beschrieben ist. Die Schrift ist in bräunlicher Tinte mit roten Initialen geschrieben, die Gesangteile sind mit Neumen versehen. Im Fragment des Liborifest-Meßformulars weisen sowohl das Graduale als auch das Offertorium Neumen auf. Das Meßformular beginnt im zweiten Viertel der rechten Spalte mit dem Introitus. Daneben steht zur Kennzeichnung des Formulars „Lyborii ep(iscop)i". Die Neumen enden mit dem Alleluja. Unter dem Schriftspiegel am unteren Rand sind zwei Nachträge ohne Neumen hinzugefügt worden.

Unterhalb der linken Spalte befindet sich der Allelujavers „Creator omnium deus" mit der Über-

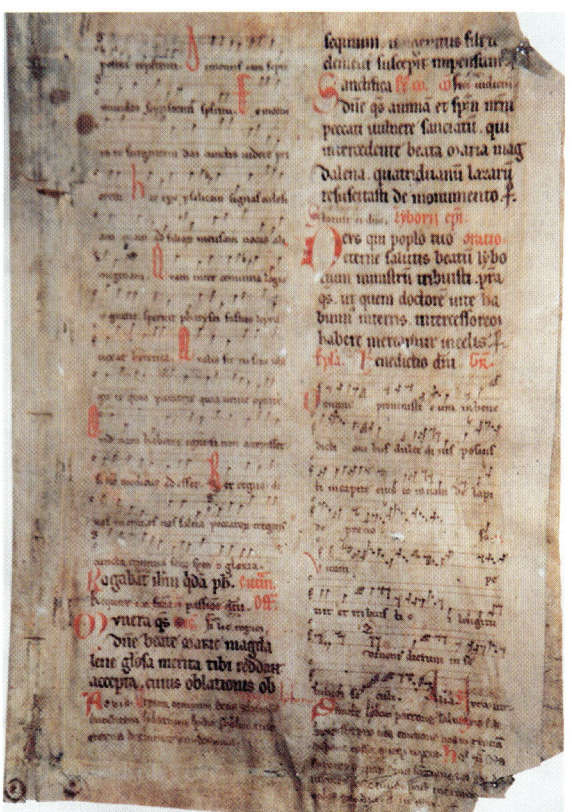

Seit vielen Jahrhunderten wird die musikalische Libori-liturgie bis in die Gegenwart weitergeführt. Diese Tradition begann bereits im 12. und 13. Jahrhundert, wie das Liborifest-Meßformular dokumentiert.

schrift „De Sancto Lybioro". Unterhalb der rechten Spalte stehen zwei Schlußstrophen der Liborius-Sequenz „Eya militemus deo".

Diese Sequenz befindet sich mit Notenschrift auch auf einem Meßformular aus dem 15. Jahrhundert, das zunächst in Enger, dann in Herford aufbewahrt wurde und heute zum Bestand des Staatlichen Kunstgewerbemuseums in Berlin gehört. Hierbei handelt es sich um das sogenannte „Missale Osnabrugense".

Blatt aus dem Missale Osnabrugense, 15. Jahrhundert, mit Liborius-Meßformular und -Sequenz

Das aus dem 15. Jahrhundert stammende Meßformular des Liborifestes (siehe folgende Seite) beginnt in der Mitte der linken Spalte mit dem Introitus „Statuit ei Dominus". Beginnend mit dem Alleluja links unten bis zur Sequenz mit ihrem Anfang in der Mitte der zweiten Spalte sind melodisch reich verzierte Neumen zu sehen. Die beim Alleluja zu erkennende sehr lebhafte Notation bestätigt, daß das Alleluja der wohl reichste melodisch verzierte Gesang der Messe war. In schlichterer Melodie schließt sich die Sequenz „Eya militemus deo / Cum concentu iubileo / Cum affectu cordium" an. Charakteristisch für eine kirchliche Sequenz ist, daß sie zwischen dem Alleluja mit anschließendem Vers und dem Evangelium steht. Erstaunlich ist, daß in einem Missale aus dem 15. Jahrhundert überhaupt eine Sequenz enthalten ist, spielte sie doch vom 13. Jahrhundert an eine immer mehr abnehmende Rolle.

Die Sequenz „Eya militemus deo" taucht in späteren Jahrhunderten nicht mehr auf. Dies hängt wohl mit der Liturgiereform des Konzils von Trient 1545-1568 zusammen, in der beschlossen wurde, u. a. alle Sequenzen zu entfernen. Lediglich Hymnen blieben zu einem großen Teil bestehen.

Verschmortes Missalefragment ohne Jahresangabe mit dem Meßformular des Liborifestes

Eine Seite eines zwei Blätter umfassenden, im Erzbistumsarchiv Paderborn aufbewahrten Missalefragmentes auf Pergament (siehe rechte Seite oben) enthält dasselbe Meßformular des Liborifestes wie das vorstehend beschriebene Missalefragment aus dem 13. Jahrhundert, jedoch ohne Neumen. Das Fragment ohne Jahresangabe verschmorte mit Pergamenturkunden des Pfarrarchivs bei Kriegsende in Meschede und wurde in Marburg restauriert.

Prozessionale des Paderborner Domes aus dem 13. Jahrhundert

Von besonderem Interesse ist eine Handschrift aus dem 13. Jahrhundert, die zum Bestand des Metropolitankapitels gehört und im Erzbistumsarchiv aufbewahrt wird (siehe Seite 124). Sie enthält Anweisungen zum Ablauf der Prozessionen des Domes, weist jedoch keine Noten auf. Die Handschrift läßt erkennen, mit welcher Sorgfalt die liturgische Verehrung des heiligen Liborius vor mehr als siebenhundert Jahren gestaltet wurde.

Im letzten Drittel der wiedergegebenen Seite befindet sich mit der in roten Initialen versehenen Überschrift „In die S(an)cti Liborij" die Kollekte „Deus qui p(o)p(u)lo tuo eterne salutis beatum liboriu(m)", die nach der Prozession mit den Reliquien des Heiligen und nach der vom Chor gesungenen Antiphon vom heiligen Liborius gebetet wird. Hiermit wird wohl wiederum die bereits vorstehend besprochene Antiphon „Sancte Libori confessor Christi" gemeint sein.

In der 1660 entstandenen Abschrift des Paderborner „Liber Ordinarius" von 1324 wird zum Liborifest beschrieben, daß die Kantoren den Vers und das folgende Magnificat mit der Antiphon „Sancte Libori confessor Christi" und die Kollekte des heiligen Liborius singen. Da von mehreren Kantoren die Rede ist, kann angenommen werden, daß der Kantor mit seinen Vorsängern und Chorschülern gemeint ist. Die Antiphon „Sancte Libore confessor Christi" wird hier wiederum erwähnt als Antiphon zum Magnificat.

Auch in den obenerwähnten Handschriften der „Prozessionalien" aus dem 17. und 18. Jahrhundert

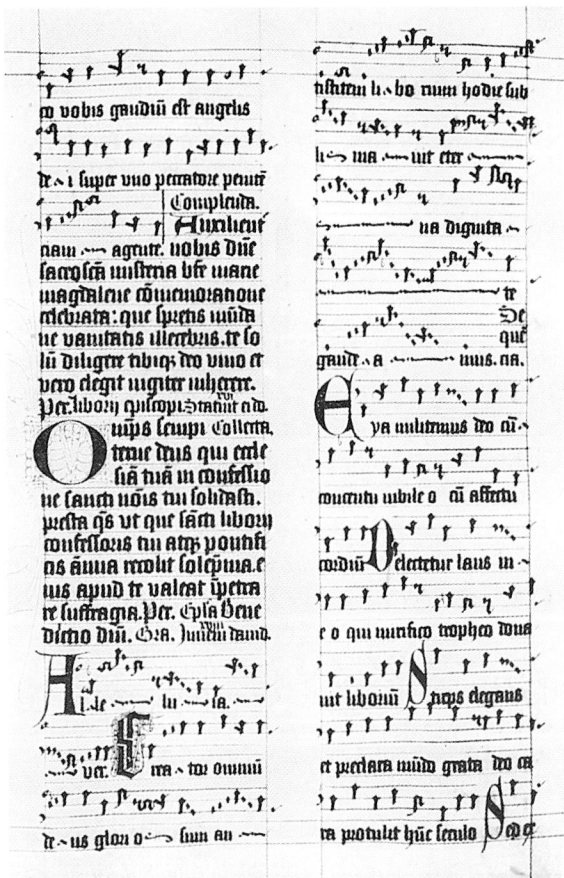

Im 15. Jahrhundert entstand das „Missale Osnabrugense", das ein Liborius-Meßformular und eine Liborius-Sequenz enthält.

befinden sich wie im Ordinarius genauere Bestimmungen zur Feier des Liborifestes, hier zum Ablauf der Libori-Prozession, die in beiden Handschriften in nahezu identischer Weise beschrieben wird.

In der Überschrift heißt es „In festo Sancti Liborii. Urbis et totius Dioecesis Patroni". Die Ordnung gilt also am „Fest des heiligen Liborius, des Patrons der Stadt und der gesamten Diözese".

Nach der Überschrift wird die Aussetzung der Reliquien des heiligen Liborius beschrieben. Vor der ersten Vesper wird der Liborischrein unter dem Spiel der Orgel von Klerikern zur Mitte der Kirche unter den Baldachin getragen. Dann beginnen Bischof und Klerus die Pontifikalvesper. Der „Succentor", der als Assistent des Kantors mit der Durchführung des Gesangs im Gottesdienst beauftragt ist, intoniert dann „Laudem dicite" und „Creator omnium".

Völlige Übereinstimmung

Während zu „Laudem dicite"in den Handschriften der früheren Jahrhunderte nichts auffindbar war, taucht „Creator omnium" bereits in den schriftlichen Nachträgen des Meßformular-Fragments aus dem 13. Jahrhundert und im „Missale Osnabrugense" aus dem 15. Jahrhundert auf. Ein Vergleich von „Creator omnium" mit dem Allelujavers im „Missale Osnabrugense" zeigt eine völlige textliche wie melodische Übereinstimmung. Da der Gesang „Creator omnium" in dieser Form also auch in den Handschriften mit den Prozessionsgesängen aus dem 17. und 18. Jahrhundert enthalten ist, kann gefolgert werden, daß der Vers bis ins 18. Jahrhundert zum Liborifest gesungen wurde. Erst vom 19. Jahrhundert an taucht er nicht mehr auf.

Am gleichen Tag findet eine Prozession statt, für die die Handschrift Anweisungen enthält. Die Prozession zieht durch das Paradiesportal des Domes. An dieser Stelle wird, wie es die ältere Handschrift aus dem 17. Jahrhundert beschreibt, die Antiphon „Asperges me exeundo" gesungen, während die jüngere Handschrift aus dem 18. Jahrhundert diese Antiphon nicht mehr erwähnt. Dann wird das „Pange lingua" gesungen. Außerhalb des Doms intonieren die Sänger den zweiten Vers, dazu ertönen im Wechsel Trompeten. Zum Schluß wird ein Hymnus nahe des Platzes am Kamp gesungen. Die Kantoren beginnen hier die Litanei von allen Heili-

Durch Kriegseinwirkungen verschmorte das Missale-fragment mit einem Meßformular zum Liborifest bei der Auslagerung im Pfarrarchiv in Meschede. Es wurde später in Marburg restauriert.

gen. Das ältere „Prozessionale" erwähnt nun die Station am Rathaus, wo die gesamte Bürgerschaft „O Sacrum Convivium" und „Sancte Libori confessor Christi" singt. Im jüngeren „Prozessionale" ist nach der Litanei für alle Heiligen nicht eine Station am Rathaus, sondern an der Universitätskirche verzeichnet, wo die Bürgerschaft ebenfalls die genannten Lieder anstimmt, die demnach bis ins 18. Jahrhundert hinein bei den Gläubigen allgemein bekannt gewesen sein mußten.

Nach Erteilung des Segens zieht die Prozession durch den Schildern und betritt den Dom durch die Rote Pforte mit dem Gesang „Lux est solemnis hodie". Im Dom wird der Schrein niedergesetzt und dann die festliche Libori-Messe begonnen.

Der Liboriushymnus „Lux est solemnis hodie", der im gedruckten Paderborner Brevier aus dem Jahr 1513 als einziger Liboriushymnus vorkommt, befindet sich in den beiden Prozessions-Handschriften aus dem 17. und 18. Jahrhundert als sechs- bzw. achtstrophiger Gesang mit einer identischen, recht schlichten Melodie. Die Anfangsbuchstaben der ersten sechs Strophen bilden jeweils das Wort „LIBORI".

Bis zur Erneuerung des Propriums der Messe und des Stundenbuches in den Jahren 1975 und 1985 dienten die ersten fünf Strophen des Hymnus als Vorlage für die Antiphonen der zweiten Vesper des Liborifestes.

Melodisch stimmen die Antiphonen jedoch nicht mehr mit „Lux est solemnis hodie" aus den obengenannten Handschriften überein, sondern sie haben die antiphonale Melodieweise der ersten Vesper, wie sie heute noch gefeiert wird, übernommen. Insgesamt handelt es sich bei den Prozessionsgesängen um Antiphonen, die in ihrer Melodie eher eingängig und schlicht sind.

Wie sich an den hier dargestellten Handschriften ablesen läßt, können zumindest einige musikalisch-liturgische Teile zum Fest des heiligen Liborius über viele Jahrhunderte zurückverfolgt werden. Bei den wiedergegebenen Quellen handelt es sich nur um eine kleine Auswahl, die besonders im Hinblick auf musikwissenschaftlich interessante Aspekte zusammengetragen wurde. Diese Quellen spiegeln die lange Tradition des Paderborner Liborifestes durch die Jahrhunderte wider. Es existieren jedoch noch zahlreiche weitere Handschriften zur Liboriusliturgie – nicht nur in Paderborn, sondern auch im In- und Ausland, die es in Zukunft zu erforschen gilt.

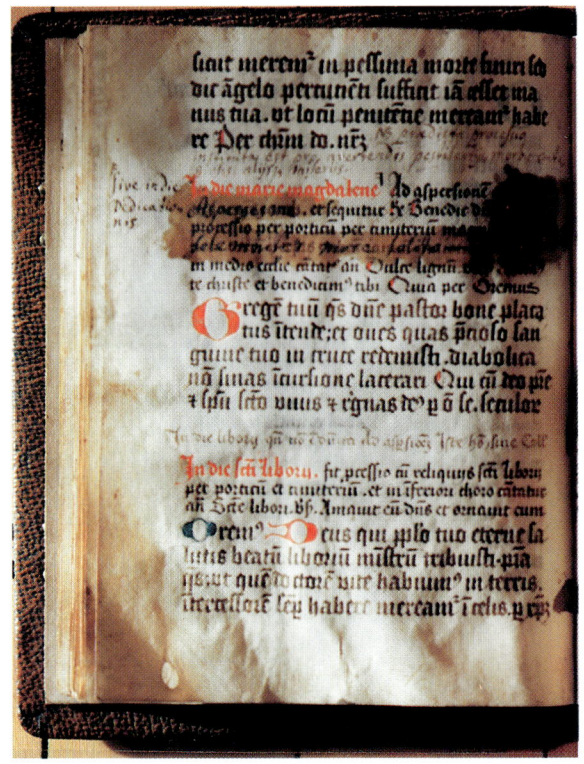

Dokumentarisch von besonderem Wert ist eine Handschrift für den Ablauf der Libori-Prozessionen in Paderborn aus dem 13. Jahrhundert. Das „Prozessionale" gibt genaue Anweisungen zur liturgischen Verehrung des heiligen Liborius vor siebenhundert Jahren.

„Bei Gott dein' Fürbitt lege ein"

Ein alter Lobgesang zu Ehren
des heiligen Liborius

O großer Gott im höchsten Thron,
Dir Schöpfer aller Dingen,
Durch Jesus Christum deinen Sohn
Erhöre, was wir singen.

Den Heil'gen Geist in unser Herz
Schick mit den sieben Gaben,
Der wolle uns in allem Schmerz
Erquicken, trösten, laben.

Viel Wunderwerk durch die Gebein
Libori hast bewiesen:
Dein Name dafür gelobt soll sein,
Und ewiglich gepriesen.

Weil dieser unser werte Schatz,
Des wir uns billig freuen,
Allhier zur Ruh genommen Platz,
Dich, Gott, wir benedeien.

Libori! zeig, daß deine Hand
Noch wundertätig bleibe:
Unglück und Not von diesem Land,
Und was uns schad't, vertreibe.

Bei Gott dein' Fürbitt lege ein,
Und lasse dich erbarmen;
Errette die, so plagt der Stein,
Ach! höre doch ihr Karmen.

All' Schmerz und Krankheit, wie sie sein,
Durch dein Verdienst kannst lindern,
Befreie uns von aller Pein,
So unser Heil kann hindern.

(Aus: „Nützliche Andacht zu dem heiligen wunderthätigen Liborius", Paderborn, 1787)

Christoph Stiegemann

St. Liborius in der Kunst

Wer war der heilige Liborius? Die Frage ist nicht leicht zu beantworten. Kein zeitgeschichtliches Porträt überliefert seine Züge. Kein schriftliches Zeugnis hat sich von ihm erhalten. Die Quellenlage ist dürftig. Vieles bleibt Vermutung. Auch wenn niemand das Antlitz des Heiligen kennt – weder das der historischen Persönlichkeit noch das des verklärten Heiligen –, so können wir doch nicht umhin, ihn uns in gegenständlichen Bildern vorzustellen. Wie sich der Geist auch anstrengen mag, es sind notgedrungen immer Bilder, die unsere religiösen Vorstellungen vom Heiligen bestimmen, und jede Zeit hat ihre eigenen. Durch die Bilder hindurch, in unendlicher Vielfalt, teilt sich das wahre Antlitz des Heiligen mit, dessen Konturen an Deutlichkeit gewinnen, je intensiver wir uns mit seiner Bildgeschichte befassen.

Die Darstellungen des Heiligen, die sich aus 900 Jahren erhalten haben, gehören untrennbar mit zur Wirkungsgeschichte. Sie sind eine Fundgrube für Kunst- und Frömmigkeitsgeschichte. Neben der Heiligenikonographie ist auch ihr „Sitz im Leben" von Interesse, d. h. die Bedeutung, die sie zu ihrer Entstehungszeit für die Menschen besaßen. Die Betrachtung der baulichen und bildkünstlerischen Zeugnisse der Liboriusverehrung gibt interessante Aufschlüsse über Zusammenhänge der Geistes- und Frömmigkeitsgeschichte.

Das Verhältnis des Christentums zum Bild, zur Darstellung Jesu Christi und der Heiligen in Skulptur und Malerei, war zu keinem Zeitpunkt frei von Spannungen. „Du sollst dir kein Bildnis machen" lautet das Verbot des Gottesbildes im Alten Testament (Ex 20, 4 / Dt 5,8), und das Neue Testament wahrt in diesem Punkt die Kontinuität, wenn der Auferstandene dem zweifelnden Thomas seine Wunden zeigt und mahnt: „Selig, die nicht sehen und doch glauben" (Joh 20,29). Das Sehen ist in christlicher Zeit anders als in der Antike als Hinführung zum Glauben eindeutig dem Hören nachgeordnet.

Zwischen Götterbild und Bilderverbot

Dennoch suchte das Christentum schon früh nach Möglichkeiten, die Wahrheiten, Hoffnungen und Erfahrungen des Glaubens bildlich auszudrücken. Zwischen den Götterbildern der heidnischen Antike auf der einen Seite und dem rigorosen Bilderverbot auf der anderen Seite mußten sich die Christen der Frühzeit einen eigenen Weg suchen. Die Antworten auf die Bildkritik fielen im Osten und Westen unterschiedlich aus. Während die orthodoxe Kirche des Ostens nach dem Konzil von Nikaia 787 von der Gegenwart des Dargestellten im Bild ausging, sah der Westen im Anschluß an die „Libri Carolina" die Bilder mehr als Abbilder, als „Gefäße" des Heiligen. Stets blieb allerdings auch im Westen die Macht des Bildes verdächtig.

Mitte des 15. Jahrhunderts entstand das kunstvolle Reliquienretabel, das die Heiligtümer des Domes umschloß und im Chor des Doms aufgestellt wurde.

Zum offenen Konflikt, der die Argumente der Frühzeit wieder gegeneinander führte, kam es insbesondere im 16. und frühen 17. Jahrhundert. Durch die Reformation wurde mit bis dahin nicht gekannter Ausschließlichkeit das Wort der Heiligen Schrift monopolisiert und mit einer Aura umgeben. Um so radikaler fiel vor allem von der Seite der Calvinisten die Ablehnung der heiligen Bilder aus. Der Reformator Calvin lehnte körperliche Bilder Gottes als ein „Verbrechen" ab, weil sie eigenmächtig und sinnlos das Recht des Wortes in Anspruch nähmen, den Geist zu verkörpern. Die Folge war der wohl größte Bildersturm in der neueren Geschichte. Mit der Ausbreitung des Calvinismus kam es zu systematischen Bilderstürmen in der Schweiz, England, Frankreich und ab 1566 in Holland.

In diesen Zusammenhang gehört das wohl dunkelste Kapitel der nunmehr über 1150jährigen Verehrungsgeschichte des heiligen Liborius in Paderborn: die Entführung der Reliquien und die Zerstörung des mittelalterlichen Liborischreins durch Herzog Christian im Jahr 1622. Die schmachvolle Entehrung der Reliquien des hochverehrten Dom- und Bistumspatrons erregte Aufsehen weit über die Landesgrenzen hinaus. Was der katholischen Seite als Teufelswerk der „lutherisch-calvinistischen Häresie" erscheinen konnte, wurde auf der Gegen-

Als Götzendienst diffamiert wurde die Liboriusverehrung auf einem Flugblatt, das im Jahr 1622 in Amsterdam erschien.

seite von der calvinistischen Bildpropaganda im Sinne ihrer Ziele zur gerechten Sache umgemünzt. Davon zeugen zwei illustrierte Flugblätter, die mit den Mitteln der Bild- und Textsatire die Zerstörung des Liborischreins auf ihre Weise ausdeuten.

Diffamierung der Liborius-Verehrung

Das erste Flugblatt mit dem Titel „Westphaelsche Transformatie, Alwaer S. Liborius verandert in Ryxdaelders" gab der bedeutende Amsterdamer Verleger Claes Jansz Visscher noch im Jahr 1622 heraus. Die fünf Bildszenen des Blattes geben nicht die den Tatsachen entsprechende Zerstörung des Schreins wieder, sondern setzen eine Silberfigur des Heiligen, ein Idol, an dessen Stelle, um den Liboriuskult als Götzendienst zu diffamieren. Gegen die figürliche Darstellung des Heiligen richtet sich das alttestamentarische Bildverbot: „Ihr sollt euch neben mir keine silbernen Götter machen, und goldene Götter sollt ihr euch nicht machen" (Ex 20,23). Die Liboriusfigur wird ganz im Sinne der calvinistischen Bildkritik, die dem Bild jede verkündende oder offenbarende Qualität verweigerte, als etwas Künstliches, Gemachtes vorgeführt, das keinen Inhalt umschließt und schon gar nicht über sich hinaus auf Übersinnliches verweisen kann.

Der „Paderbornische Wegweiser" aus der Zeit um 1622 verspottet in drei Bildszenen den heiligen Liborius und den mit ihm verbundenen Reliquien- und Heiligenkult.

Das zweite Flugblatt trägt den Titel „Paderbornischer Wegweiser und angstelter westphalischer Wallfahrtstag". Es erschien vermutlich in Frankfurt. In den drei Bildszenen tritt eine Liboriusfigur auf, die von Herzog Christian umarmt und dann von seinen Begleitern weggetragen wird. Damit verspottet das Bild die katholische Praxis des Reliquien- und Heiligenkultes, die das Berühren der heilkräftigen Überreste, das Umarmen und Küssen als selbstverständliche Verehrungsformen kannte – ein im übrigen elementarer und ursprünglicher Vorgang, der in nahezu allen Kulturen, unter anderem auch in der griechisch-römischen Antike, verbreitet war.

Im Text des Flugblattes wird dem Bildwerk Sprache verliehen. Liborius entrüstet sich über den zudringlichen Besucher, der aber nicht nachgibt und schließlich das Bildwerk fortschaffen läßt, worin sich dessen Ohnmacht erweist. In bewußter Entstellung der historischen Tatsachen also – eine solche Silberfigur hat es nie gegeben – propagieren beide Blätter das Ende der Liboriusverehrung im Fürstbistum Paderborn.

Neue Impulse für den Glauben

Das Ereignis der Reliquienentführung traf Dom und Bistum schwer, und zwar nicht nur das durch die Bemühungen der katholischen Reform neu geweckte religiöse Leben. Man muß sich vergegenwärtigen, welche Bedeutung die Präsenz des Heiligen damals für die Menschen hatte. Der Leib des heiligen Liborius war der kostbarste Besitz von Dom, Bistum und Stadt, kostbarer als der Schrein, der ihn umhüllte, ja selbst kostbarer als die Kathedrale, die sein Grab barg. Mit der Entführung und dem Verlust des Heiltums stand die Existenz des geistlichen Fürstentums auf dem Spiel, dessen geistige und politische Ordnung seit der Überführung der Reliquien unter Bischof Badurad aus Le Mans im Jahr 836 auf die gnadenspendende Kraft des Schutzpatrons gründete.

So prekär die Situation auch war, mit dem Verlust der Reliquien riß die Verehrung des Dompatrons keineswegs ab. Dafür gibt es zwei interessante Belege. Im Domschatz zu Trier haben sich zwei Evangeliare aus dem Paderborner Dom erhalten (Inv. Nr. 64, 65; Mss. 137, 138), die zusammen mit anderen bedeutenden Handschriften aus der Sammlung

Auf der Kartusche des Vorderdeckels des Evangeliars im Domschatz von Trier ist eine eingravierte Darstellung des heiligen Liborius zu erkennen. Das Bild entstand 1623, ein Jahr nach dem Raub der Reliquien im Jahr 1622.

des Paderborner Domdechanten Christoph von Kesselstadt (1757-1814) nach dessen Tod dorthin gelangten. Sie entstanden gegen Ende des 11. bzw. zu Beginn des 12. Jahrhunderts im Skriptorium des Benediktinerklosters Helmarshausen.

Beide Evangeliare haben gepreßte Ledereinbände aus der 2. Hälfte des 16. Jahrhunderts, die nachträglich mit grünem Samt überzogen wurden. Die Vorderdeckel sind mit teilvergoldeten Silberbeschlägen verziert. Im Zentrum zeigen sich hochovale Schweifwerkkartuschen mit der schwungvoll gravierten Darstellung des Dompatrons. Unter der Standfigur des Heiligen ist der Name eingraviert: „S. LIBORIVS". Auf dem Rand darunter steht die Jahreszahl „ANNO 1623". Samtüberzüge und Beschläge entstanden damit exakt ein Jahr nach der Plünderung des Domschatzes und der Entführung der Reliquien durch Herzog Christian von Braunschweig. Sicher nicht zufällig hat man die Reliquiare mit Darstellungen des heiligen Liborius verziert, um die Erinnerung an den Dompatron auch nach dem Verlust der Reliquien wachzuhalten.

Konkrete Vorstellung des Göttlichen

Richten wir den Blick nun auf die Anfänge der Liboriusverehrung in Paderborn, über die uns die Schriftquellen der Lebens- und Translationsberichte aus dem 9. Jahrhundert Auskunft geben. Die Motive, die Bischof Badurad, den zweiten Bischof des jungen Bistums Paderborn, dazu bewogen haben, im April des Jahres 836 eine Delegation nach Le Mans zu entsenden, um einen heiligen Leib nach Paderborn zu holen, lassen sich in der Einleitung des Translationsberichtes aus dem Ende des 9. Jahrhunderts nachlesen.

Danach leitete ihn die Überzeugung, daß die Befestigung des christlichen Glaubens nicht allein durch die Verkündigung des Evangeliums zu bewerkstelligen sei, sondern daß es der Gegenwart und Hilfe eines Heiligen bedürfe, der in der Bischofskirche gleichsam Wohnung bezieht. Jene, welche den Worten der Prediger über die Kraft Gottes keinen

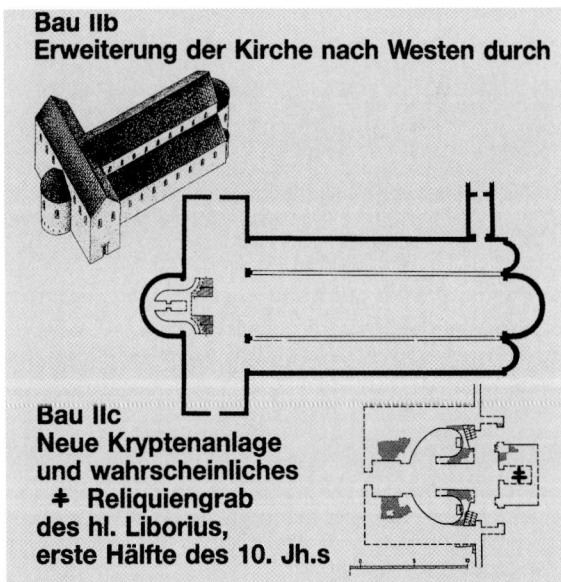

**Bau IIb
Erweiterung der Kirche nach Westen durch**

**Bau IIc
Neue Kryptenanlage
und wahrscheinliches
✝ Reliquiengrab
des hl. Liborius,
erste Hälfte des 10. Jh.s**

Bischof Badurad fügte dem Dom im Jahr 836 ein Querhaus zur Aufnahme der aus Le Mans nach Paderborn gebrachten Reliquien des heiligen Liborius an. Eine neue Krypta entstand in der ersten Hälfte des 10. Jahrhunderts.

Glauben schenkten, könnten doch den Zeichen und Wundern, die der heilige Leib zu bewirken vermag und die sie mit eigenen Augen sähen, den Glauben nicht versagen. Hier zeigt sich eine Vorstellung vom Göttlichen, die nicht abstrakt-geistig, sondern konkret-erlebnishaft geprägt ist und die um das Reliquienbedürfnis der Menschen weiß, das in der Tiefe menschlicher Frömmigkeit und Andacht angesiedelt ist. Denn es gibt – wie Pascal später sagen wird – nicht nur ein Denken der Vernunft, sondern auch ein Denken des Herzens.

Heiligtum und Wallfahrtszentrum

Für die Reliquien, die die Gegenwart des Heiligen garantieren und denen nach mittelalterlicher Vorstellung eine überpersönlich gedachte Kraft (virtus) innewohnt, wollte Bischof Badurad ein Grabesheiligtum als Wallfahrtszentrum errichten. Die Ausgrabungen im Dom im Zuge der letzten Restaurierung ab 1978 haben diese erste Aufbewahrungsstätte der Reliquien erschlossen. An die große, unter König Karl erbaute, geostete Basilika, in der Papst Leo III. im Jahr 799 einen Stephanus-Altar weihte, fügte Badurad im Jahr 836 im Westen ein ausladendes Querhaus mit einer Apsis und einer Ringkrypta an, in deren West-Ost-Achse das Heiligtum niedergelegt wurde. Das Vorbild dazu gab die Klosterkirche in Fulda.

Die Erwartungen Bischof Badurads erfüllten sich. Der Zustrom der Pilger erforderte noch im 9. Jahrhundert eine bauliche Erweiterung. Unter Bischof Rethar (983-1009) an der Wende des ersten Jahrtausends erhielten die Reliquien des heiligen Liborius eine neue Verehrungsstätte in einer neu erbauten Hallenkrypta im Osten. Von Bischof Imad wissen wir, daß er nach der Mitte des 11. Jahrhunderts einen Schrein für die Reliquien stiftete, um sie auf den Altären ausstellen und in der Prozession mitführen zu können.

Reliquienretabel im Hochchor

Wie andernorts seit dem 11. Jahrhundert, so gelangten in dieser Zeit auch in Paderborn die Liboriusreliquien in aufsteigender Bewegung aus der Krypta in den Chor. Im Spätmittelalter schließlich nach der Mitte des 15. Jahrhunderts entstand jenes Reli-

quienretabel im Ostchor des Domes, das wie ein ins
Große gesteigertes Schaugefäß die wichtigsten
Heiltümer des Domes umschloß. Im Untergeschoß
des Retabels, das auf der Rückseite eine große
breitrechteckige Öffnung besitzt, fand der mittelalterliche Liboriusschrein seinen Platz, der, wie eingangs geschildert, Christian von Braunschweig in
die Hände fiel. Ob es noch der von Bischof Imad
(1051-1076) gestiftete Schrein war, ist ungewiß.

Das Retabel stand – wie heute – ursprünglich frei
im Hochchor und konnte umschritten werden.
Bei den Reliquien der Heiligen betet der Gläubige
um deren Fürbitte vor dem Thron Christi. Die
Reliquien sind zweifache Zeugen des Lebens. Sie
sind Lebensspender und zugleich Beweis für den
Bund zwischen dem Schöpfergott und seinen Geschöpfen. Das Gehäuse, das sie umschließt, tritt,
so aufwendig es auch gestaltet sein mag, dagegen
zurück.

Partikel der Gebeine der Dompatrone Liborius
und Kilian enthält der kostbare Tragaltar, den der

*Rogerus von Helmarshausen schuf Anfang des 12. Jahr-
hunderts den kostbaren Tragaltar, auf dem St. Liborius
zweimal abgebildet ist.*

Benediktinermönch Rogerus von Helmarshausen
zu Anfang des 12. Jahrhunderts für den Paderborner Bischof Heinrich von Werl schuf und mit dem
– soweit wir davon Kenntnis haben – die Bildgeschichte des Heiligen beginnt. Die Außenseiten des
Altärchens umzieht ein vielfiguriges Programm, in
dem der Dompatron in figürlicher Darstellung
gleich zweimal gezeigt wird. Auf der dem Zelebranten zugewandten Stirnseite erscheinen die in
Treibarbeit gestalteten Figuren der heiligen Kilian
und Liborius zu seiten des in kreisförmiger Glorie
auf dem Regenbogen thronenden Weltenherrschers. Liborius, als feierliche Frontalfigur im
Pontifikalornat an der Seite Christi, ist durch eine
Inschrift am Kantenbelag der Deckelplatte bezeichnet. In der Linken hält er den Stab, in der Rechten
ein geöffnetes Buch mit der Inschrift „Deus meus".
Das Evangelienbuch wird sein ständiges Attribut.
Es weist ihn als Bekenner und Lehrer des Glaubens
aus. Schon die Nähe der Heiligen zu Christus als
Weltherrscher bedeutet eine besondere Auszeichnung, wird ihnen doch hier eine Position einge-
räumt, die eigentlich den Apostelfüsten Petrus und
Paulus vorbehalten war. Derart einbezogen in den
Ideenbereich der Verherrlichung und des Trium-
phes Christi, erscheinen sie als vornehmste Mitglieder des himmlischen Hofstaates und als mächtige
Fürsprecher am Thron Gottes.

So wie Christus bei der eucharistischen Opferfeier
auf dem Altar wahrhaft gegenwärtig ist, so sind es
die Heiligen nach mittelalterlicher Auffassung in

*Das Kapitelsiegel mit dem Bild des heiligen Liborius ent-
stand vermutlich bereits im 11. Jahrhundert.*

ihren Reliquien. Diese bilden den „Realitätskern" des Tragaltars in seiner Funktion als Reliquienschrein. Und ihnen allein, nicht den Bildern, gebührt Verehrung. Die sichtbare Darstellung hat keine Selbständigkeit. Sie ist nur das äußere Zeichen, durch das auf jene übernatürliche Realität hingewiesen wird.

Nach byzantinischen Vorbildern

Figurentypen wie die stehende Ganzfigur des heiligen Liborius am Paderborner Tragaltar oder Einzelmotive wie etwa der Fußschemel leiten sich von byzantinischen Vorbildern her, die auch im Westen verbreitet waren. Daß in solchen Motiven letztlich die antike Sieges- und Erhöhungssymbolik aus konstantinischer Zeit nachwirkt, sei nur am Rande bemerkt. Sie beeinflußt auch die zweite Darstellung des Dompatrons, die in feiner Ziselierung das Binnenfeld der Unterseite des Kästchens schmückt. Hier erscheint der stehende Heilige in einer Säulenarkade, die von drei Turmaufbauten als Ausdruck der Himmelsstadt bekrönt ist.

Der Status des Heiligen war keineswegs abhängig vom Andenken der Gläubigen, vielmehr stellte er

Das Tympanonrelief der evangelisch-reformierten Kirche zu Reelkirchen zeigt die Figur des heiligen Liborius. Das Gotteshaus wird im Jahr 1231 erstmals in den Chroniken erwähnt.

eine objektive Gegebenheit dar. Der heilige Liborius galt nicht nur als Schirmherr des Domes und des Domkapitels, sondern auch als juristische Person und rechtmäßiger Eigentümer, der aktiv in die irdischen Rechtsgeschäfte eingreifen konnte, die in seinem Namen abgewickelt und mit seinem Bild besiegelt wurden. Spätestens im 12. Jahrhundert besaß Liborius unter den Dompatronen bereits eine deutliche Vorrangstellung, repräsentiert doch allein sein Bild die geistliche Institution des Domkapitels auf dem ältesten Kapitelssiegel, das vermutlich noch dem 11. Jahrhundert entstammt. Der Heilige als Halbfigur im runden Siegelfeld hält die rechte Hand segnend vor dem Körper, in der Linken trägt er eine Schriftrolle, die wie das Buch Symbol des göttlichen Wortes ist und den Heiligen als Lehrer des Glaubens ausweist.

Erstmals mit der Mitra auf dem Haupt, die sich im Verlauf des 11. Jahrhunderts als Kopfbedeckung der Bischöfe im Norden durchsetzen konnte, findet sich der heilige Liborius im berühmten „Liber Vitae" des Klosters Corvey dargestellt, der unter Abt Wibald (1146-1158) begonnen und kurz nach seinem Tod vollendet wurde (1158-1160). Im Fraternitätsbuch sind die Mönchslisten der mit Corvey verbrüderten Klöster und Stifte in zwei Spalten verzeichnet. Sie stehen unter Doppelarkaden mit Überfangbogen, deren Tympana in Rundmedaillons die Dreiviertelfiguren der jeweiligen Kirchenpatrone zeigen. Unter ihnen befindet sich auch der heilige Liborius (Blatt 23). Er trägt in der Rechten den Bischofsstab, in der verhüllten Linken ein Schriftband. Ein goldener Nimbus umgibt das Haupt.

In Stein übersetzt, allerdings sehr viel roher und unbeholfener, findet sich eine ähnliche Darstellung im Tympanonrelief der evangelisch-reformierten Kirche zu Reelkirchen. Das dem heiligen Liborius geweihte Gotteshaus wird 1231 erstmals genannt. Der Heilige im Tympanonfeld des Nordportals ist als Halbfigur gegeben, eingefaßt von einer Palmetten- und einer Blattranke. Er trägt Buch und Bischofsstab in den übergroßen Händen und auf dem schematisch geschnittenen Kopf eine flache Mitra.

Reliquien – Schaugefäße

Als Schöpfung der Gotik entsteht im 13. Jahrhundert das monumentale Bild des Dompatrons, das

Mit einer Mitra wird der heilige Liborius auf einer Handschrift des Klosters Corvey aus dem 12. Jahrhundert abgebildet.

nach intensiver Vergegenwärtigung der heiligen Person und einer stärkeren Bindung zum Gläubigen strebt. Es wuchs in dieser Zeit auch die Freiheit, mit der der einzelne Mensch aus persönlicher Verehrung seinen eigenen Schutzheiligen wählen konnte und seiner Devotion im Bild Ausdruck zu geben vermochte. Das sich im Devotionsbild der Gotik anbahnende persönliche Verhältnis des einzelnen Menschen zum Heiligen bestimmte auch

den Umgang mit den Reliquien, ging man doch im 13. Jahrhundert dazu über, primäre Reliquien in Glas- und Kristallzylindern sichtbar zu machen. Die „redenden Reliquiare", die in der Gefäßform die Körperform der Reliquie anzeigen, waren vorausgegangen. Erst die Schaugefäße, die nicht nur Behälter, sondern auch Schaufenster ihres Inhalts sind, lösen die Forderung ein, daß sich Realität erst in der Sichtbarkeit erfüllt und beweist.

Eine Zwischenstellung nimmt das schöne silberne und in Teilen vergoldete Statuettenreliquiar des heiligen Liborius aus dem 1. Viertel des 14. Jahrhunderts ein, das zu den kostbarsten Zeugnissen der Liboriusverehrung zählt, die der Paderborner Domschatz bewahrt (siehe Titelbild). Die auf mehrseitigem Sockel stehende, in schöner S-Linie bewegte Figur des jugendlichen Heiligen trägt einen ovalen gemugelten Kristall in der Brust, durch den der Gläubige das Reliquiengrab erahnen kann. Während die Statuette die Aufmerksamkeit auf die ganze Person lenkt, offenbart sich hinter dem Bergkristall das Heilige selbst, an dem der Gläubige schauend Anteil nehmen darf. Die Reliquie ist nicht mehr das Fremde und Verschlossene, das unerreichbare Gegenüber. Es entwickelt sich vielmehr ein Zwiegespräch zwischen ihr und dem Gläubigen als Ausdruck einer menschennahen, individuell bestimmten Frömmigkeit, die sich im Verlauf des Mittelalters herausbilden konnte.

Mit Buch und Steinen wird St. Liborius auf der Holzskulptur aus dem 1. Drittel des 16. Jahrhunderts dargestellt.

St. Liborius als Stadtpatron

Seit dem 15. Jahrhundert gilt Liborius auch als Stadtpatron. In einer Urkunde aus dem Jahr 1547 wird er als „hovetherr" bezeichnet, als rechtmäßiger Besitzer und Eigentümer des Gemeinwesens seit alters her. Daß ein und derselbe Heilige zugleich als Bistums- und Stadtpatron verehrt wurde, war keinesfalls die Regel, suchten sich doch die aufstrebenden Städte im Mittelalter von der Herrschaft des Landesherrn – in unserem Fall des Bischofs – zu befreien. Sie zeigten das auch, wie etwa in Prag, durch die Wahl eines eigenen Stadtpatrons an. In Prag war das der heilige Wenzel. In Paderborn dagegen gelang es, dank des regulierenden, friedenstiftenden Einflusses des heiligen Liborius, die konkurrierenden und einander bekämpfenden Parteien und Gruppierungen immer wieder unter einem Schirm zusammenzuführen. Der Heilige ließ dem vielgestaltigen Leben und Treiben der Menschen freien Lauf und brachte ihnen doch zugleich ohne Zwang die Spielregeln eines einvernehmlichen Zusammenlebens bei, die sie ohne ihn als übergeordnete Instanz nur schwer hätten einsehen können.

Mit Buch und Steinen

Am Epitaph für den Domdechanten Wilhelm von Westphalen († 1517) aus der Hand Heinrich Brabenders aus Münster, das hervorragendste Werk spätgotischer Bildhauerkunst im Paderborner Dom, tritt uns Liborius zum erstenmal mit seinem individuellen Attribut entgegen. Zum Buch, das wir ja bereits kennen, kommen hier drei Steine hinzu, die auf die heilende Kraft der Reliquien bei Steinleiden, bei Nieren- und Gallensteinen, hinweisen. Heilungen dieser Art sind urkundlich seit 1267 belegt. Erst im Spätmittelalter aber setzen sich die Steine auch als individuelles Attribut in der Kunst durch.
Die älteste Darstellung dieser Art aus dem späten 15. Jahrhundert ist eine kleine Gravur auf dem Prachteinband eines Evangeliars aus St. Georg in Köln. Aus dem Paderborner Dom stammt eine qualitätvolle Holzskulptur, die den Heiligen mit Buch und Steinen wiedergibt. Dem Wappen am Sockel nach zu urteilen, handelt es sich bei diesem wohl mittelrheinischen Werk aus dem 1. Drittel des 16. Jahrhunderts um eine Stiftung des Paderborner Domherrn Franz von Krevet († 1554).

*Vor der Silhouette Paderborns wird der heilige Liborius am Fuß des berühmten Prunkkelchs des Paderborner Dom-
kämmerers Johann von Hanxleden aus dem Jahr 1614 wiedergegeben.*

Vor der Silhouette Paderborns

Auch in nachmittelalterlicher Zeit behauptet sich
neben nun vermehrt auftretenden erzählenden
Darstellungen mit Szenen aus dem Leben des Heiligen die repräsentative Ganzfigur des heiligen Liborius. Eine ikonographisch interessante Variante
findet sich am Fuß des berühmten Prunkkelches
für den Paderborner Domkämmerer Johann von
Hanxleden, gefertigt von Meister Otto Meier aus
Lichtenau im Jahr 1614. Fuß, Knauf und Unterfang
der Kuppa sind mit transluzidem Grubenschmelz
und Körperemail verziert. Der Heilige ist im Ponti-
fikalgewand dargestellt. Er steht, ganz in den Vordergrund gerückt, auf einer gemusterten Stand-
fläche. Dahinter weitet sich in feinstem Flachrelief
eine Landschaft, in der auf beiden Seiten große Gebäude zu erkennen sind. Das Gebäude auf der linken Seite ist anhand des charakteristischen Kreuz-
satteldaches und der hohen Laterne eindeutig als
Turm des Paderborner Domes zu identifizieren,
der diesen Abschluß seit 1558 besaß. Vor der Sil-

houette Paderborns also, das hier offensichtlich gemeint ist, tritt uns der Heilige als mächtiger Patron
und Schutzherr von Dom und Stadt entgegen.
Ich möchte an dieser Stelle einen kleinen Vorgriff
auf die Bildgeschichte des Heiligen im 19. Jahrhundert tun. Auffällig ist nämlich, daß die Komposition dieser miniaturhaft kleinen Darstellung in der
wohl bedeutendsten Interpretation des Themas, die
das 19. Jahrhundert schuf, wiederauflebt. Das von
dem Düsseldorfer Nazarener Andreas Müller im
Jahr 1853 geschaffene Gemälde des heiligen Liborius, das im Auftrag des im Jahr zuvor gegründeten
Diözesankunstvereins entstand, zeigt den Heiligen
ebenfalls in ganz ähnlicher Weise vor einer sich
weitenden Landschaft, in der links der Paderborner
Dom, rechts die Kathedrale von Le Mans zu sehen
sind, um auf diese Weise die jahrhundertealte Verbindung zwischen den beiden Städten zu verdeutlichen. Das Gemälde existiert nicht mehr, es haben
sich allerdings zwei gemalte Kopien und eine qualitätvolle Lithographie nach dem Originalgemälde
erhalten.

Meisterwerke von Hans Krako

Der goldene Hanxleden-Kelch von 1614, dessen Bedeutung für die Liborius-Ikonographie somit sichtbar geworden ist, entging der eingangs geschilderten Plünderung des Domschatzes durch Christian von Braunschweig im Jahr 1622, die in der Schändung und Entführung der Reliquien des heiligen Liborius gipfelte. Fünf Jahre währte ihre Odyssee, bevor man sie nach vielen Bemühungen endlich zurückgewinnen und feierlich vor den Toren der Stadt in Empfang nehmen konnte. Zu diesem Zeitpunkt war der neue Schrein zur Aufnahme der Reliquien bereits fertiggestellt, den der Goldschmied Hans Krako von Dringenberg im Auftrag des dortigen Landdrosten Wilhelm von Westphalen und seiner Gemahlin Elisabeth von Loe geschaffen hatte. Bis zum heutigen Tag bildet er das Herzstück des Paderborner Domschatzes. Ihm ist ein eigener Beitrag in diesem Buch gewidmet.

Hans Krako, der Meister des Liborischreins, wird auch die schöne Chormantelschließe aus dem Paderborner Domschatz zugeschrieben. Sie entstand um 1625 im Auftrag des Paderborner Domherrn

Elegant und graziös sind die allegorischen Figuren des Festaltars zum 900jährigen Jubiläum der Reliquienüberführung im Jahr 1736. In diesem Kunstwerk, dessen Reste im Diözesanmuseum zu bewundern sind, präsentierte sich unter der Initiative von Fürstbischof Clemens August der Barock in Paderborn.

Im Stil des flämischen Hochbarock malte der aus Antwerpen kommende Maler Anton Willemssens das im Jahr 1658 entstandene Gemälde des heiligen Liborius im Pontifikalornat.

Emmeran von Metternich, dessen Wappen sie trägt. Auf der Vorderseite erscheinen die Patrone des Domes: die Gottesmutter zwischen Kilian (links) und Liborius (rechts) als vollplastische Figuren auf kleinen Konsolen in Nischen zwischen Säulenstellungen.

Barock in Paderborn

Mit der Rückführung der Reliquien erlebte der Liboriuskult vor allem nach dem Ende des Dreißigjährigen Krieges, nicht zuletzt durch die Initiativen der Fürstbischöfe Dietrich Adolf von der Recke (1650-1661) und Ferdinand II. von Fürstenberg (1661-1683), einen großen Aufschwung. Die nach 1650 einsetzende Hochphase der Liboriusverehrung im Dom, im Hochstift, aber auch weit über die Diözesan- und Landesgrenzen hinaus – vor allem in Italien – ist ein Kapitel für sich, das in weiteren Beiträgen dieses Buches dargestellt wird.

Auf Veranlassung des Fürstbischofs Dietrich Adolf von der Recke kamen 1655 der Bildhauer Ludwig Willemssens und der Maler Anton Willemssens für mehrere Jahre aus Antwerpen nach Paderborn, um an der Barockisierung des Domes mitzuwirken.

Die 1625 geschaffene Chormantelschließe entstand im Auftrag des Paderborner Domherrn Emmeran von Metternich. Sie wird dem Meister des Liboriusschreins Hans Krako zugeschrieben.

Mit ihnen hielt der flämisch geprägte Hochbarock Einzug in Westfalen. Ein charakteristisches Werk dieser durch Rubens geprägten Kunst ist das repräsentative Liborius-Gemälde, das den Heiligen im Pontifikalornat als Dreiviertelfigur hinter einer Brüstung zeigt. Das Gemälde ist nicht signiert, trägt aber die Jahreszahl 1658 und dürfte nach dem Stilbefund zweifelsfrei von Anton Willemssens stammen.

Zwei für die Darstellungsgeschichte besonders wichtige Stiftungen der Barockzeit seien noch er-

wähnt. Im Jahr 1681 schuf der Hamburger Goldschmied Jürgen Richels zwei große silberne Reliquienbüsten der heiligen Meinolphus und Liborius, die Fürstbischof Ferdinand von Fürstenberg dem Dom zum Geschenk machte. Sich wechselseitig steigernd und erhellend, verkörpern die beiden Büsten zwei Grundtypen barockzeitlicher Frömmigkeit. Während die Meinolphus-Büste den jugendlichen Heiligen mit in den Nacken zurückgelegtem Kopf und himmelwärts gerichtetem Blick als sammelndes Gefäß mystischer Schau und Gotteserfahrung vergegenwärtigt, ist die bewegt konturierte Liborius-Büste in schroffen Richtungsgegensätzen aufgebaut. Die Brauen sind energisch zusammengezogen, der Blick ist in die Ferne gerichtet. Im Gegensatz zur Meinolphus-Büste verkörpert Liborius den prophetischen Frömmigkeitstyp.

Seit dem 18. Jahrhundert mehren sich in der Bildgeschichte des heiligen Liborius die hagiographischen Szenen. Er wird nun etwa als Helfer am Krankenbett vorgestellt. Vor allem sein Sterben unter Beistand des heiligen Martin von Tours und die Überführung seiner Reliquien von Le Mans nach Paderborn sind beliebte Themen, die erstmals auf zwei Bildstöcken an der Liboriuskapelle in Paderborn 1740 und 1741 dargestellt werden.

Neben der Vita erhalten im 19. Jahrhundert aber auch die legendären Erweiterungen größeres Gewicht und finden ihren Niederschlag in der Darstellungsgeschichte. Das zeigt etwa die Pfauenlegende, die erzählt, daß ein Pfau bei der Überführung der Reliquien vorangeflogen sei und den Weg gewiesen habe. Im 19. Jahrhundert wird der

Wie ein zorniger, kämpferischer Prophet zeigt sich St. Liborius auf der silbernen Reliquienbüste des Goldschmieds Jürgen Richels aus dem Jahr 1681.

Pfau als Symboltier des Heiligen ergänzend zu Buch und Steinen neu eingeführt und hält sich bis in unsere Tage. Auf das Gemälde des Düsseldorfer Nazareners Andreas Müller von 1853 wurde in anderem Zusammenhang bereits hingewiesen.

Die hier dargestellten Beispiele verdeutlichen, daß die Verehrung des heiligen Liborius seit jeher in vielen künstlerisch bedeutenden Kunstwerken ihren Ausdruck gefunden hat. Der Schutzpatron von Erzbistum und Stadt Paderborn, der im Jahr 836 zur Festigung des Glaubens ins Sachsenland gebracht wurde, trat ihnen in Skulpturen, Reliefs, Gemälden und anderen Bildwerken jeweils im Spiegel der Zeit vor Augen. Sein Bild vermittelte ihren Herzen und Sinnen die Nähe zu ihrem Helfer und Fürsprecher, dem sie sich anvertrauten und der sie auf dem Weg durch die Jahrhunderte begleitete.

Zum erstenmal wird der heilige Liborius auf dem 1853 von dem Düsseldorfer Maler Andreas Müller geschaffenen Gemälde mit dem Attribut des Pfaus abgebildet.

Margarete Niggemeyer

Von Angesicht zu Angesicht:
St. Liborius in den Kunstwerken des Domes

Das Paradiesportal des Domes entstand um das Jahr 1250. Am Türpfeiler stehend die Gottesmutter mit dem Kind, darüber zwei schwebende Engel. An den Kirchentüren zwei Holzfiguren, links St. Kilian, rechts St. Liborius.

VON ANGESICHT ZU ANGESICHT

Wer einem Menschen von Angesicht zu Angesicht gegenübersteht, nimmt Gesichtszüge wahr, die sonst nur undeutlich erkennbar sind. Jedes Gesicht ist wie ein aufgeschlagenes Buch, in das die Lebensgeschichte ihre unverwechselbaren Spuren eingegraben hat.

Auch die Heiligen tragen ihre persönlichen Gesichtszüge. Der heilige Liborius als Patron des Erzbistums Paderborn ist in über zwanzig Darstellungen im Dom abgebildet. Die verschiedenen Epochen der Geschichte haben in ihm den Bischof, den Fürsprecher und den bei Gott lebenden Heiligen kunstvoll gestaltet. Am Paradiesportal wirkt seine Gestalt streng und monumental. Reliefs, Abbildungen auf Gräbern und freistehende Figuren des Heiligen zeigen ihn einmal in fürstbischöflichem Ornat, sodann als den im Himmel Weilenden, der aber als Fürsprecher dennoch den Menschen nahe ist. Die jüngste Darstellung am Chorgestühl stellt ihn wie ein Gegenbild zur Figur am Paradiesportal noch einmal in Holz dar. Hier wirkt er weniger streng, und sein fast jugendliches Aussehen lädt ein, zu verweilen und ihn noch einmal von Angesicht zu Angesicht wahrzunehmen.

Diese vielen Gesichter spiegeln das eine Antlitz des Bistumspatrons. Darin leuchtet ein Widerschein göttlichen Glanzes auf, den der heilige Liborius in der Herrlichkeit des Himmels schauen darf. Bilder und Texte laden ein, diesem Heiligen von Angesicht zu Angesicht zu begegnen und in seinen Gesichtszügen zu lesen. Wie die Geschichte Gottes mit St. Liborius dessen Antlitz geprägt hat, so kann auch in unseren Gesichtszügen etwas vom göttlichen Glanz aufstrahlen, wenn wir wie die Heiligen im Angesicht Gottes zu leben versuchen.

HERAUSGEMEIßELT FÜR GOTT

Am Paradiesportal

Holz, Figur und Konsole aus einem Stamm gearbeitet. Rückseite abgeflacht; die rechte Hand (mit Bohrung) hielt einen Bischofsstab (verloren). Höhe 210 cm, Paradiesportal.

Liborius gleicht einer Säule, die aus einem Holzstamm herausgehauen wurde. Er steht auf einer Konsole, hoch über den Köpfen jener, die durch

St. Liborius, aus Holz geschnitzt, an der rechten Kirchentür des Paradiesportals.

das Paradiesportal den Dom betreten. Seine überlebensgroße Gestalt fügt sich in den steinernen Bogen des Portals harmonisch ein.

Herausgemeißelt, das verleiht dem Heiligen einen überindividuellen Zug. Er ist ganz Dienst und Antwort auf den Ruf, der ihn von Gott her getroffen hat. Der verlorengegangene Bischofsstab, den seine Rechte hielt, und das Evangelienbuch in seiner Linken deuten seinen Dienst: Hirtensorge für die ihm Anvertrauten in der Verkündigung der Frohen Botschaft.

Von Angesicht zu Angesicht

Wer von Gott gerufen wird, muß mit seinem ganzen Leben auf diesen Ruf antworten. Aug' in Auge mit Liborius innehalten vor dem Betreten des Domes: Gibt es auch für mich die Erfahrung, von Gott gerufen zu sein? Lasse ich mein Leben in der Nachfolge „heraushauen" aus dem Material meines Lebens?

AUF DIE ANFÄNGE SCHAUEN

Grabtumba für Bischof Rotho

Westfalen, um 1460, Baumberger Sandstein, eine Stifterfigur verloren, kleinere Beschädigungen an den vorstehenden Teilen. Höhe 56 cm; Breite 203 cm. Nordöstliches Querhaus.

Auf den ersten Blick wird Liborius nicht gleich wahrgenommen. Er steht eingereiht zwischen den Gründerfiguren des Bistums, Karl dem Großen, Papst Leo III. und Bischof Meinwerk. Ferner reihen sich ein Maria als Patronin sowie Kilian, der mit ihr Patron des Domes ist. Dennoch gebührt Liborius ein besonderer Vorzug, denn er ist „huius ecclesiae patronus", Patron dieser Kirche, wie das Schriftband ausdrücklich festhält. Liborius fügt sich in diese lebendigen Fundamentsteine des Paderborner Domes und des Bistums ein.

Von Angesicht zu Angesicht

Eingefügt sein in das Fundament der Kirche aus lebendigen Steinen, dafür ist Liborius ein eindrucksvoller Zeuge. Er steht neben den Gründergestalten, und dennoch kommt ihm eine besondere Funktion zu. Als Franke baut er eine Brücke zwischen Franken und Sachsen, die bis heute die Freundschaftsbeziehung zwischen den Bistümern Le Mans und Paderborn trägt.

Als Patron des Domes wird St. Liborius auf dem Grabmal des 1051 verstorbenen Paderborner Bischofs Rotho bezeichnet. Das Grabmal (Bild unten) entstand erst um 1460, vierhundert Jahre nach dessen Tod.

WEGGEFÄHRTENSCHAFT

Epitaph für den Domherrn Otto von Twiste

Westfalen, um 1460. Sandstein, Figuren und Rahmung überarbeitet und ausgebessert. Höhe 152 cm, Breite 117 cm. Kreuzgang.

Die Blickrichtung der drei Hauptfiguren ist gleich: Sie schauen auf das Jesuskind in den Armen der Gottesmutter. Das Kind blickt auf den Weg, den Liborius und der vor ihm kniende Stifter gegangen sind. Liborius legt seine Hand auf die rechte Schulter des bittenden Mannes. Der übergroße Hirtenstab steht in der Mitte der Figurengruppe und ragt bis in den Himmel hinein. Hier ist das Ziel eines Lebensweges dargestellt: Ankunft bei Jesus und aufgenommen werden in die Gemeinschaft der Heiligen.

Von Angesicht zu Angesicht

Wer sich der Fürbitte der Heiligen anvertraut, ist mit ihnen schon in der Sphäre des Himmels. Der

Die älteste Darstellung des heiligen Liborius als Fürsprecher für einen Verstorbenen im Dom zeigt das Grabmal des 1461 verstorbenen Domherrn Otto von Twiste.

Beter ist aufgenommen in die Gemeinschaft der Heiligen, er kniet wie der Stifter auf gleichem „Niveau" mit den bereits in der Herrlichkeit bei Gott lebenden Heiligen. Den Blick auf die Heiligen gerichtet, mit ihnen das Antlitz Jesu suchen, sich anschauen lassen von der menschenfreundlichen Liebe Gottes in Jesus Christus, das ermutigt auf dem Weg des Lebens durch den Tod hindurch.

AUGEN-BLICKE

Epitaph für den Domdechanten Wilhelm von Westphal

Heinrich Brabender, um 1517. Baumberger Sandstein. Höhe 140 cm, Breite 78 cm. Westphalen-Kapelle am Kreuzgang.

Stifterblick und der lächelnde Blick des Jesuskindes auf den Armen Marias sind die Mitte des Bildes. Zwei Apostel stehen hinter dem Stifter. Es sind Philippus mit dem Stabkreuz als Hinweis auf seinen Märtyrertod am Kreuz. Jakobus der Jüngere hält eine Walkerstange, mit der er erschlagen wurde. Liborius ist kenntlich durch die Zeichen seiner bischöflichen Würde, Mitra und Stab.

Das Evangelienbuch mit den drei Steinen ist das häufig wiederkehrende Zeichen für die Heilung schenkende Fürbitte des Heiligen bei Steinleiden. Das ist der Rahmen für die Bildmitte.

Die Augen-Blicke der Personen geben dem Epitaph eine ausdrucksstarke Dynamik. Sie „entfaltet" sich im buchstäblichen Sinn in der reichen Faltung der Gewänder. Am reichsten ist der Faltenwurf im Gewand des Stifters, denn er ist wohl auch am tiefsten „bewegt" von der Frage nach seinem Heil.

Von Angesicht zu Angesicht

Zur Rechten von Maria stehen, der Fürsprecherin „für uns Sünder", das macht Liborius zu einem menschenfreundlichen Heiligen. Er schaut mit Maria auf jene, die sich seiner Fürbitte anvertrauen. Das Lächeln des Jesuskindes ist wie eine Zusage an den Stifter, die bereits der Schächer am Kreuz hören durfte: Heute noch wirst du bei mir im Paradiese sein (Lk 23,43).

Zum erstenmal weist eine Liborius-Darstellung im Dom ein persönliches Attribut des Heiligen auf: Auf dem Epitaph für den Domdechanten Wilhelm von Westphal († 1517) liegen auf einem Buch in seiner Hand drei Steine, die ihn als Helfer bei Steinleiden charakterisieren.

AUF DEM WEG DURCH DIE HEILSGESCHICHTE

Vier Epitaphe Paderborner Domherrn

Krippendarstellung mit Liborius und Stifter
Kreuzdarstellung mit Liborius und Stifter
Auferstehung mit Liborius und Stifter
Gericht/Wiederkunft Jesu mit Liborius und Stifter

Westfalen, um 1567-1581. Sandstein. Atrium und Kreuzgang.

Diese vier Epitaphe zeigen Liborius mit dem jeweiligen Stifter bei den zentralen Ereignissen der Heilsgeschichte: Geburt, Kreuzigung, Auferstehung und Wiederkunft Jesu. Der Standort des Heiligen ist stets hinter dem knienden Domherrn, dem er die Hand auf die Schulter oder auf das Haupt legt: Ein Heiliger stärkt dem Betenden „den Rücken".

Aufrecht stehend wie Liborius oder kniend wie der Stifter: Das ist die Haltung jener, die erlöst sind

Auf dem Grabmal des Johann von Hörde († 1558) steht der heilige Liborius als Bischof zusammen mit dem Verstorbenen an der Krippe.

Aus der 2. Hälfte des 16. Jahrhunderts stammt das Grabmal des Domdechanten Hugo von Budde († 1567). St. Liborius steht links am Fuß des Kreuzes.

An der Freude der Auferstehung nimmt St. Liborius zusammen mit dem Stifter auf dem Epitaph für den Domherrn Philipp von Westphal († 1581) teil.

oder noch auf die Vollendung ihres Heils warten. Liborius gehört bereits der Sphäre des Himmels an, aber er läßt sich „herab" zu dem Bittenden. Er kennt die Mühsal des irdischen Weges im Glauben und ermutigt den vor ihm Knienden, bis zum Ziel durchzuhalten.

Von Angesicht zu Angesicht

Von der Krippe zum Kreuz, von der Auferstehung bis zur Vollendung in der Herrlichkeit des Himmels: Das ist die Spanne eines jeden Christenlebens. Der heilige Liborius ist Weggefährte auf allen Strecken unseres Glaubensweges, er bleibt mit uns unterwegs, auch auf dunklen Kreuz-Wegen. Wer sich seiner Fürbitte anvertraut, darf hoffen, zur Vollendung zu gelangen.

Betend kniet der Domherr Volbert von Brenken († 1569) auf seinem Grabmal vor der Dreifaltigkeit. St. Liborius legt ihm als Fürbitter die schützende Hand auf die Schulter.

Wie ein Suchbild nach St. Liborius erscheint die Grabplatte für Bischof Rembert von Kerssenbrock († 1568): In der Krümme des Stabes versteckt ist der Heilige mit Stab, Buch und Steinen als Halbfigur im Miniaturformat dargestellt.

IN DER KRÜMME DES STABES VERBORGEN

Grabplatte für Bischof Rembert von Kerssenbrock

Stephan Grevius (Greve), um 1568. Bronze, mehrteilig. Höhe 246 cm. Südöstliches Querhaus.

Fast ist die Grabplatte wie ein Suchbild, wenn nach Liborius Ausschau gehalten wird. Überlebensgroß ruht der tote Bischof. Ein kostbares Kissen liegt unter seinem Haupt. Seinen Stab klemmt er zwischen Körper und rechten Arm, denn er braucht ihn nicht mehr als Stütze. Die gewähren ihm jetzt seine zum Gebet gefalteten Hände. Wie ein Fürsprecher, der im Verborgenen bleiben will, ist Liborius als Halbfigur in der Krümme des Stabes dargestellt, erkennbar am Stab und am Buch mit den Steinen.

Von Angesicht zu Angesicht

Bischofsamt und Bischofsdienst überleben jeden verstorbenen Hirten, auch den hier im Bronzeguß abgebildeten. Das Hirtenamt der Kirche, das durch Liborius und den Verstorbenen gegenwärtig ist, geht bei jedem „Stabwechsel" auf eine neue Generation über: Zeichen für die Lebendigkeit der Kirche, für die auch der Bistumspatron Liborius ein Zeuge ist.

BLICK IN DEN OFFENEN HIMMEL

Epitaph für den Domherrn Joachim von Langen

Heinrich Gröninger, 1608. Rahmung: Sandstein; Relief: Schiefer und Alabaster, teilvergoldet und gefaßt. Kreuzgang.

Strahlenkranz, Sternenfirmament und aufgetürmte Wolken geben einen Blick in den geöffneten Himmel frei. Dies ist ein Denkmal des Lebens, das den Tod überlebt. Maria mit einer Krone über ihrem Haupt zeigt das Jesuskind den beiden in anbetender Haltung knienden Heiligen, links Liborius und rechts Vinzenz. Liborius stützt sich mit der Linken auf seinen Stab. Seine Rechte hält das Evangelienbuch mit den drei Steinen. Dieses Zeichen erhörter Fürbitte ist dem Stifter am nächsten.
Unterhalb des göttlichen Bereichs kniet der Stifter. Ihn erreichen die Goldstrahlen der Glorie, aber er scheint sie nicht wahrzunehmen. Ein ausgesparter Raum zwischen den Wolken des Himmels ist sein Ort.

Heinrich Gröninger schuf im Jahr 1608 das Erinnerungsmal für den Domherrn Joachim von Langen.

Von Angesicht zu Angesicht

Der geöffnete Himmel steht über dem Leben des Verstorbenen, selbst wenn sich sein Blick auf die Horizontale richtet. Die Heiligen, unter ihnen auch Liborius, treten für uns ein, damit uns die andere Blickrichtung geschenkt werde. Er verliert nicht den Blick für jene, die noch unterwegs in die Ewigkeit sind.

BEKLEIDET MIT UNSTERBLICHKEIT

Grabdenkmal für Fürstbischof Dietrich von Fürstenberg

Heinrich Gröninger, 1616-1622. Errichtet aus Sandstein, Schiefer, Marmor, Alabaster, teilvergoldet und gefaßt. Höhe 14,40 m. Nördliches Seitenschiff.

Auf diesem ungewöhnlichen Grabdenkmal entfaltet sich ein Drama von Leben und Tod. Die Mittelachse lenkt den Blick von der prophetischen Vision der Auferstehung der Toten zur Erweckung des Lazarus und von dort in die Sphäre der Ewigkeit. In der oberen Nische der linken Seitenachse steht Liborius neben Karl dem Großen; an der Gegenseite Heinrich II. und Kilian. Die Gründer und Patrone des Bistums sind Zeugen dieser Ereignisse. Der Alabaster verleiht den Skulpturen einen festlichen Glanz, ein Kontrast zu den Leibern der vom Tode Auferstehenden. Sie bedürfen keines irdischen Gewandes mehr.

Von Angesicht zu Angesicht

Weltliche und geistliche Macht stehen in der Komposition des Grabmals dem Bereich von Tod und Auferstehung an nächsten. Überkleidet werden mit unvergänglicher Herrlichkeit, das ist das Geschenk der Erlösung durch Jesus Christus. Er steht als Auferstandener in der unteren Reihe neben Maria aus Magdala. Das Geschenk ewigen Lebens wird allen zuteil, auch jenen, die im Schatten irdischen Glanzes leben.

Inmitten einer Vielzahl von Heiligen ist St. Liborius auf Westfalens größtem Grabdenkmal, dem für den Fürstbischof Friedrich von Fürstenberg († 1618) errichteten Marmor- und Alabaster-Epitaph, im Dom abgebildet. In der Linken hält Liborius ein Buch mit drei Steinen.

Relief Liborius

Gerhard Mahler (Entwurf), 1653. Stuck, mit Gold- und Farbfassung. Dreifaltigkeitskapelle.
Antependium vom Libori-Festaltar Das Antependium schmückt in der Liboriwoche den Festaltar und wird sonst im Erzbischöflichen Diözesanmuseum aufbewahrt.

Die Bischöfe Liborius und Kilian schmücken als Halbreliefs die Gewände am Fenster der Dreifaltigkeitskapelle. Jeder trägt seine Erkennungszeichen: Liborius Hirtenstab und Buch mit drei Steinen; Kilian das Buch und die Märtyrerpalme.
Auf dem Antependium, einer Bekleidung für die Stirnseite des Altares, halten Kilian und Liborius einen Bischofsstab in der Hand.

Von Angesicht zu Angesicht

Als die Abgesandten des jungen Bistums Paderborn in Le Mans um Reliquien eines Heiligen baten, wurde ihnen Liborius mit auf den Weg geschickt. Dieses Geschenk der Gebeine des Heiligen ist der Beginn des „Liebesbundes ewiger Bruderschaft" zwischen beiden Bistümern. Die Einladung zum Mitgehen, der Liborius gefolgt ist, kann auch uns

Der heilige Liborius schmückt als Stuckrelief das Gewände der Fenster in der Dreifaltigkeitskapelle.

heute gelten: Aufbrechen zum Zeugnis des Glaubens in der Welt.

Das Antependium mit der Abbildung des heiligen Liborius und des heiligen Kilian schmückt in der Liboriwoche den Festaltar.

Heinrich und Christoffel Papen entwarfen 1706 die eindrucksvolle Barockfigur des heiligen Liborius in der Vituskapelle, neben ihm Kaiser Karl der Große.

WÜRDE UND BÜRDE

Hl. Liborius

Heinrich und Christoffel Papen, 1706. Alabaster. Höhe 118 cm. Vituskapelle (Bild oben)

Epitaph mit hl. Liborius

Heinrich und Christoffel Papen, nach 1712. Alabaster und Marmor. Südöstliches Querhaus (siehe folgende Seite)

Hl. Liborius

Johannes Theodor Axer, um 1728. Holz, mit farbiger Fassung in Polierweiß und Gold. Hände und

Unterarme erneuert. Höhe ca. 140 cm. Untergeschoß des Kreuzaltars (siehe folgende Seite)

Gleich dreimal steht Liborius in vollem Ornat und in ganzer Gestalt vor uns, angetan mit den Zeichen seiner bischöflichen Würde. Als Flankenfigur eines Altars ist er Karl dem Großen, Heinrich II. und Meinolphus zugeordnet. An der Seite eines Epitaphs hat er den heiligen Josef als Pendant, und in einer von Säulen gerahmten Muschelnische steht er im Untergeschoß des Kreuzaltares gegenüber von Kilian.

Mit Würde trägt Liborius die reich verzierte Gewandung. Unter seiner Mitra quillt volles Haar hervor, und ein Vollbart umrahmt sein Gesicht. Das Buch mit Steinen ist das bekannte Attribut des Heiligen.

Von Angesicht zu Angesicht

Gewichtig und schwer wirkt die Gestalt des Heili-
gen. Das etwas zu groß geratene Buch bei den Dar-
stellungen wird nicht allein von der Hand getragen,
sondern es muß noch vom Unterarm gestützt wer-
den.
Würde und Bürde verbinden sich im Amt des
Bischofs. Bischöfliche Gewänder sind heute weni-
ger schwer, geblieben ist aber bis heute die Ver-
antwortung, die gegenwärtig vielleicht noch
schwerer auf den Schultern lastet als zu der Zeit,
in der Bischöfe als „fürst“bischöfliche Vorsteher
ihr Amt ausübten.

Ein aufgeschlagenes Buch mit drei Steinen charakterisiert
St. Liborius auf dem Epitaph zur Erinnerung an die Dom-
pröpste Moritz Franz Adam († 1712) und Ignaz Anton
Friedrich von Asseburg († 1733). Das Denkmal wurde
von Heinrich und Christoffel Papen nach 1712 gestaltet.

AUSGESTRECKTE HÄNDE

Epitaph für den Domdechanten Wilhelm von Westphal

Westfalen, um 1740. Sandstein, mit Farbfassung.
Höhe (Relief) 138 cm. Atrium (siehe rechte Seite
oben).

Ein mehrdimensionales Bild! Im oberen Teil ist der
Bereich Gottes durch ein Auge im Wolken- und
Strahlenkranz angedeutet. Darunter senkt sich ein
Wolkengebilde herab, auf dem Liborius sitzt. Er ist
von Engeln umgeben, von denen einer den Bischofsstab hält. Die Rechte des Heiligen ruht auf
dem Buch mit den drei Steinen, seine Linke ist
geöffnet und streckt sich dem knienden Stifter ent-

Im Untergeschoß des Kreuzaltars steht die um 1728
wahrscheinlich von Johann Theodor Axer geschaffene
Holzstatue des heiligen Liborius.

gegen. Unten ist der Lebensraum, in dem er seinen priesterlichen Dienst getan hat. In festlicher Chorkleidung kniet er vor einem Altartisch mit einem Kreuz. Sein Blick ist auf den Gekreuzigten gerichtet. Durch die hingehaltene Hand gewinnt sein Gebet ein besonderes Gewicht.

Von Angesicht zu Angesicht

Die Bedürftigkeit des Menschen weckt die Zuwendung Gottes. Voraussetzung auf Seiten des Menschen ist die leere, ausgestreckte Hand. In der Dynamik des Bildes liegt bereits die Antwort: Liborius wird die Hand ergreifen und den Betenden vor Gott geleiten. Gott wartet auf die leeren Hände des Menschen. Er will sie durch seine Heiligen mit Segen füllen.

DER ERDE ENTRÜCKT – DEN MENSCHEN VERBUNDEN

Relief des hl. Liborius

Heinrich Papen, um 1691. Mehlstein, in Teilen erneuert. Matthiaskapelle.

Als Halbfigur, die von Wolken umgeben ist, schmückt Liborius in einem Rundmedaillon die rechte Seitenachse der Matthiaskapelle. Der Rah-

Um 1691 gestaltete Heinrich Papen das Liborius-Relief in der Matthiaskapelle.

Von großer Qualität ist das Epitaph für den Domdechanten Wilhelm von Westphal († 1740) im Atrium des Doms. Auch hier ist St. Liborius dargestellt.

men läßt keinen Raum für die ganze Gestalt. Wallendes Haar und ein Vollbart geben dem Heiligen das Aussehen eines gealterten Mannes, dessen Blick in die Weite geht. Der Segensgestus der rechten Hand weist auf den Himmel, die Linke hält das Buch mit den drei Steinen.

Von Angesicht zu Angesicht

Diese beiden Gebärden deuten das Wirken des Bischofs Liborius: in der Nähe zu den Menschen mit ihren Sorgen und Freuden unterwegs bleiben zum ewigen Ziel in der Herrlichkeit des Himmels. Dorthin ist uns der Heilige vorausgegangen. Durch seine Fürsprache erhoffen wir, daß auch wir unser Ziel erreichen werden.

BEWEGT ANDERE BEWEGEN

Hl. Liborius

Johann Philipp Pütt, um 1740. Holz, mit farbiger Fassung, Matt- und Glanzgold (erneuert). Höhe 140 cm. Kreuzgang.

Leicht und bewegt steht Liborius auf seinem Podest. In der abgespreizten Rechten hält er den Stab. Sein Blick geht in Gegenrichtung in die Weite, und seine leicht geschwungene Körperhaltung sammelt diese Bewegungen ein. Als Diagonale steigt der mit Fransen besetzte Saum des Umhangs auf. Ein Ruhepunkt ist das Buch mit den Steinen, das Liborius fest in seiner Linken hält.

Von Angesicht zu Angesicht

Bewegung und Ruhe, Spannung und Ausgleich: Das sind nicht nur physikalische Gesetze, die sich immer wieder durchsetzen. Durch den Geist Gottes werden auch bischöflicher Dienst und das Leben der Kirche in dieser Spannung gehalten. Liborius hat sich darauf eingelassen und die Kirche seiner Zeit bewegt. Auch heute braucht die Kirche Menschen, die sich von dieser geistgewirkten Energie durchströmen lassen.

In leicht geschwungener Körperhaltung ist St. Liborius auf dieser Holzstatue wiedergegeben, die Johann Philipp Pütt um 1740 schnitzte.

STAUNENDER BLICK

Hl. Liborius

Johann Henrich Joseph Stratmann (?), um 1775-85. Holz, Rückseite ausgehöhlt. Fassung in Polierweiß und Gold. Höhe 105 cm. Marienkapelle.

Liborius steht als Randfigur neben dem kostbar gerahmten Bild der Maria Immaculata, der ohne Erbsünde empfangenen Gottesmutter Maria. Sein Gegenüber ist Johannes von Nepomuk, der sich in den Anblick eines Kreuzes vertieft. Der Blick von Liborius richtet sich auf Maria, in deren Name „Immaculata" der Anfang der Erlösung bezeugt wird. Dieses Geheimnis nimmt Liborius gefangen. Fast entgleitet ihm das Buch mit den Steinen. Über seinen Hirtenstab hinweg schaut er auf das Marienbild über dem Altar.

Von Angesicht zu Angesicht

Der bischöfliche Dienst am Wort lebt vom staunenden Schauen, durch das die Geheimnisse des Glaubens im Herzen bewegt werden. Von Maria heißt es: Maria aber bewahrte alles, was geschehen war, in ihrem Herzen und dachte darüber nach (Lk 2,19). Liborius tut es ihr gleich.

Johann Henrich Joseph Stratmann wird die um 1775 bis 1785 entstandene Holzfigur des heiligen Liborius in der Marienkapelle zugeschrieben.

IM GLANZ DES LICHTES

Opferstock

Westfalen, nach 1736. Holz, mit farbiger Fassung.
Höhe 120 cm. Westfalen, Ende 18. Jh.. Holz, mit
farbiger Fassung. Höhe 129 cm.

Zwei Darstellungen von Liborius werden leicht
übersehen. Es sind die Medaillons an den Stirnsei-
ten der beiden Opferstöcke im hinteren Bereich des
Domes. Die Farben sind angedunkelt, und dennoch
leuchtet in ihnen auf, wer der Heilige ist. Das Medaillon des größeren Opferstockes zeigt Liborius
ganz anwesend im Licht, das von oben Gesicht und
Gewand überstrahlt. Die Inschrift ist wie eine
Kurzformel seines Wirkens. Sie bezeichnet ihn als
Mann, der „viell bittet für das vollk und für die
ganze Heilige Stadt". Aug' in Auge mit Gott, von
Angesicht zu Angesicht mit uns: So bittet Liborius
bis heute für uns, für die Kirche und die Welt.

Von Angesicht zu Angesicht

*Als Mensch, als Christ und als Bischof ist Liborius
Weggefährte und Fürsprecher, auch für jene, die ihn
übersehen, die an den Medaillons der Opferstöcke
vorbeigehen. Ihm gleichen die vielen Menschen, die
im Dom ein Licht entzünden und wie er „für das
vollk und für die ganze Heilige Stadt" beten.*

MIT DEN HEILIGEN IM CHOR

Liborius am Chorgestühl

Folgende Seite: Holzplastik von H. G. Bücker,
zusammen mit Julian, Kilian, Ansgar, Meinwerk,
Norbert von Xanten, Kaiser Heinrich II., Kuni-
gunde, Bruno von Quedlinburg, Gertrud von
Helfta, Ida von Herzfeld, Diakon Meinolf, Karl
der Große, Papst Leo III., Friedrich von Spee,
Pauline von Mallinckrodt, Bruder Jordan Mai.

Die jüngste Darstellung von Liborius aus dem Jahr
1981 ist eine Holzplastik am Chorgestühl im
Hochchor. Hier steht er eingereiht neben anderen
Heiligen des Bistums. Der jugendlich wirkende
Liborius richtet seinen Blick in die Weite. Über sei-
nem Gewand, das wie ein Mönchskleid aussieht,

*Seit Ende des 18. Jahrhunderts nimmt dieser Opferstock
im Dom die Spenden der Gläubigen auf.*

trägt er das Pallium. Dieser ringförmige Stoffstreifen ist mit vier Kreuzen geschmückt. Das vordere herabhängende Bandstück schmückt ein großes Medaillon mit Pfau. Pallium und Pfau reihen Liborius in die Tradition der Paderborner Kirche ein. Der Pfau ist der Legende nach bei der Reliquienübertragung von Le Mans nach Paderborn der Prozession vorausgeflogen bis zu jener Stelle, wo am heutigen Liboriberg die Liborikapelle steht. Darüber hinaus ist der Pfau ein Sinnbild für ewiges Leben. Dadurch wird angedeutet, daß Liborius in der Herrlichkeit des Himmels lebt. Das Pallium ist eine den Erzbischöfen vom Papst verliehene Auszeichnung. Liborius wird durch diese Insignie in die Schar der Hirten des Bistums Paderborn aufgenommen.

Von Angesicht zu Angesicht

Der Standort der Plastik am Chorgestühl gibt dieser Darstellung einen mehrfachen Sinn. Hier ist Liborius mit den Heiligen im Chor vereint, die im Himmel das Lob Gottes singen. Mit den Heiligen im Chor, das gilt aber auch für die Gemeinde, die sich um den Altar versammelt und die mit ihrem Schutzpatron die Liturgie feiert. Chor, das ist schließlich die Bezeichnung für den Versammlungsort einer Klostergemeinde oder wie im Dom der Ort, an dem sich die Mitglieder des Domkapitels im Chorgestühl einfinden. Gleich wo der Ort ist, an dem wir Gott loben und preisen: Immer sind wir mit den Heiligen des Himmels und untereinander im Chor vereint. An uns ist es, unseren Platz so auszufüllen, wie Liborius es auf seine Weise getan hat.

DER KIRCHE EIN GESICHT GEBEN

Wer ist Kirche? Welches Gesicht hat Kirche? Eine gestalt- und antlitzlose Kirche ist langweilig. Deshalb tut es gut, auf die Heiligen zu schauen. Sie gehören zum Gesicht der Kirche. In ihrem Leben leuchten unterschiedliche Gesichtszüge des einen Christus auf. Alle Heiligen zusammen lassen uns die Herrlichkeit des ganzen Christus erahnen.
Der Dom zu Paderborn ist ein Dom der Heiligen. Sie sind Originale und einmalig in ihrer Berufung, die sie treu gelebt haben. Als Familie Gottes sind

Die jüngste Darstellung von St. Liborius im Dom, 1981 von H. G. Bücker geschaffen, steht im Chorgestühl, zusammen mit vielen Heiligen aus der Erzdiözese Paderborn.

sie mit uns gegenwärtig, wenn wir uns zum Lob Gottes versammeln.
Im Erzbistum Paderborn ist Liborius der am meisten im Volk verwurzelte Heilige. An seinem Fest, das am 23. Juli gefeiert wird, entfaltet sich die ganze Pracht der liturgischen Feier. Kein Heiliger, nicht einmal Maria, die Mutter Jesu, ist so häufig im Dom dargestellt wie Liborius. Er hat das Gesicht der Kirche seiner Zeit geprägt. In seinem Leben und Wirken konnten die Menschen lesen, wer und was Kirche ist.
„Von Angesicht zu Angesicht" sich von Liborius anschauen lassen, um zu entdecken, welches Gesicht wir ganz persönlich der Kirche heute geben können: Das ist die Einladung, die an uns ergeht.

Die kunsthistorischen Angaben zu den einzelnen Abbildungen sind dem Katalog der Ausstellung „Liborius im Hochstift Paderborn. – Seine Verehrung in Werken der Architektur und der bildenden Kunst" entnommen. Die Ausstellung wurde 1986 vom Diözesanmuseum zur 1150-Jahr-Feier der Reliquienüberführung zusammengestellt.

Hermann-Joseph Rick

Patron von Kirchen und Kapellen

Die Hauptstätte der Libori-Verehrung ist naturgemäß der Hohe Dom, die Bischofskirche, als geistlicher Mittelpunkt des Erzbistums, in der die Reliquien des Patrons von Dom und Bistum seit über 1150 Jahren ruhen. Hierhin strömen alljährlich Hunderttausende von Pilgern aus den Gemeinden, um am Hauptfest des heiligen Liborius ihrem mächtigen Patron und Fürsprecher die Ehre zu erweisen. In dieser Festwoche wird die enge Verbindung zwischen dem Heiligen und dem seinem Schutz anvertrauten Bistum sichtbar. Erzbischof Lorenz Kardinal Jaeger, der unvergessene Vorgänger unseres jetzigen Erzbischofs, charakterisierte sie in seiner Predigt am Libori-Fest 1956 als „fatum Liborianum", als eine geradezu schicksalhafte Verbindung. Bei der gleichen Gelegenheit äußerte er auch den Wunsch, es möchten mehr Gemeinden den heiligen Liborius zu ihrem Patron wählen.

Dieser Wunsch hat sich sicher nicht in dem Maße erfüllt, wie der Kardinal sich erhofft haben mag. In den letzten Jahrzehnten wurden im Erzbistum nur verhältnismäßig wenige Libori-Kirchen errichtet. Dennoch gibt es im Bereich der Kirche von Paderborn eine Reihe von Kirchen und Kapellen, in denen das Gedächtnis des Heiligen lebendig ist.

Die älteste Kapelle

Die älteste Kapelle zu Ehren des heiligen Liborius dürfte die im Garten der Theologischen Fakultät in Paderborn sein. Sie wurde an der Stelle errichtet, an der nach der Überlieferung die aus Le Mans zurückkehrende Gesandtschaft 836 vor den Toren der Stadt die Reliquien zum letzten Mal niederstellte, bevor sie nach kurzer Rast in den Hohen Dom überführt wurden.

Zu den ältesten Pfarreien, die den heiligen Liborius als Patron hatten, gehörte Reelkirchen; das Patronat ist in der Reformationszeit untergegangen. Seit dem 13. Jahrhundert erhalten hat sich das Pfarrpatronat in Eissen. In der dortigen Pfarrkirche werden auch Reliquien des Heiligen bewahrt.

In Paderborn wurde 1730 eine weitere Libori-Kapelle errichtet, nämlich die auf dem Liboriberg, die ebenfalls mit Reliquien des Heiligen ausgestattet ist. Etwa fünfzig Jahre später entstand die Libori-Kapelle auf dem Schonlau in Dringenberg. Im 19. Jahrhundert wurde in Bredenborn eine Kapelle zu Ehren des heiligen Liborius errichtet (1812); die dortige Pfarrkirche besitzt ein Reliquiar des Heiligen. Aus dem Jahre 1834 stammt die Libori-Kapelle in Borgholz. In Lügde erhielt das 1860 erbaute Oratorium im Krankenhaus den heiligen Liborius zum Patron; das Patronat wurde von der Kirche des Franziskanerklosters aus dem Jahre 1753 übertragen, das bis 1812 bestand. In Bergheim ist der Heilige Patron der Pfarrkirche, die in den Jahren 1895/96 erbaut wurde.

Die am Kamp im Garten der Theologischen Fakultät in Paderborn stehende Liboriuskapelle wurde im 12. Jahrhundert erbaut und Mitte des 17. Jahrhundert erweitert. Sie gilt als die älteste Kapelle zu Ehren des heiligen Liborius in der Erzdiözese und steht an der Stelle, an der nach der Überlieferung im Jahr 836 die aus Le Mans heimkehrende Delegation zum letzten Mal die Reliquien vor der Überführung in den Dom niederstellte.

An den Helfer bei Steinleiden erinnert die Pfarrkirche in Bad Wildungen, die 1889/1890 entstand. In das Heilbad für Nieren- und Blasenleiden kamen immer mehr Kurgäste. Das machte einen Neubau der Kirche notwendig, die auch mit dem Reliquiar des Heiligen ausgestattet wurde. Als die Zahl der Kurgäste weiter wuchs und auch die Zahl der ortsansässigen Katholiken zunahm, wurde die alte Kirche durch einen größeren Neubau ersetzt. Erzbischof Degenhardt weihte sie am 28. Mai 1978. Das Patronat des heiligen Liborius wurde auf die neue Kirche übertragen.

Am Ufer der Heder

In Salzkotten baute 1902 Dombaumeister Güldenpfennig eine Kapelle zu Ehren des heiligen Liborius, die an die Rast erinnert, die die Gesandtschaft 836 auf ihrem Weg von Le Mans nach Paderborn an den Ufern der Heder einlegte. An den langen Übertragungsweg erinnert auch die Kirche in Wengern, die damals noch zum Erzbistum Paderborn gehörte, doch 1957 an das neu errichtete Bistum Essen kam, in dessen Bischofskirche Reliquien der Patrone der drei „Gründer-Bistümer" Köln, Mün-

Ein Bildstock an der Ostseite der im Jahr 1730 erbauten Libori-Kapelle am Liboriberg in Paderborn erinnert an die Überführung des heiligen Liborius nach Paderborn im Jahr 836. Es ist die älteste Darstellung der Translatio.

ster und Paderborn in den Altar eingelassen wurden, also auch solche des heiligen Liborius.

In Dortmund-Körne ist der Heilige Patron der Pfarrkirche, die 1904 errichtet und drei Jahre später geweiht wurde. Sie birgt auch Reliquien des heiligen Liborius. Ebenfalls unter dem Patronat des heiligen Liborius steht die Kirche in Wiescherhöfen-Daberg, die 1933 konsekriert wurde. Die 1931 errichtete Pfarrvikarie wurde 1943 zur Pfarrei erhoben. In Bad Pyrmont ist St. Liborius Patron der Kapelle im Liborius-Haus.

Ähnlich wie in Bad Wildungen war auch in Niederschelden und in Bielefeld nach dem Zweiten Weltkrieg die Zahl der Katholiken durch den Zustrom von Heimatvertriebenen stark gewachsen. In Niederschelden hatte sich die Zahl der Katholiken verdoppelt! Daher ergab sich die Notwendigkeit, in dem ausgedehnten Diasporagebiet eine Kapelle bzw. Kirche zu bauen. Der Kirchenvorstand der Mutterpfarrei in Eiserfeld stellte den Antrag an das Erzbischöfliche Generalvikariat am 23. Juli 1948, dem Hochfest des heiligen Liborius. Knapp ein Jahr später teilte der Pfarrer mit, die Kirche an der Bistumsgrenze solle dem heiligen Liborius geweiht werden „als Zeichen unserer Verbundenheit mit dem Herzen des Erzbistums". 1957 wurde die neue Kirche zunächst benediziert und am 7. Juni 1958 durch Erzbischof Lorenz Jaeger feierlich konsekriert.

Nur anderthalb Jahre später, am 12. Dezember 1959, konnte der Erzbischof auch im nördlichen Teil des Erzbistums, in Bielefeld, eine St.-Liborius-Kirche weihen. Auch hier hatte das Wachsen der Gemeinde den Neubau notwendig gemacht. Der Abguß einer Bronze-Statue des heiligen Patrons aus dem Erzbischöflichen Diözesanmuseum ziert die Altarwand der Kirche, in der Beichtkapelle zeigt ein Bronzerelief den heiligen Liborius.

Von Oerlinghausen bis Dortmund

Noch in manchen anderen Kirchen und Kapellen des Erzbistums finden sich Reliquien des Bistumspatrons. Sie wurden bei den Altarkonsekrationen in Kirchenneubauten oder im Zusammenhang mit der Neugestaltung von Chorräumen nach dem II. Vatikanischen Konzil in den Altar eingelassen: 1960 im St.-Hedwigs-Haus in Oerlinghausen, 1970 im Klarissenkloster Paderborn, 1981 in St. Marien in

Um 1780 wurde die Liboriuskapelle in Dringenberg auf dem Schonlau erbaut.

Steinheim, 1982 im Hohen Dom, in St. Joseph in Listerscheid, in St. Michael in Brakel, 1983 in St. Bonifatius in Hohenlimburg, 1984 in St. Anna in Verl, 1986 in der St.-Meinolf-Kapelle in der Bildungsstätte des Erzbistums Liborianum in Paderborn und schließlich in der Kapelle des Mallinckrodt-Gymnasiums in Dortmund.

So legt sich ein feines Netz der Libori-Verehrung über das Erzbistum. Es zeugt von der engen Verbindung zwischen dem Erzbistum und seinem machtvollen Schutzherrn. Deren lange und heilvolle Geschichte weist das Erzbistum Paderborn gewissermaßen als „Patrimonium Sancti Liborii" aus, als kostbares Erbe der Väter, das es in der Gegenwart zu pflegen und für die Zukunft zu erhalten gilt.

Die „Liborius-Heilquelle" in Bad Lippspringe. Der Pavillon für die Quelle wurde von 1908 bis 1910 errichtet.

155

Hermann Multhaupt

Das Wildunger Wasser wirkte Wunder

„Wir sind gesund und mager", behaupteten die Wildunger einst von sich. Inwieweit das Heilwasser ihres Ortes dazu beitrug, mag zunächst nicht ganz klar gewesen sein. Doch verzeichnete man offensichtlich keine nieren- und blasenkranken Einwohner. Aber die Frauen wunderten sich, daß in dem Wasser, das sie im Haushalt verwendeten, Fleisch, Graupen und Erbsen nicht recht kochen wollten, so daß sie genötigt waren, Süßwasser von den Quellen weit außerhalb der Stadt zu holen.

Im 14. Jahrhundert begann die Heilkraft des Wildunger Wassers, Wunder zu wirken. Zu den prominenten Gästen der Vergangenheit gehörten zum Beispiel Graf Philipp II. von Waldeck, auf dessen Territorium Wildungen lag, und der Osnabrücker und Münsteraner Bischof Franz von Waldeck, der im Jahr 1540 kam, um sich von den Strapazen des Kampfes gegen die Wiedertäufer zu erholen. Bis ins 18. Jahrhundert gab es in Wildungen neben Heilwasser sogar örtlich angebauten Wein, der nach der Chronik „mitunter recht gut" gewesen sein soll.

Die Geschichte überschwemmte den Ort Wildungen mit Reformationswirren, Krieg und unseligen Hexenprozessen, doch der Aufstieg von einem unbedeutenden Ackerstädtchen zum internationalen Heilbad für Niere und Blase war nicht aufzuhalten. Kurz vor 1890 überstieg die Zahl der Kurgäste erstmals die Zehntausender-Grenze, was nach schwerer Diasporazeit 1899 auch den Bau einer eigenen katholischen Kirche erforderte. Um 1850 lebten im Land Waldeck und in dem zu ihm gehörenden Kreis Bad Pyrmont weniger als sechshundert katholische Christen. Es lag nahe, das neue Gotteshaus, das 1937 erweitert werden mußte, dem heiligen Liborius als Helfer bei Steinkrankheiten und Nierenleiden anzuempfehlen. Der schönste Baustein war eine St.-Liborius-Reliquie, die der Kölner Kardinal Krementz, der in Bad Wildungen zur Kur weilte, in ein wertvolles Reliquiar fassen ließ. Papst Leo XIII. schenkte einen vergoldeten Kelch.

St. Liborius mit dem Pfau auf dem von Josef Rikus, Paderborn, geschaffenen Tabernakel der St.-Liborius-Kirche in Bad Wildungen.

Hatte der Zustrom von Flüchtlingen und Evakuierten nach dem Zweiten Weltkrieg bereits für ein erhebliches Wachstum der St.-Liborius-Gemeinde gesorgt, so stellte die steigende Zahl der Kurgäste die Pfarrei vor neue Aufgaben. So wurde eine neue Kirche errichtet, die 1978 ihre Weihe erhielt. Ein neues Seelsorgekonzept trug mit dazu bei, die Bedürfnisse der zahlreichen fremden Gottesdienstbesucher zu befriedigen.

Gereon Fritz

Nach alter Tradition: Wallfahrt Brilon–Paderborn

Am Freitag vor dem Liborifest machen sich zu mitternächtlicher Stunde zwischen fünfzig und hundert Pilger aus Brilon – betend, singend und schweigend – auf den Weg zu ihrem Diözesanpatron und feiern die Eröffnungsvesper im Hohen Dom um 15 Uhr erschöpft, aber glücklich mit. Das Ziel der nächtlichen Wallfahrt ist erreicht.

In karolingischer Zeit war (Alten-)Brilon magdeburgischer Besitz. Die Pfarrkirche selbst, die im Dreißigjährigen Krieg zerstört wurde und in deren Chorbereich heute die barocke Hubertuskapelle steht, gehörte mit ihren Pfründen zu Köln. Zwar erhob Paderborn lange Anspruch auf Brilon, auch war bereits Alme paderbörnisch und bis heute stark nach Paderborn orientiert, jedoch verzichtete Paderborn zugunsten Kölns im Jahre 1256 endgültig auf seine Ansprüche. Möglicherweise ist die Erhebung Brilons zur Stadt bereits in das Jahr 1217, mit großer Gewißheit aber in das Jahr 1220 zu datieren. Der Gründer war Engelbert von Berg, Kölner Erzbischof von 1217 bis zu seiner Ermordung im Jahre 1225. Am 8. Juli 1816 kam das Herzogtum Westfalen von Hessen-Darmstadt, vormals napoleonisches Königreich Westfalen mit Residenzsitz Kassel, an die preußische Krone, erst fünf Jahre später gelangte das ehemals kurkölnische Sauerland zum Bistum Paderborn.

Einen interessanten Hinweis auf eine womöglich weit in kurkölnische Zeit hineinreichende Libori-Wallfahrtstradition liefert der Briefwechsel zwischen Preußen und dem Apostolischen Vikar Richard Dammers (1762-1844, Generalvikar von Paderborn, 1823 bestellter Apostolischer Vikar für die zugewiesenen neuen Gebiete, 1824 Titular- und Weihbischof, 1841 der erste nichtadlige Bischof von Paderborn). Am 14. Juli 1823 ordnet er die Einführung des Liborifestes für die neuen Gebiete an. Die Arnsberger Regierung beschwert sich „wegen Nichteinholung der Genehmigung, erwarteter Schädigung des wirtschaftlichen und gesellschaftli-

St. Liborius und St. Bonifatius auf einem Chorfenster in der Propsteikirche Brilon.

chen Lebens sowie Verletzung der religiösen Gefühle der Katholiken (!)“, die einer „seit Jahrhunderten ihnen so lieb gewordenen Diözese entsagen mußten“, indem sie nun „den Tag des ihnen nicht einmal dem Namen nach bekannten Liborius feiern“ sollten – zumal auch noch „die Heuernte dadurch leiden“ würde. In seiner einlenkenden Erwiderung weist Dammers darauf hin, daß Einwohner des Herzogtums schon „vor Jahren häufig Anteil an dem Liborifeste“ genommen hätten.

Auf eine rege Libori-Verehrung weisen auch zahlreiche Darstellungen des Heiligen in Brilon hin, u. a. im Chorfenster der Propsteikirche St. Petrus und Andreas. Das neugotische Werk (1878) zeigt in der Mitte die Krönung Mariens mit Christus-König, vom Betrachter links den hl. Liborius, sodann den Kirchenpatron und Apostelfürsten St. Petrus, rechts St. Andreas, seinen Bruder und Apostel, und den hl. Josef mit dem Kinde. Der in Brilon unvergessene Propst Franz Meyer (gest. 1958) stiftete eine Reihe von Fenstern, unter anderem ein Liboriusfenster im nördlichen Querhaus der Propsteikirche (die Heiligendarstellungen befanden sich zunächst über den nördlichen und südlichen Seitenportalen). Im besagten Fenster sieht der Betrachter links vom hl. Liborius den hl. Bonifatius, Apostel der Deutschen. So wird sinnfällig die Verbindung Frankreichs mit Deutschland zum Ausdruck gebracht, war doch Liborius mit dem hl. Martin von Tours und Patron Europas Missionar im alten Gallien. Auch in der spätbarocken Nikolaikirche, der früheren Minoritenkirche, befindet sich im zweiten Fenster von rechts an der Nordseite des Schiffes ein dem Bistumpatron gewidmetes Medaillon, wohl aus der 2. Hälfte des 19. Jahrhunderts.

1848 wurde in Brilon die Marianische Junggesellensodalität gegründet. Es ist anzunehmen, daß mit der marianischen Frömmigkeit auch sehr bald bereits die Verehrung des neuen Diözesanpatrons in Form der Liboriwallfahrt einsetzte. Der Beginn der Brilon Liboriwallfahrt jedoch läßt sich mit Sicherheit nicht datieren. Weil es sich um eine „Laienwallfahrt" handelt, eine Wallfahrt also, die auf die Initiative von Laien entstand, wie dies vielerorts der Fall war, erwähnt die Brilon Pfarrchronik dieses Frömmigkeitsbrauchtum mit keinem Wort.

Da das Liborifest in Paderborn seit alters her eine nahezu mittelalterlich anmutende Symbiose zwischen geistlicher Feier und weltlichem Fest ist, mag auch für Brilon Libori in Paderborn schon vor dem Übergang vom Kurkölnischen zum Paderbörnschen einen unverkennbaren Reiz ausgeübt haben.

Mit Gebet und Gesang

Lange vor und besonders nach dem 2. Weltkrieg war Josef Vorderwülbecke (geb. 1893, gest. 1972),

In der Krypta des Doms begrüßt Weihbischof Dompropst Hans Leo Drewes die Brilon Pilger.

Organisator und geistiger Motor dieser Traditionswallfahrt. Josef Vorderwülbecke hatte 1937 nach dem Tode seines Vaters Wilhelm Vorderwülbecke (1863-1937) die Leitung übernommen und behielt sie bis in die 60er Jahre. Ihm folgte Schlossermeister Willi Fritz, der seinerseits diese Aufgabe 1996 an Vermessungsingenieur Willi Kraft weitergab. Der Schuhmachermeister Josef Sommer, Scharfenberger Hof, bekam 1932 ein Paar Schuhe von einem betagten Pilger zu reparieren, der die Wallfahrt bereits als Jugendlicher, also seit den 80er Jahren, mitmachte.

Die Teilnehmerzahl der Brilon Libori-Wallfahrt zählt jeweils vom Fähnlein der sieben Aufrechten bis zu mehr als hundert Pilgern. Brilon, Bürger der umliegenden Ortschaften, aber auch Paderborner und Gläubige aus dem Paderborner Land, aus dem Brilon Raum stammende Rheinländer und Ruhrgebietler, ja in einem Jahr sogar 16 schottische Pfadfinder, machen sich auf den Weg, scheuen keine Mühe, keine Nachtkälte, keine Sommerhitze, keine Fußblasen, keinen Durst, um am Samstag zur Liborivesper unter den Tausenden im Hohen Dom dabeizusein.

Nach einer hl. Messe in der Nikolaikirche erteilt Propst Heinrich Prior am Amtsgericht den Pilgern den Reisesegen. Betend und singend geht es ein Stück über die Keffelker Straße, die sog. Alte Heerresstraße, Richtung Nehden durch die Balgert oder

Immer wieder wird der Pfau in in der Kunst als Zeichen der Unsterblichkeit und in Erinnerung an die Reliquien-Überführung 836 dargestellt. Unser Bild zeigt den Pfau als Dachreiter auf der Liborikapelle in Paderborn mit dem Blick auf den Dom im Hintergrund, der vor allem beim Liborifest das Ziel vieler Pilger aus der Erzdiözese ist.

aber durch das Streitfeld über Wülfte nach Alme. Der Wünnenberger Straße folgend, etwa 500 Meter nach Verlassen des Ortes, wird heute am Feldkreuz auf der Höhe des Hartkopfes die erste Station gehalten. Es ist halb drei Uhr, der frühe Morgen deutet sich behutsam an. Der inzwischen weit auseinandergezogene Zug sammelt sich, ehe es über die B 480 zwischen der Kleinen Heide links und dem Korten rechts weitergeht, bis die alte Briloner Kreisgrenze an der Nette, einem Nebenfluß der Alme, überschritten wird und der Wald im Thie, zwischen Uchtel und Messenberg, die Pilger wieder aufnimmt. Auf der Wünnenberger Höhe, östlich nach Bleiwäsche hin, strahlt der Himmel im frühen Morgenrot und verheißt den begonnenen Tag. Doch ist es nicht selten, daß der Regen bereits über die weite Hochfläche peitscht, die Kleider durchnäßt und das Schuhwerk aufweicht oder gar die Pilger von Brilon bis Paderborn begleitet.

Gastfreundliche Aufnahme

In Wünnenberg angekommen, kehren die Pilger zum ersten Kaffee in der Gaststätte „Bei Wilms" ein. In früheren Jahren wurde bei der Familie Ebbers gerastet. Es ist inzwischen Viertel vor vier. Dann macht man sich wieder auf, zieht den noch stillen Wünnenberg hinab über die Aa, die Abkürzung hinauf auf das nicht enden wollende Haarener Sintfeld. In Haaren bietet das Hotel Münstermann erneut Gelegenheit zum Ausruhen, Kaffeetrinken und Stärkung. Vor einigen Jahren wurde in Haaren auch eine hl. Messe gefeiert. Von Haaren ziehen die Pilger weiter Richtung alte Oberförsterei Böddeken, von dort ein Stück Richtung Salzkotten, alsdann, westlich parallel zur neuen A 33, auf Nordborchen zu, über die Altenau zum Hotel Amediek, wo sie gegen halb neun Uhr eine letzte Rast einlegen und sich sammeln zum Einzug über Mönkeloh in die festliche Paderstadt.

Am Paradiesportal werden die Wallfahrer vom Weihbischof Dompropst Hans Leo Drewes begrüßt. In die Krypta ziehen sie, „Lobet den Herren" singend, ein, um vor den Gebeinen des hl. Liborius ein kurze Andacht zu feiern. In früheren Jahren nahmen die Domkapitulare und Dompfarrer Anton Schwingenheuer und Dr. Hieronymus Dietrich die Begrüßung vor. Wenn im Hohen Dom dann zur Vesper der Liboritusch ertönt, wird es

Auf den Spuren mittelalterlicher Pilger, die dieses Liborius-Pilgerabzeichen trugen, kommen noch heute viele Wallfahrer zur Verehrung des Schutzpatrons nach Paderborn, so auch die Pilger aus Brilon. Das Pilgerabzeichen aus dem 15. Jahrhundert wurde zusammen mit 17 Pilgerabzeichen anderer Wallfahrtsstätten vor einigen Jahrzehnten bei Bremen im Wesersand gefunden. Das nur in zwei Exemplaren erhaltene Pilgerabzeichen des heiligen Liborius zeigt ihn als Bischof mit einem sechsspeichigen Rad. Mit den vier Ösen konnte das Abzeichen an Hut, Gewand oder Pilgertasche befestigt werden.

nicht viele unter den Tausenden geben, die einen so mühevollen und erhebenden Weg hinter sich haben und sich um so bewegter an ihm und der Prozession durch die Kathedrale erfreuen.

Viele der Pilger blieben und bleiben bis zum Festsonntag in Paderborn. Sie übernachteten im Kolpinghaus („Gesellenhaus"), die Frauen bei den Schwestern der Christlichen Liebe, später im Hause Stamm, Ecke Kasseler Tor / Warburger Straße. Dort konnten sie sich erfrischen, bevor sie sich am Paradiesportal des Doms einfanden. Inzwischen haben die Pilger so viele bekannte Familien in Paderborn, die sie aufnehmen, daß Paderborn an Libori zu ihrer zweiten Heimat wird.

Volker Tenbohlen

Spuren von St. Liborius in Deutschland

Mindestens einmal im Jahr, an den hochsommerlichen Tagen Ende Juli, wird es ganz deutlich: Der heilige Liborius und Paderborn gehören untrennbar zusammen. Wenn unter dem Klang des Libori-Tusches und beim Duft von Weihrauch der goldene Schrein mit den Reliquien des Heiligen im Hohen Dom ausgestellt wird, dann feiert die Bischofsstadt ihr Liborifest.

Wer diese unvergleichliche Mischung von Frömmigkeit und Volksfest, die Atmosphäre zwischen Meßfeiern und Marktständen einmal miterlebt hat, dem wird klar: Paderborn ohne den heiligen Liborius, das ist genauso undenkbar wie Rom ohne den heiligen Petrus. Doch ist die Verehrung des Bistumspatrons keineswegs auf die Stadt und die Erzdiözese beschränkt. Noch an vielen anderen Orten Deutschlands hat der Paderborner Schutzheilige „Spuren hinterlassen" – ausgehend von seiner Ruhestätte an der Pader.

Bistum Magdeburg

So kann man etwa im Bistum Magdeburg dem heiligen Liborius mehrfach begegnen. Dies verwundert nicht, da es schon im Mittelalter manche Kontakte von Paderborn mit dem mitteldeutschen Raum gab. Zudem war das in Sachsen-Anhalt gelegene heutige Bistum seit Anfang des 19. Jahrhunderts Bestandteil der Erzdiözese Paderborn. Selbständig ist es erst seit 1994 – wobei freilich durch eine Partnerschaft und durch viele private und offizielle Kontakte eine enge Verbindung mit dem „Mutterbistum" bestehen bleibt.

So befinden sich etwa in der Kirche des ehemaligen Benediktinerklosters Hadmersleben Reliquien des heiligen Liborius neben solchen des heiligen Bonifatius und der heiligen Elisabeth. Die beigefügten Pergamentzettel stammen aus dem späten 13. Jahrhundert. Demnach ruhen die Reliquien

Die 1908 errichtete St.-Liborius-Sühnekirche in Gröningen erinnert im Bistum Magdeburg an den Raub der Liborius-Reliquien durch Herzog Christian von Braunschweig-Wolfenbüttel im Jahr 1622. Auf dem Schloß in Gröningen wurde der „Tolle Christian" 1596 geboren.

seit rund 700 Jahren in der früheren Klosterkirche zu Hadmersleben.

Nach den Umbrüchen der Reformation entstanden erst seit Beginn dieses Jahrhunderts wieder katholische Kirchen in der Diaspora Sachsen-Anhalts. Eine von ihnen ist die 1908 errichtete St.-Liborius-Sühnekirche in Gröningen. Sie war gedacht zur Sühne für die Schmach, die Herzog Christian von Braunschweig-Wolfenbüttel den Reliquien des heiligen Liborius angetan hatte, als er sie zu Beginn des Dreißigjährigen Krieges aus dem Paderborner Dom raubte. Der Ort Gröningen wurde nicht ohne Grund ausgewählt: Auf dem dortigen Schloß war Herzog Christian einst als dritter Sohn des Herzogs Heinrich-Julius und seiner Gemahlin Elisabeth von Dänemark geboren worden. Hier hatte er seine Kindheit verbracht und auch später noch einige Jahre residiert.

Weitere Liboriuskirchen gibt es im Bistum Magdeburg in Hergisdorf (seit 1905) und in Neuhaldensleben (seit 1939). Die Propsteikirche St. Peter und Paul in Dessau und die St.-Antonius-Kirche in Zörbig besitzen Reliquien des heiligen Liborius.

Seit Oktober 1995 ist der Paderborner Bistumspatron auch im Zentrum der Bischofsstadt Magdeburg präsent: Im „Roncalli-Haus", einem neuerrichteten Tagungshaus des Bistums, wurde eine in der Schule Tilman Riemenschneiders entstandene Liboriusstatue aufgestellt, die die Darlehnskasse im Erzbistum Paderborn der Diözese Magdeburg zur Gründung im Jahr 1994 geschenkt hatte. Sie wurde bei der Einweihung des „Roncalli-Hauses" im Oktober 1995 von Generalvikar Bruno Kresing überbracht. In den Sockel der Statue ist eine von Erzbischof Degenhardt überlassene Reliquie des Heiligen eingearbeitet.

Bistum Essen

Auch im Bistum Essen finden sich Spuren des heiligen Liborius. Dies hängt unter anderem damit zusammen, daß das 1958 errichtete Ruhrbistum die Erzdiözese Paderborn zu seinen „Mutterbistümern" zählen kann. Im Altar des Essener Münsters ruhen seit der Bistumsgründung in einem kostbaren Schrein Liborius-Reliquien zusammen mit Reliquien des heiligen Maternus und des heiligen Ludger, der Bistumspatrone von Köln und Münster. Diese beiden Diözesen traten seinerzeit eben-

Statue des hl. Liborius im „Roncalli-Haus".

falls Teile ihres Territoriums an das neue Bistum Essen ab. Die Reliquien des heiligen Liborius gab der Paderborner Erzbischof Lorenz Jaeger damals seinem Weihbischof Franz Hengsbach mit auf den Weg, der erster Bischof von Essen wurde. Der Reliquienschrein im Essener Münster zeigt in einem Relief die Überführung des Heiligen nach Paderborn. Im Essener Bischofshaus hängt zudem ein Wandteppich, auf dem die drei Heiligen Liborius, Maternus und Ludger dargestellt sind. Er wurde von der Paderborner Künstlerin Edith Ostendorf geschaffen.

Im Bistum Essen liegt der Ort Wengern. Nach alter Tradition ist es der früheste Ort, der sich den heiligen Liborius zum Pfarrpatron erwählt hat – möglicherweise deshalb, weil hier eine Station bei der Überführung der Gebeine von Le Mans nach Paderborn gewesen ist. So sagt es jedenfalls die Überlieferung. (Siehe Beitrag auf Seite 169.)

Unter dem Mit-Patrozinium des heiligen Liborius steht seit 1669 auch die Schloßkapelle von Haus Schellenberg bei Steele. Sie wurde vom Paderborner Domkantor Wilhelm Franz Vittinghoff gen. Schell errichtet. In Grotewiese verfügt die Filialgemeinde St. Maria Magdalena über ein Liborius-Reliquiar, das einst als Geschenk eines Priesters dorthin kam.

1891 weihte man die neu erbaute Pfarrkirche in Bochum-Grumme dem heiligen Liborius. Die fast zwei Meter hohe Tonstatue des Heiligen stammt aus dieser Zeit. Seit 1939 ruhen Reliquien des heiligen Liborius in einem Steinsarkophag in der Krypta der St.-Josephs-Kirche in Gelsenkirchen-Schalke. Alle diese Orte gehörten früher zum Erzbistum Paderborn.

Bistum Münster

Auf eine ganz besondere Weise hat sich das Liborius-Gedenken im Bistum Münster erhalten. Die westliche Nachbardiözese von Paderborn beherbergte in den Wirren des Dreißigjährigen Krieges 19 Jahre die Gebeine des Heiligen. Der Domherr Johann Wilhelm von Sinzig stiftete damals eine Libori-Statue für den Münsterschen Dom. Bis heute hat sich der Brauch erhalten, dem verstorbenen Bischof jeweils den hölzernen Bischofsstab dieser Statue mit ins Grab zu geben. Eine der ersten Aufgaben des neuen Bischofs ist es dann, dem Heiligen einen neuen Hirtenstab anfertigen zu lassen.

Aus der Zeit nach 1736 stammt eine Kapelle auf Haus Füchtel bei Vechta, die vom damaligen Paderborner Domherrn Christoph Andreas Anton von Elmendorff neben anderen Heiligen auch unter den Schutz des heiligen Liborius gestellt wurde. Etwa zur gleichen Zeit wurde eine Kapelle in Feldhausen bei Dorsten errichtet, zu deren Patronen ebenfalls St. Liborius zählt. Stifterin war die Adelsfamilie von Wenge.

Eine moderne Liborius-Darstellung ist in der 1981 geweihten Pax-Christi-Kapelle im niederrheinischen Marienwallfahrtsort Kevelaer zu sehen. Dort steht eine bronzene Liborius-Statue zwischen dem heiligen Sebastian und der seligen Edith Stein im Fuß des Rundaltares.

Im Altar des Essener Münsters ruhen in einem kostbaren Reliquienschrein seit der Gründung des Ruhrbistums im Jahr 1958 Reliquien der Bistumspatrone von Köln, Münster und Paderborn St. Maternus, St. Ludger und St. Liborius. Auf einem Relief zeigt der Schrein die Überführung des heiligen Liborius von Le Mans nach Paderborn im Jahr 836.

Bistum Hildesheim

Im Bistum Hildesheim ist der heilige Liborius von alters her Patron der Pfarrkirche in Bremervörde. Dies hat sich auch in der Reformationszeit nicht geändert, so daß die heute evangelische Kirche nach wie vor den Namen des Paderborner Bistumspatrons trägt. Die Stadt Bremervörde führt auch bis heute eine Heiligendarstellung in ihrem Siegel, die möglicherweise St. Liborius darstellt.

Eine katholische Liboriusgemeinde gibt es in Boffzen. Der Ort liegt östlich von Höxter, an der Grenze zum Erzbistum Paderborn. Von dort wird die Liborius-Verehrung nach Boffzen gekommen sein. Seit einigen Jahren besitzt die Pfarrkirche auch ein Liborius-Reliquiar, das sich zuvor im Bischofshaus von Hildesheim befand. Der Paderborner Erzbischof Lorenz Jaeger hatte es einst dem Bischof von Hildesheim, Heinrich Maria Janssen, geschenkt. Dieser gab es an die Libori-Pfarre in Boffzen weiter.

Bistum Osnabrück

Im Bistum Osnabrück steht seit kurzem eine Liborius-Statue mit Reliquie im Bischofshaus in der Osnabrücker Innenstadt: Der Paderborner Erzbischof Johannes Joachim Degenhardt schenkte sie zum Abschied seinem Weihbischof Franz-Josef Bode, als dieser im November 1995 Diözesanbischof von Osnabrück wurde.

Bistum Trier

Liborius-Stätten finden sich auch im Bistum Trier: Auf dem Ernzer Berg bei Echternacherbrück in der Eifel steht eine Kapelle, die auf mehrere Vorgängerbauten zurückblicken kann. Eine Kirche befindet sich außerdem in Steinberg im Hunsrück. (Siehe Beitrag auf Seite 165.)

Bistum Erfurt

Auch im Bistum Erfurt gibt es eine Spur des heiligen Liborius: In Creuzburg bei Eisenach steht neben einer Werra-Brücke aus dem Jahr 1233 eine gotische Liborius-Kapelle. Sie wurde im Jahr 1499 errichtet und war früher Ziel zahlreicher Wallfahrten. Zwei Bürger Creuzburgs waren damals nach Rom gereist und hatten ein von zwölf Kardinälen untersiegeltes Dokument mitgebracht: „Wer bei St. Liborio auf der Brücke wallfahrten würde, der solle Gnad und Ablaß verdienen". Seit der Reformation ist die Kapelle evangelisch.

Erzbistum Bamberg

In Rothenburg ob der Tauber im Erzbistum Bamberg steht in der Franziskanerkirche eine fast lebensgroße Sandsteinfigur des Paderborner Diözesanpatrons. Sie ist datiert auf das Jahr 1492 und entstammt vermutlich der Würzburger Schule um Tilman Riemenschneider. Wie Kenntnis und Verehrung des heiligen Liborius nach Franken kamen und warum die Figur seinerzeit in der Rothenburger Franziskanerkirche aufgestellt wurde, liegt heute im dunkeln.
Noch an einem zweiten Ort ist dort der heilige Liborius vertreten: in der St.-Adelgundis-Kirche auf dem Staffelberg bei Staffelstein. In dieser Wallfahrtskirche gibt es an der Orgelempore barocke Gemälde von 16 Heiligen, die als Nothelfer bei zahlreichen Krankheiten bekannt sind. Einer von ihnen ist der heilige Liborius, der bei Steinleiden angerufen wird.

Eine eindrucksvolle lebensgroße Sandsteinfigur des heiligen Liborius befindet sich in der Franziskanerkirche von Rothenburg ob der Tauber im Erzbistum Bamberg. Sie stammt aus dem Jahr 1492.

Erzbistum München-Freising

Der Paderborner Diözesanpatron hat seinen Weg bis nach Bayern, ins Erzbistum München-Freising, gefunden. In der Münchner Pfarrkirche St. Peter, der ältesten Kirche der Isar-Metropole, zeigt das Bild des sogenannten Munditia-Altars den heiligen Liborius. Die Kirche besitzt außerdem ein Liborius-Reliquiar aus dem Jahr 1746. Zehn Jahre zuvor war dort eine Libori-Bruderschaft gegründet worden, die jedoch nicht mehr existiert.

„Spuren des heiligen Liborius" – zu finden sind sie in ganz Deutschland, im Norden und Süden, im Westen und im Osten. Der Patron von Stadt und Erzbistum Paderborn verbindet die Menschen, damals und heute. Sein Gedenken schafft ein einigendes Band, durch Landschaften, durch Jahrhunderte. Und es führt hin zur Ruhestätte des Heiligen: dem Liborischrein im Paderborner Dom.

Wilfried von Rüden

Im Hunsrück und in der Eifel gegenwärtig

Das wie kaum eine andere deutsche Stadt seit der Römerzeit geschichtsträchtige Trier war lange ein Zentrum der Verehrung des heiligen Liborius. Sie ging vom Jesuitenkolleg, der heutigen Katholischen Theologischen Fakultät, aus und fand vor allem Verbreitung im Umland von Trier, in dem die Jesuiten die Seelsorge ausübten. Das Trierer Brevier aus dem Jahr 1623 enthält bereits eine Oration auf St. Liborius. Sie wurde in der Kirche der einst mächtigen Abtei St. Maximin gesungen, als im gleichen Jahr die Reliquien des Heiligen bei der Rückführung von Neuviller nach Marienforst bei Bonn hier für eine Nacht niedergesetzt waren. Eine wunderbare Heilung, die 1745 im Jesuitenkolleg nach Anrufung des heiligen Liborius erfolgt sein soll, mag zu einer weiteren Verbreitung des Libori-Kultes beigetragen haben. So wurden an neun verschiedenen Sonntagen Andachten zu Ehren von St. Liborius gehalten und sein in der Kirche der Jesuiten aufgehängtes Bild viel besucht. Mehrere Pfarreien wählten St. Liborius 1746 zum Patron. Der Liboriusbruderschaft in Paderborn traten im gleichen Jahr allein 207 Personen aus Trier und Umgebung bei.

Steine und Pfau

Während die Liboriusverehrung in Trier inzwischen längst erloschen ist, blieb sie in zwei Gemeinden unweit von Trier, in Steinberg und Ernzen, erhalten, ja sie erfährt in neuerer Zeit sogar eine Belebung.
Fast drei Meter hoch ist über dem Eingangsportal der St.-Liborius-Kirche in Steinberg bei Wadrill im Hunsrück der Patron auf einem Sgrafitto abgebildet. Er trägt das Evangelienbuch mit den Steinen, zu seinen Füßen steht der Pfau. In einer Nische über dem Eingang zur Sakristei hat eine ältere Statue von St. Liborius ihren Platz gefunden. Auch hier fehlt der Pfau nicht.

Fast drei Meter hoch ist St. Liborius über dem Eingangsportal der St.-Liborius-Kirche in Steinberg bei Wadrill im Hunsrück auf einem Sgrafitto abgebildet.

165

„Die Steinberger hatten stets eine große Verehrung zu ihrem Kirchenpatron, dem heiligen Liborius", ist in der Pfarrchronik zu lesen. Seit 1749 stand im Ort eine Kapelle, für die in Trier eine Liboriusstatue angefertigt wurde. Das kleine Kirchlein, 1751 um die Hälfte vergrößert, brannte 1860 mit zahlreichen Häusern des Dorfes ab, wurde aber wieder aufgebaut. Im Jahr 1957 konnte eine geräumige neue Kirche geweiht werden.

Reliquie wiederentdeckt

1763 kam eine Liboriusreliquie nach Steinberg. Ihre Echtheit wird durch eine Urkunde bestätigt: „Particula ex ossibus S. Liborii." Diese Reliquie wurde von Pfarrer Asbach wiederentdeckt. Gleichzeitig tauchte auch das verschwundene Reliquiar in Form einer Monstranz aus Privatbesitz auf.

Papst Clemens XIII. zeichnete 1769 eine bereits blühende Liboriusbruderschaft durch die Gewährung vieler Ablässe aus. „Zum Fest des Kirchenpatrons, das heute am dritten Sonntag im Juli gefeiert wird, kamen früher", so berichtet die Pfarrchronik, „große Scharen von Pilgern betend und singend nach Steinberg und riefen den heiligen Bischof gegen Husten und Steinleiden an. Da Steinberg die Pilgerscharen nicht alle beherbergen konn-

In einer Nische über dem Eingang zur Sakristei der St.-Liborius-Kirche in Steinberg hat eine Barock-Statue des Heiligen ihren Platz gefunden.

Eine moderne Kirche wurde im Jahr 1957 in Steinberg errichtet und nach alter Tradition unter den Schutz des heiligen Liborius gestellt. „Sankt Liborius schütz Leut und Land" steht über dem Mittelportal.

te, mußten viele in Morscholz Einkehr halten." Gleichzeitig fand und findet noch die Liborikirmes statt. Der Spruch in der Mundart des Hunsrücks erinnert noch an diese Zeit: „Die Steinberger ham dat Fest, die Morscholzer han die Gäst."

Schon seit 1648 verehrt

Ernzen, weit kleiner als Steinberg, liegt in der südwestlichen Eifel an der Grenze zwischen der Bundesrepublik und dem Großherzogtum Luxemburg. Die Pfarrkirche St. Markus hat St. Liborius als

Unmittelbar vor der Brücke über die Sauer nach Luxemburg können die Besucher der Liborius-Kapelle von Ernzen in der Eifel sich im „Hotel St. Liborius" stärken und dort auch übernachten.

Schon seit 1648 wird St. Liborius in Ernzen an der Grenze zwischen der Bundesrepublik und dem Großherzogtum Luxemburg verehrt. Im Chor der Pfarrkirche St. Markus steht eine Statue des Heiligen.

zweiten Patron. Im Chor des Gotteshauses ist er als Bischof mit einer Statue gegenwärig.
Zahlreiche Wegweiser mit der Aufschrift „Liboriuskapelle" weisen in Ernzen auf ein vielbesuchtes kleines Heiligtum hin, das auf einer Felskanzel steht und auf gut ausgebauten Wanderwegen erreicht werden kann. Abt Philipp de Neufforge von Echternach ließ schon 1648, am Ende des Dreißigjährigen Krieges, eine Kapelle zu Ehren des heiligen Liborius an dieser Stelle errichten. Neben ihr bestand lange Zeit eine Einsiedelei, die in den Wirren der Französischen Revolution ebenso unterging wie die Kapelle. 1901 erfolgte durch die Initiative der deutschen Abteilung Echternacherbrück des Eifelvereins und des luxemburgischen Verschönerungsvereins Echternach ein Neubau. Im Zweiten Weltkrieg durch Beschuß zerstört, errichteten beide Heimatvereine die Kapelle 1951 abermals neu. Das Kirchlein auf dem Liboriberg – diese Bezeichnung findet sich auch im Kataster – war in den zurückliegenden Jahrzehnten wiederholt mit den Flaggen der Bundesrepublik, des Großherzogtums Luxemburg und des Vereinigten Europa geschmückt. Der Liboritusch und das Liborilied, bei-

de aus Paderborn übernommen, umrahmten die Andachten. Unter großer Beteiligung der Ernzer Katholiken findet neuerdings am 23. Juli jeden Jahres eine Wanderung zur Kapelle statt, bei der am Ziel das Lied zum heiligen Liborius angestimmt wird.

Zierde des Grenzlandes

Bei der Einweihung der Kapelle wurde gesagt: „Wolle Gott, daß dem neuen Werk eine lange Dauer beschieden sei, zur Ehre des Heiligen, zur Zierde der Grenzlandberge und als Symbol der Völkerverständigung."

Eine Legende, die in der Heimatliteratur dieser Landschaft immer wieder veröffentlicht wird, berichtet, bei der Überführung der Reliquien des hl. Liborius von Le Mans nach Paderborn habe der

Die St.-Liborius-Kapelle im Grenzland zwischen der Bundesrepublik Deutschland und Luxemburg.

Zug damals auf dem Ernzer Berg Halt gemacht. Für den dort wohnenden Einsiedler sei es eine Herzenssache gewesen, die nächtliche Ehrenwache zu halten. Er sei seit langem von einem schmerzhaften Gallenleiden gequält worden und habe den heiligen Liborius vertrauensvoll um Hilfe angerufen. Das Gebet sei unverzüglich erhört worden.

Von der über einer Steilwand stehenden Liboriuskapelle geht der Blick über den Grenzfluß, die Sauer, hinweg ins Luxemburger Land. Unten am Ufer liegt Echternach mit seiner Abtei, die das Grab des heiligen Willibrord birgt. Wer Hunger verspürt, kann sich unmittelbar vor der Brücke über die Sauer nach Luxemburg im Hotel-Restaurant „St. Liborius" stärken oder sein müdes Haupt zur Ruhe legen. Das renommierte Haus trägt diesen Namen seit vielen Generationen.

1629: LIBORIUS ALS NOTHELFER

Im Jahr 1629 erschien in München ein Buch mit dem langen Titel „Christliches Heldenbuch. Darinn Auff alle Tag deß gantzen Jahrs, der Auserwöhlte lieben H.H. Gottes Bildtnußen, Sambt einem Summarischen Begriff ihres Lebens, Sonderlich zu nutz und trost aller Gottseligen Bruderschaften, so Monatlich ihre Heiligen Patronen wöhlen, fürgestellt werden. Mit Röm. Keys. Mt. Freyhe. München. In Verlag der Bruederschafft Unser L. Frauen Verkhündigung 1629."

Dieses Werk ist eine hervorragende Quelle der deutschen Volksfrömmigkeit, eine in Münchener Bruderschaftskreisen erwachsene Sammlung von prachtvollen Stichen solcher Heiliger, die man früher gern als Monatspatrone auswählte.

Interessant ist, daß in diesem Werk St. Liborius unter die 14 Nothelfer eingereiht ist. Es heißt darin: „Dahero die viertzehen Nothelffer, wie es dann ihr aigner Namen mit sich bringt, weit und brait, sonderlich aber in Teutschen Landen verehrt werden: So ist vor vil hundert Jahren schon S. Sebastian wider die Pest angerueffen worden; desgleichen S. Apollonia wider das Zanwehe; wider das Fieber S. Petronilla; wider das viertägige Kaltwehe S. Gualterus; wider Fewersnoth S. Florian; wider das Augenwehe S. Othilia; S. Liborius wider das Grieß; S. Valentin wider den hinfallenden Siechtag; andere Heyligen wider andere Gebrechlichkeiten und mängel."

Bernhard Alshut

Wie Liborius nach Wengern kam

Die Kirchengeschichte im Ruhrtal rund um Wengern reicht zurück bis in die Zeit Karls des Großen im 9. Jahrhundert. Keltische Flurnamen, die in veränderter Form noch heute in dieser Gegend im Gebrauch sind, lassen erkennen, daß Wengern schon zur Zeit der Sachsenmission besiedelt war. Auch archäologische Funde aus dem Bereich der Mündung der Elbsche in die Ruhr führen zu der gleichen Schlußfolgerung.

Der heilige Ludger (742-809) hatte im Jahr 799 in Werden an der Ruhr ein Benediktinerkloster gegründet, das als Ausgangspunkt seiner Missionstätigkeit im westlichen Sachsen bestimmt war. So sind es sicherlich auch Mönche aus Werden gewesen, die den Bewohnern von Wengern den christlichen Glauben brachten. Sie errichteten schon vor dem Jahr 800 eine erste Holzkirche genau an dem Platz, an dem heute die evangelische Kirche steht, die vielleicht früher den Namen des heiligen Ludger trug.

Um das Jahr 1000 wurde die kleine Holzkirche durch einen Steinbau ersetzt. Sie wird urkundlich im Jahr 1246 erwähnt mit dem Hinweis, daß die Kirche schon lange gestanden habe und nur ein unansehnliches Gebäude gewesen sei, das nicht einmal alle Gemeindemitglieder fassen konnte. Diese Kirche sei vorzeiten dem heiligen Liborius gewidmet worden, so daß das Kirchensiegel sein Bild trage. Eine andere Quelle bezeugt schon für das Jahr 1085 eine selbständige Pfarrei in Wengern, die das Vorhandensein einer Kirche voraussetzt. Im 15. Jahrhundert gehörten bereits zwei selbständige, mit einem eigenen Altar in der Kirche ausgestattete Vikarstellen zur Pfarrei.

Was hat nun die erste Steinkirche aus dem Jahr 1000 mit dem heiligen Liborius zu tun, dessen Name seit Urzeiten mit Wengern verknüpft ist? Warum wurde der Name Ludger damals durch Liborius ersetzt?

Die Namensgebung hängt mit der Überführung

Im 10. Jahrhundert wurde in Wengern die hier schon vor dem Jahr 800 erbaute kleine Holzkirche durch einen Steinbau ersetzt, der St. Liborius zum Schutzpatron hatte und als älteste Verehrungsstätte des Heiligen im Sachsenland gilt. Der Turmbereich der heutigen Kirche stammt noch aus dem 11. Jahrhundert.

der Reliquien des Heiligen von Le Mans nach Paderborn im Jahr 836 zusammen. Wenn auch die vorliegenden Translationsberichte eine gewisse Rekonstruktion des Weges nach Paderborn zulassen, so weisen sie doch große Lücken nach der Rheinüberquerung auf, die später durch uralte Legenden ausgefüllt wurden. Da im Bereich Kölns alte Handels- und Reisewege den Rhein überquerten, liegt die Wahrscheinlichkeit nahe, daß der Transport der

Reliquien weiter durch das Bergische Land über das Kloster Altenberg bis an die Ruhr und dann über den Hellweg bis Paderborn führte.

In Wengern gab es zur damaligen Zeit einen häufig benutzten Ruhrübergang, da der Fluß an dieser Stelle zwar sehr breit, aber nicht tief war. So ist anzunehmen, daß die Reliquien hier über die Ruhr gebracht wurden, wie es eine alte Überlieferung schildert. Die Gesandtschaft unter Führung des Archidiakons Meinolf sei, so heißt es darin, erst gegen Abend in Wengern angekommen. In der Dunkelheit habe man den Übergang nicht gewagt, sondern dort erst übernachtet und dabei den Reliquienschrein mit den Gebeinen des Bischofs Liborius in der Dorfkirche abgestellt. Deshalb habe man ihr den Namen St.-Liborius-Kirche gegeben. Damit taucht zum erstenmal in Sachsen das Patrozinium des heiligen Liborius auf.

Mittagsläuten um 11 Uhr

Als eine der ersten Gemeinden schloß sich Wengern bereits 1543 – noch zu Lebzeiten Martin Luthers – der Reformation an. Der damalige, aus Wengern stammende Pfarrer Hildebrand Schluck führte am Sonntag „Rogate" in der Pfarrkirche „Ad sanctum Liborium" die neue Lehre ein. Sogar die Stunde ist genau überliefert: Um 11 Uhr sei das Ewige Licht in der Kirche ausgelöscht worden, und Pfarrer Schluck habe zum erstenmal die Messe in der Volkssprache gefeiert und das Abendmahl unter beiden Gestalten von Brot und Wein ausgeteilt. Noch heute erfolgt in Wengern das Mittagsläuten der evangelischen Kirche täglich um 11 Uhr, um an die historische Stunde des Jahres 1543 zu erinnern. Mit diesem Ereignis war der katholische Glaube in Wengern erloschen. Wenn katholische Arbeitskräfte zu den Bauern nach Wengern kamen, gehörten sie zur katholischen Kirchengemeinde in Boele und später dann in Herdecke.

Erst seit 1835 wurde im benachbarten Witten wieder katholischer Gottesdienst gefeiert und bald auch eine Kirche, „St. Maria vom guten Sieg", erbaut, heute kurz Marienkirche genannt. In der Folgezeit wurde St. Marien zur Mutterkirche vieler neu entstandener Gemeinden, zu denen auch Bommern und Wengern gehören. Ein Vikar der Marienkirche wurde eigens abgestellt für die Seelsorge in diesen beiden Orten, als durch die Industrialisie-

Die katholische Liboriuskirche von Wengern entstand in den Jahren 1914/15, doch erst 1986 konnte sie durch den Essener Weihbischof Große offiziell geweiht werden. Seit 1958 gehört Wengern zur neuerrichteten Diözese Essen.

rung im Ruhrtal viele katholische Arbeiter für die Stahl- und Eisenwerke im Ruhrtal aus dem Rheinland, aus dem Saarland und aus Lothringen hier arbeiteten und ihre Familien mitbrachten.

Nach jahrhundertelanger Unterbrechung wurde am 5. Mai 1912 erstmalig nach der Reformation wieder eine Messe gefeiert, zunächst in einem Raum der alten Apotheke, dann in der 1915 fertiggestellten Kirche. Doch erst 1986 konnte die Kirche durch den Essener Weihbischof Wolfgang Große geweiht werden, nachdem Wengern 1958 in das neuerrichtete Ruhrbistum Essen eingegliedert und 1961 zur selbständigen Pfarrei erklärt wurde. Selbstverständlich gab man der neuen Kirche den alten Namen St. Liborius. Die evangelische Kirche in Wengern wurde noch lange Zeit nach der Reformation als Liboriuskirche, später dann als „Alte Liboriuskirche" bezeichnet.

Zur Weihe der neuen Kirche am 6. Juli 1986 schenkte Weihbischof Große der Gemeinde Reliquien des heiligen Liborius und des heiligen Meinolfus. Die Reliquien sind im Februar 1997 in den Sockel der Liboriusstatue eingelassen worden, die Gemeindemitglieder ihrem Pfarrer zum zehnjährigen Ortsjubiläum geschenkt hatten.

Verehrung in allen Kontinenten

Bischof Badurad von Paderborn (815-862) hatte im Jahre 836 den Bau seiner Bischofskirche nahezu vollendet, als er im gleichen Jahre auf der Synode von Aachen mit Bischof Aldrich von Le Mans zusammentraf. Für den neuerbauten Dom suchte Badurad die Reliquien eines Heiligen. Das soeben erst christlich gewordene Sachsenland war in dieser Hinsicht angewiesen auf die Hilfe anderer Provinzen des Karolingischen Reiches, die schon seit Jahrhunderten christlich waren und eine große Zahl von Reliquien heiliger Märtyrer und Bekenner besaßen. Es scheint, daß Badurad mit Aldrich den Plan einer Reliquienübertragung bei dieser Gelegenheit besprochen hat. Jedenfalls schickte er im April 836 eine Gesandtschaft unter der Leitung des Archidiakons Meinolf nach Le Mans, um für den Paderborner Dom Reliquien zu holen.

Synoden sind bis heute Stätten der Begegnung von Bischöfen aus allen Teilen der Welt geblieben. So kam es auch auf dem Zweiten Vatikanischen Konzil und den folgenden Bischofssynoden zu vielfachen Kontakten der Bischöfe aus der Weltkirche, die in der Folgezeit zu mannigfachen Hilfegesuchen um Priester oder finanzielle Mittel führten. War es jetzt auch nicht vorherrschender Wunsch, Reliquien eines Heiligen zu erhalten, so waren die Liborifeierlichkeiten in Paderborn, zu denen Jahr für Jahr zahlreiche Gäste aus aller Welt kommen, doch oft der Ort der Begegnung und der Vertiefung der Kontakte und zugleich der gemeinsamen Liboriusverehrung. Conrad Mertens schrieb 1873, daß sich die Verehrung des heiligen Liborius in ungewöhnlicher Weise von Paderborn aus „radienförmig nach allen Weltrichtungen" ausgebreitet habe. Dies trifft auch für die heutige Zeit zu.

Die folgende Darstellung berücksichtigt die neuere Ausbreitung der Liborius-Verehrung, besonders nach dem Ende des Zweiten Weltkrieges und dem Zweiten Vatikanischen Konzil. Sie bezieht sich auf Latein- und Nordamerika, Australien, Pa-

In allen Kontinenten, in Australien wie in Afrika und Asien, in Nord- und Südamerika und in vielen Ländern Europas, wird der heilige Liborius als Schutzpatron und Fürsprecher verehrt. Vor allem nach dem Zweiten Weltkrieg konnte die Verehrung durch die Initiative des Erzbistums Paderborn weltweit gefördert und durch Reliquien des Heiligen gefestigt werden. Unser Bild zeigt ein Liborius-Reliquiar, das der Münsteraner Goldschmied Alf Teufel für die Bischofskirche von Kavieng in Papua-Neuguinea gestaltet hat. Es wurde von Generalvikar Bruno Kresing am 30. Mai 1987 zur Konsekration der Kirche überreicht. Das Reliquiar nimmt das Pfauenschweifmotiv auf. In die Augen der stilisierten Pfauenfedern auf der Vorderseite sind figürliche Emails mit den Wunderheilungen des Bistumspatrons eingefügt.

pua-Neuguinea, Südafrika, Indien und einige Länder Europas, nach dem Fall des „Eisernen Vorhanges" 1989 auch auf Litauen, Bulgarien und
Rußland. Auch in Gebieten, in denen es schon seit
Jahrhunderten eine Liboriusverehrung gab, fanden sich neue Impulse, so in Kroatien, Malta und
Rom.

Lateinamerika

Ecuador

1976 wurde Erzbischof Johannes Joachim Degenhardt von Bischof Vicente R. Cisneros Duran, Bischof von Ambato in Ecuador, eingeladen, den er
1971 auf der Bischofssynode in Rom kennengelernt
hatte. Der Erzbischof sollte die Einweihung des
„Centro Social San Liborio" in Pelileo vornehmen.
Die Stadt Pelileo liegt im Hochland von Ecuador in
der Nähe der Bischofsstadt Ambato. Für die ländli-
che Umgebung hat sie zentrale Bedeutung. 1949
wurde die Stadt durch ein schweres Erdbeben völlig zerstört und dann wenige Kilometer entfernt im
Laufe der Jahre wieder aufgebaut. Das Erzbistum
Paderborn hatte den Bau dieses Sozialzentrums unterstützt.
Bischof Cisneros und die Pfarrei mit ihrem Pfarrer
gestalteten den Tag der Einweihung am Sonntag,
dem 5. September 1976, zu einem Festtag für den
Ort und die ganze Umgebung. Abordnungen kamen, um dem Erzbischof Blumen und Früchte zu
überreichen. Dann feierte der Erzbischof in Konzelebration mit Bischof Cisneros, dem Pfarrer und
anderen Priestern aus dem Bistum Ambato sowie
den Priestern seiner Begleitung die heilige Messe
auf dem Platz vor der Kirche, wo sich einige tausend Gläubige, teilweise in malerischen Indiotrach-
ten, versammelt hatten.
In seiner Predigt ging der Erzbischof auf die Verehrung des heiligen Liborius ein und sagte u. a.: „Die
Gläubigen von Paderborn verehren den heiligen
Liborius in einer außergewöhnlichen Weise. Ich
möchte euch wünschen, einmal daran teilnehmen
zu können. Vielleicht kann der heutige Tag ein Beginn sein, daß auch hier der heilige Liborius besondere Verehrung, Liebe und Zuneigung erhält. Ich
wünsche es und bitte euch: Haltet die Reliquien des
Heiligen in Ehren, ruft ihn an und wendet euch an
ihn! Er wird euch nicht verlassen. Er wird euch hel-

fen, euch für sozialen Frieden und Gerechtigkeit,
für Familien und geistliche Berufe, für Evangelisie-
rung und caritative Werke einzusetzen."

Guatemala

Auf der Rückreise nach Paderborn besuchte der
Erzbischof noch die Diözesen Santa Cruz del
Quiché und Quetzaltenango in Guatemala, die im
Februar 1976 von einem schweren Erdbeben besonders hart getroffen worden waren. In einem
vielbeachteten Hirtenwort „Unidos en la Esperan-
za" hatten die Bischöfe Guatemalas 1976 das ganze
Land zur Besinnung und Umkehr und gemeinsa-
mer Anstrengung für ein menschenwürdiges Leben
in Freiheit, Gerechtigkeit und Frieden aufgerufen.
Mit Bischof Juan Gerardi Conedera und seinem
Generalvikar P. José Suarez MSC wurde vereinbart, daß das Erzbistum Paderborn den Wiederaufbau der Kirchen und kirchlichen Gebäude in den
Gemeinden Nebaj, Uspantan mit Cunen, San Andres Sajcabaja und Canilla unterstützen sollte.
Im Februar 1978 konnten die ersten Pfarrheime
eingeweiht werden. Auf Einladung von Bischof
Juan Gerardi Conedera nahm der Paderborner Generalvikar am 19. Februar 1978 die Einweihung des
Pfarrheims in Nebaj vor und überbrachte eine
Bronzeplakette mit dem Bild des heiligen Liborius
und der Inschrift „San Liborio – Nebaj – Paderborn – 1978".
Die Gemeinde Nebaj umfaßt etwa 30.000 Gläubige; 5.000 wohnen im Ort, der damit einer der größten des Departamento ist. Die anderen 25.000 leben in sogenannten Cantonen, in kleinen, unseren
Bauernschaften vergleichbaren Siedlungen. Den
weitaus größten Teil der Bevölkerung bilden Indi-
os, auch in San Andres Sajcabaja. Es sind fast aus-
schließlich Kleinbauern. In der Ansprache bei der
Meßfeier, die ins Spanische und in Ixil übersetzt
wurde, überbrachte der Generalvikar die Glückwünsche seines Erzbischofs und zog eine Linie
von der Hilfe, die vor mehr als tausend Jahren das
Bistum Le Mans in Frankreich dem Bistum Paderborn leistete, zur heutigen Hilfe aus Paderborn für
die Gläubigen in der Diözese Santa Cruz del
Quiché.
In San Andres Sajcabaja, einer Gemeinde von etwa
25.000 Gläubigen, wohnen im Dorf nur ca. 800.
Dieser Ort war früher ein bedeutender Platz an der

Straße von Antigua, der ehemaligen Hauptstadt Guatemalas, nach Mexiko. Die Kirche, die beim Erdbeben bis auf die Fassaden und die Umfassungsmauern völlig zerstört wurde, stammt aus dem Jahre 1545. Hier nahm Bischof Juan Gerardi Conedera an der Einweihungsfeierlichkeit der wiedererrichteten Gebäude am 26. Februar 1978 teil. Er führte in seiner Ansprache aus, daß die erfahrene Brüderlichkeit es möglich gemacht habe, dieses Zentrum wieder zu erstellen. Die Gläubigen der Pfarrei San Andres Sajcabaja hätten die brüderliche Hilfe der Katholiken aus dem Erzbistum Paderborn als ein Zeichen der Hoffnung erfahren. Auch hier wurde eine Bronzeplakette mit dem Bild des heiligen Liborius und der Inschrift „San Liborio – San Andres Sajcabaja – Paderborn – 1978" mit großer Aufmerksamkeit angenommen und angebracht.

Die Situation in Guatemala, besonders in diesem Teil des Landes, war bereits von Gewalt und Terror geprägt. Die Einweihung der weiteren Bauten und die Überbringung von Reliquien des heiligen Liborius waren nicht mehr möglich. In einem Hirtenbrief schrieben die Bischöfe Guatemalas im Juni 1980: „Die Gewalt in unserem Lande hat unvorstellbare Ausmaße angenommen."

1978 nahm Bischof Juan Gerardi Conedera an der Liborifeier in Paderborn teil. Über ihn blieb der indirekte Kontakt mit den Gemeinden bestehen, selbst als alle Priester und Ordensleute das Gebiet der Diözese Santa Cruz del Quiché verlassen mußten.

In der Diözese Quetzaltenango arbeiten seit 1966 Mitglieder des Säkularinstitutes St. Bonifatius, dessen Mutterhaus in Heidenoldendorf bei Detmold in der Erzdiözese Paderborn liegt. Als am 7. Oktober 1979 Bischof Luis Manresa Formosa die Kirche für das Institut und das „Centro de Formación para la Mujer" konsekrierte, wurden Liborius-Reliquien in den Altar eingefügt.

Als 1982 zugleich mit dem Besuch des Priesterseminars San Liborio in Panama der Paderborner Erzbischof mit seinem Generalvikar auch die Pfarreien in der Diözese Santa Cruz del Quiché in Guatemala besuchen wollte, wurde diese Absicht durch ein unmittelbar vor dem Abflug erfolgtes Einreiseverbot verhindert. Die Bischofskonferenz von Guatemala drückte ihr Bedauern über diese Einreiseverweigerung aus.

Panama

Ein weiteres Land in Lateinamerika, in dem das Patronat des heiligen Liborius von Paderborn her aufgenommen wurde, ist Panama. Bischof José Cedeno Delgado von Santiago de Veraguas (seit 1994 Erzbischof von Panama City) war 1977 zusammen mit dem Paderborner Erzbischof Mitglied der Bischofssynode in Rom. Als vordringliche pastorale Aufgabe in seinem Bistum stellte sich ihm die Sorge um Priesterberufe. Durch die zunehmende Zahl der Kandidaten, die zunächst im Bischofshaus lebten, wurde der Bau eines Seminars notwendig. So entstand das „Seminario San Liborio" in unmittelbarer Nähe des Bischofshauses. Im Februar 1982 besuchten der Paderborner Erzbischof und sein Generalvikar die Diözese Santiago de Veraguas. Nach einer Meßfeier am Aschermittwoch in der Kathedrale übergab Erzbischof Degenhardt dem Bischof und dem Seminar eine Reliquie des heiligen Liborius für die Seminarkapelle und einen Liborius-Wandbehang von Edith Ostendorf sowie eine Bronzeplakette des heiligen Liborius.

Eine weitere Reliquie des heiligen Liborius wurde für die neue Kirche in El Bale übergeben. Den Platz

Als Geschenk für den 1995 zum Bischof und Koadjutor der Administratur Juigalpa in Nicaragua ernannten Paderborner Priester Bernhard Hombach überreichte Erzbischof Johannes Joachim Degenhardt, der als Mitkonsekrator an der Bischofsweihe teilnahm, als Geschenk des Heimatbistums ein Reliquienkreuz sowie eine in der Hersteller Benediktinerinnenabtei gestaltete Mitra. In den Sockel des Kreuzes sind Reliquien des heiligen Liborius eingearbeitet.

LIBORI-GEDENKEN
in aller Welt

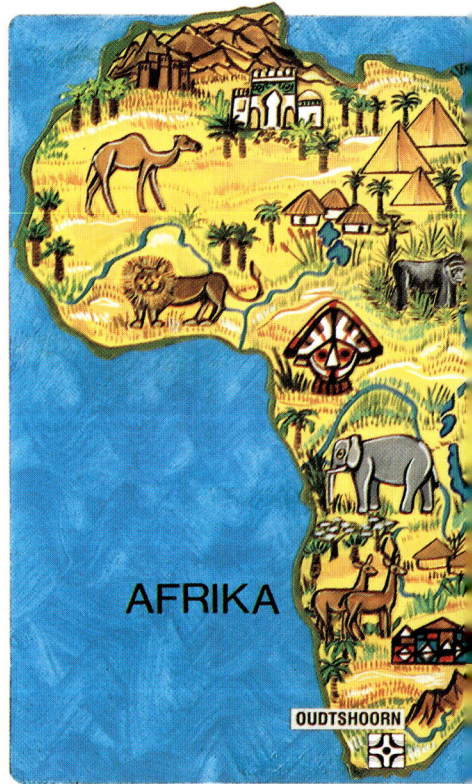

 An den so bezeichneten Orten befinden sich Reliquien des Heiligen.

Hier befinden sich Kirchen, Kapellen, Statuen oder Bilder, die die Erinnerung an den Heiligen wachhalten.

174

STER
BERMERVÖRDE
PADERBORN
MAGDEBURG
CREUZBURG
BOCHUM
WENGERN
JESENEZ
MÜNCHEN
WIEN
INNSBURG
PARMA
BOLOGNA
VIDONJE
FLORENZ
PLOCE
AMELIA
CHIETI
ROM
NEAPEL
KRASNODAR

DESNE
KOMIN
OPUZEN
PLINA
PODGORA
SLIVNO RAVNO
STROGA
Bistum Split

BOL
BOGOMOLJE
NEREZISA
VRBANJ
Bistum Hvar

JANINA
KUNA
PIPONJ
PUTNIKOVIC
VIGANJ
ZULJANE
Halbinsel Peljesar

Insel Korcula
BLATO
KORCULA SOLINE
VELA LUKA

Bistum Dubrovnik
LISAC
STON

MALTA

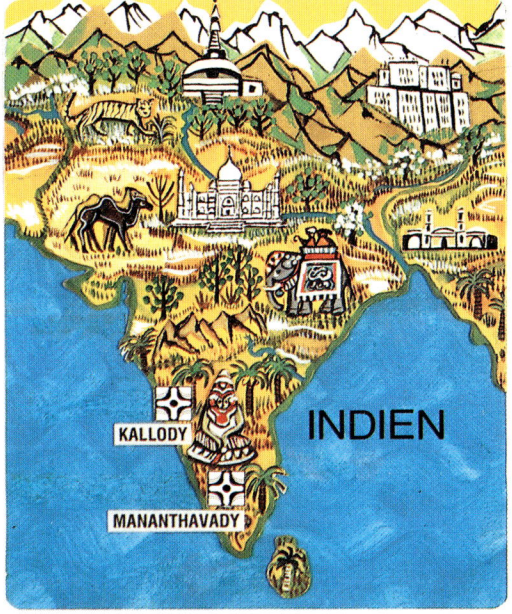

KALLODY
MANANTHAVADY
INDIEN

RABAUL

PAPUA-
NEUGUINEA

SANDHURST

AUSTRALIEN

Grafik-Design – Brigitte Lange-Helms, Telgte

175

Die Liboriusstatue für das Anden-Dorf Poroma in der Diözese Iquique in Chile gestaltete der Bildhauer Hubert Hartmann aus Rheda-Wiedenbrück. Sie wurde in der unter den Schutz des heiligen Liborius gestellten Dorfkirche aufgestellt. Die Statue zeigt den Heiligen mit den ihm zugeordneten Attributen des Pfaus und des Evangelienbuches mit Steinen.

heiligen Liborius eingelassen ist mit der Umschrift „Ex deprecatione Sancti Liborii, Patroni Archidioecesis Paderbornensis, Vinculum Unitatis".

Nicaragua

1995 wurde der Paderborner Priester Bernhard Hombach, der viele Jahre in verschiedenen Ländern als Fidei-Donum-Priester sowie in der deutschen Auslandsseelsorge in mehreren lateinamerikanischen Ländern, unter anderem in Argentinien und Nicaragua, tätig war, zum Bischof und zum Koadjutor der Administratur Juigalpa in Nicaragua ernannt. An seiner Bischofsweihe nahm als Mitkonsekrator Erzbischof Johannes Joachim Degenhardt teil. Er überreichte ihm als Geschenk seines Heimatbistums ein Kreuz, in dessen Sockel Reliquien des Paderborner Bistumspatrons eingearbeitet sind, und eine in der Benediktinerinnenabtei Herstelle entstandene Mitra, deren Infuln, zwei bis zu den Schultern reichende Bänder, mit Darstellungen des Paderborner Bistumswappens und des heiligen Liborius geschmückt sind. Am Ende der Meßfeier überbrachte Erzbischof Degenhardt dem Neugeweihten die Grüße seines Heimatbistums. Dabei äußerte er die Hoffnung, daß „durch die Fürsprache des heiligen Liborius, des Patrons der Erzdiözese Paderborn, ein Band der Einheit unter den Völkern" entstehe, wie es auf der Inschrift des überreichten Kreuzes heißt, dessen Fuß die Reliquien birgt.

Chile

Im Jahre 1987 suchten schwere Überschwemmungen das Gebiet der Diözese Iquique im Norden Chiles heim. Bischof Javier Prado, der ein Jahr zuvor an den Liborius-Feierlichkeiten in Paderborn teilgenommen hatte, wandte sich um Hilfe an Erzbischof Johannes Joachim Degenhardt, die dieser großzügig gewährte. Zum Dank stellte Bischof Prado die wiederaufgebaute Kapelle im Dorf Poroma in einem Gebirgstal der Anden unter das Patrozinium des heiligen Liborius. Bei der Weihe dieser Kapelle am 3. Mai 1988 verlas Bischof Prado ein Grußwort des Erzbischofs von Paderborn. Erzbischof Degenhardt erinnerte darin an das Band der Freundschaft im Zeichen des heiligen Liborius, das

für den Kirchbau dieser Missionsstation nordwestlich von Santiago de Veraguas hatte der Paderborner Erzbischof am 20. Februar 1982 gesegnet. Seit Vollendung der Kirche, die der Madonna von Guadelupe geweiht ist, wird die Reliquie dort in der Kirche aufbewahrt.

Argentinien

Beim Zweiten Vatikanischen Konzil waren Erzbischof Lorenz Jaeger von Paderborn und Bischof Alejandro Schell von Lomas de Zamora in Argentinien zusammengekommen. Bischof Schell bat Erzbischof Jaeger um Priester für seine priesterarme Diözese. So kam nach anderen Paderborner Priestern 1970 der Paderborner Diözesanpriester Dieter Ludwig Stöckler nach Lomas de Zamora, wo er zuletzt als Pfarrer der Pfarrei „Christo Redentor" in Villa Jardin – Valentin Alsina tätig war. Am 17. Dezember 1985, dem Tage des silbernen Priesterjubiläums, empfing er in dieser Pfarrei die Bischofsweihe. Mitkonsekrator war Weihbischof Paul Consbruch aus Paderborn. Am Schluß der Weihemesse überreichte Generalvikar Bruno Kresing ein Kruzifix, in dessen Fuß eine Reliquie des die Diözese Paderborn mit vielen Bistümern in der Welt und jetzt auch mit dem Bistum Iquique verbinde. Die Gemeinde nahm das Grußwort aus Paderborn mit großer Freude auf.

Im August 1990 besuchte der Paderborner Generalvikar Bruno Kresing die Diözese Iquique und stellte gemeinsam mit Bischof Enrique Troncoso, dem Nachfolger von Bischof Prado, in der Kapelle des Anden-Dorfes Poroma eine Liboriusstatue auf. Das von Bildhauer Hubert Hartmann aus Rheda-Wiedenbrück geschaffene Kunstwerk ist ein Geschenk der Erzdiözese Paderborn an die Diözese Iquique. Die Statue trägt die zweisprachige Aufschrift „Bitte für uns – San Liborio – Ruega por nosotros. Diocesis Iquique – Arquidiocesis Paderborn". Bischof Troncoso kam dann 1991 zum Liborifest nach Paderborn.

Der Kontakt zu Bischof Javier Prado blieb auch lebendig, als dieser zum Bischof der Diözese Ranca-gua ernannt worden war, die etwa viermal so groß ist wie Iquique. 1994 erwarb Bischof Prado einige Gebäude für das Diözesan-Priesterseminar „Christo Rey". Nach den notwendigen Umbauarbeiten wurden die neuen Teile des Seminars am 8. Juni 1996 eingeweiht. Eines der Gebäude trägt den Namen des heiligen Liborius.

Am 19. Mai 1997 besuchte der Apostolische Nuntius in Chile das Seminar von Rancagua, um die neue Kapelle zu weihen. Bischof Prado berichtete in einem Schreiben an den Paderborner Generalvikar Bruno Kresing von dieser Feier: „Wir haben damit alle Bauarbeiten abgeschlossen. Weil die Erzdiözese Paderborn uns dabei so sehr unterstützt hat, haben wir immer beim Singen der Litaneien den heiligen Liborius hinzugefügt." Gleichzeitig lud Bischof Prado Vertreter des Erzbistums Paderborn herzlich zu einem Besuch in seine chilenische Diözese ein.

Australien

Die einzige Liboriuskirche in Australien steht in der Diözese Sandhurst (Victoria) in Eaglehawk bei Bendigo. Der aus Paderborn stammende Priester Heinrich Backhaus war der erste Seelsorger auf den Victorianischen Goldfeldern. Er wirkte dort von 1852 bis 1881 und hat in allen Bereichen der Seelsorge und des Gemeinwesens große Bedeutung erlangt. 1982 wurde sein 100. Todestag mit einer Festwoche in Bendigo begangen. Bischof Noel Daly, seit 1979 Bischof von Sandhurst, bemühte sich von Anfang seiner Amtszeit an besonders um den Kontakt zur Heimatdiözese von Heinrich Backhaus. Er lud den Erzbischof von Paderborn und seinen Generalvikar zu der Festwoche nach Bendigo ein.

Mit großer Freude übernahm er bei den Feierlichkeiten der Pfarrkirche in Eaglehawk am 9. September 1982 die Reliquien des heiligen Liborius in einer silbernen Statuette des Heiligen, gefertigt von Walther Cohausz, Paderborn.

Der Gottesdienst wurde als Wortgottesdienst gestaltet mit einer Lebensbeschreibung des heiligen Liborius und dem Lied zu St. Liborius in englischer Sprache „We greet you, Saint Liborius". In seiner Predigt stellte der Generalvikar von Paderborn Liborius als einen Heiligen heraus, der Grenzen zwischen den Völkern überwand und dessen bischöfliches Bemühen darauf gerichtet

Als Dank für die Hilfe des Erzbistums Paderborn bei schweren Überschwemmungen in der Diözese Iquique im Norden Chiles stellte Bischof Prado die wiederaufgebaute Kapelle im Dorf Poroma in einem Gebirgstal der Anden unter das Patrozinium des heiligen Liborius. Im August 1990 überbrachte Generalvikar Bruno Kresing als Geschenk der Erzdiözese Paderborn an die Diözese Iquique eine Liboriusstatue, die bei der Übergabe in festlicher Prozession durch Poroma getragen wurde.

In einer silbernen Liborius-Statuette, die die Tradition der Statuettenreliquiare des Mittelalters aufgreift und in moderner Form fortführt, wurden die Reliquien für die Liboriuskirche von Eaglehawk bei Bendigo eingearbeitet. Erzbischof Johannes Joachim Degenhardt und Generalvikar Bruno Kresing übergaben sie 1982 bei den Festlichkeiten zum 100. Todestag des aus Paderborn stammenden Priesters Heinrich Backhaus, der von 1852 bis 1881 auf den Victorianischen Goldfeldern wirkte und die einzige Liboriuskirche in Australien gründete. Die Statuette des Paderborner Goldschmieds Walther Cohausz gibt St. Liborius mit dem Pfau als Symboltier wieder. Bei allem Bezug auf die alte Tradition zeigt sich in der geometrisch strengen Stilisierung der Formen die unverwechselbare Handschrift des Künstlers.

war, Hindernisse zwischen Gott und den Menschen zu beseitigen. Die Heiligen seien Fürsprecher der Gläubigen in ihren Aufgaben, Sorgen und Nöten. Das Reliquiar hat Aufstellung in der Kirche gefunden. Ebenfalls ist in der Kirche ein

Exemplar des Liborius-Wandbehangs von Edith Ostendorf angebracht. Am 23. Juli wird jedes Jahr die Statue von ihrem Platz an der Seite der Altarwand zur besonderen Verehrung in die Nähe des Altares gebracht.

Am Fest der Rückführung der Reliquien des heiligen Liborius, „Klein-Libori", am 30. Oktober 1983, nahm Bischof Noel Daly an der Konzelebration im Dom zu Paderborn teil. In seiner Predigt dankte er für die im Vorjahr überbrachten Reliquien des Paderborner Bistumspatrons, die Gegenstand der Verehrung durch die Gläubigen seien, und sprach die Hoffnung aus, daß der heilige Liborius für alle Ansporn zu einem überzeugten christlichen Leben sei.

Papua-Neuguinea

In der Diözese Kavieng in Neuirland war von 1980 bis 1990 Bischof Karl Hesse MSC, der aus dem Erzbistum Paderborn stammt, Diözesanbischof. Zur Einweihung der neuen Kathedrale im Sommer 1987 hatte er sich von seinem Heimatbistum eine Liborius-Reliquie erbeten, die während der Konzelebration vom Paderborner Generalvikar Bruno Kresing überreicht wurde. Das Reliquiar trägt die Inschrift: „... daß die Fürbitte des heiligen Liborius das Bistum Kavieng auf seinem Weg durch die Zeit begleite bis zur Wiederkunft unseres Herrn Jesus Christus". Zuvor hatte der Generalvikar eine Botschaft von Erzbischof Johannes Joachim Degenhardt verlesen, in der dieser der Hoffnung Ausdruck gab, der heilige Liborius möge für die Menschen in Papua-Neuguinea ein hilfreicher Fürsprecher sein und die brüderliche Verbundenheit im Volke Gottes über die Grenzen von Ländern und Kontinenten hinweg stärken. Das kostbare Reliquiar war von dem Goldschmied Alf Teufel aus Münster gestaltet worden. Auch eines der Glasfenster der Kathedrale von Kavieng, die aus der Paderborner Glaswerkstatt Peters stammen, zeigt den heiligen Liborius.

Bischof Karl Hesse wurde 1990 zum Erzbischof von Rabaul ernannt, einer ebenfalls in Papua-Neuguinea gelegenen Diözese. Sein Nachfolger in Kavieng, Bischof Ambrose Kiapseni, pflegt die Verbindung mit Paderborn weiter. 1991 hat er als bischöflicher Gast am Libori-Fest teilgenommen.

Afrika

Südafrika

In Südafrika baute der aus Borgentreich in der Erzdiözese Paderborn stammende Priester P. Anton Bartoldus SAC die erste Liboriuskirche in George, 60 km von Oudtshoorn entfernt. P. Bartoldus hatte bei den Libori-Feierlichkeiten 1976 am Treffen der Missionare teilgenommen. Er war zu der Zeit Seelsorger der St. Mary's Mission, einer großen sozial

Die enge Verbindung zwischen der Diözese Kavieng in Neuirland/Papua-Neuguinea wird auch in diesem von Heinz Wilcke entworfenen und von den Glaswerkstätten Peters in Paderborn gestalteten Glasgemälde deutlich, das St. Liborius mit Pfau und Evangelienbuch zeigt. Auch das berühmte Hasenfenster ist wiedergegeben. Die Verehrung des heiligen Liborius in der Diözese Kavieng wurde vor allem durch den aus der Erzdiözese Paderborn stammenden Bischof Karl Hesse MSC gefördert, der hier von 1980 bis 1990 als Oberhirte wirkte. Im Jahr 1990 wurde er zum Erzbischof von Rabaul in Papua-Neuguinea ernannt.

schwierigen Pfarrei in George, und Generalvikar der Diözese Oudtshoorn. Sein Plan, im Ortsteil Parkdene ein neues Gemeindezentrum zu errichten, stieß auf fast unüberwindliche finanzielle Schwierigkeiten. Deshalb wandte er sich an sein Heimatbistum. Später kam von ihm nach Paderborn die Mitteilung: „Als Wertschätzung über die Spende zur Errichtung unseres neuen Gemeindezentrums Parkdene habe ich mich entschlossen, die neue Kirche dem hl. Liborius zu weihen." Da Liborius in Südafrika jedoch völlig unbekannt war, bat P. Bartholdus um Literatur über dessen Leben. In dem Beziehungsgeflecht über Grenzen, Völker und Rassen hinweg, das sich jedes Jahr bei der Feier des Liborifestes durch zahlreiche ausländische Bischöfe und weitere Gäste zeigt, hat auch die Kirche Südafrikas mit ihren vielen Problemen ihren Platz.

Die Nachbildung einer barocken Liboriusfigur aus dem Diözesanmuseum wurde 1985 nach George geschickt und dort in der neuen Liboriuskirche aufgestellt.

Tansania

Auch im ostafrikanischen Tansania ist der heilige Liborius seit kurzem präsent. Der aus Verl im Erzbistum Paderborn stammende Missionar Pater Walter Lükewille vom Orden der Weißen Väter war dort 1995 zum Apostolischen Administrator der Diözese Sumbawanga ernannt worden. Zu dieser Diözese, die am Tanganjika-See im Westen des Landes liegt, gehören rund 500.000 Katholiken in 25 Pfarreien. Der Klerus besteht aus sechzig einheimischen Priestern und sechs Patres der Weißen Väter.

Im Sommer 1996 besuchte der Paderborner Erzbischof Johannes Joachim Degenhardt Pater Lükewille und die Diözese Sumbawanga. Dabei weihte er die neuerrichtete Heilig-Geist-Kirche ein. Gleichzeitig versprach er dem Administrator Pater Lükewille eine Reliquie des Paderborner Diözesanpatrons für die Kirche von Sumbawanga. Das Reliquiar ist aus Bronze strahlenförmig modelliert und mit Bergkristallen verziert. Es enthält eine goldene Spange vor dem emaillierten Grund, der die Reliquie trägt. Es wurde vom Paderborner Goldschmied Bernd Cassau erarbeitet. Ende Juni 1997 wurde das Liborius-Reliquiar im Beisein aller

Die Nachbildung einer barocken Liboriusstatue aus dem Diözesanmuseum Paderborn steht seit 1985 in der Liboriuskirche von George in Südafrika.

Bischöfe Tansanias, die sich anläßlich der Weihe eines neuen, einheimischen Diözesanbischofs in der Diözese Sumbawanga aufhielten, im Rahmen eines feierlichen Gottesdienstes am Altar der Heilig-Geist-Kirche von Malangani angebracht.

Indien

Zu den weltkirchlichen Kontakten, die in der Zeit nach dem zweiten Vatikanischen Konzil entstanden, gehören auch die zwischen dem Erzbistum Paderborn und dem Bistum Mananthavady in Indien. Bischof Jacob Toomkuzhy, der erste Bischof der jungen Diözese, hat den heiligen Liborius und seine Verehrung in Paderborn kennengelernt. 1983 wurden in der Diözese Mananthavady das Pastoralzentrum und die St.-Georgs-Kirche in Kallody eingeweiht. Zu beiden Bauten hat der Paderborner Erzbischof im Februar 1980 den Grundstein gelegt. In

Vertretung des Erzbischofs nahm sein Generalvikar 1983 die Einweihung vor und überreichte zwei Bronzeplaketten des heiligen Liborius, eine mit der Inschrift „St. Liborius – Kallody – Paderborn – 1983". Das Pastoralzentrum und die Kirche in Kallody waren mit finanzieller Hilfe des Erzbistums errichtet worden.

Nordamerika

In die USA wurden Kenntnis und Verehrung des Paderborner Bistumspatrons im 19. Jahrhundert durch Auswanderer aus dem Raum Paderborn getragen. So gibt es in der Diözese Belleville/Illinois die Gemeinden Paderborn und St. Libory. Beide wurden von Deutschen aus dem Paderborner Land gegründet. Auch in der Bischofskirche St. Peter von Belleville selber gab es ein Libori-Bild.

Engere Kontakte in diese Region, die wegen ihrer großen Zahl deutschstämmiger Bewohner scherzhaft auch „plattdeutsche Prärie" genannt wird, ergaben sich Ende der 80er Jahre. Damals feierte die 1837 gegründete Gemeinde St. Libory ihr 150jähriges Bestehen. Der Paderborner Erzbischof Johannes Joachim Degenhardt sandte aus diesem Anlaß 1987 ein Grußwort an den Pfarrer Msgr. John Fellner, das dieser am 25. August in einem Festgottesdienst der Gemeinde bekanntgab. Der Erzbischof unterstrich darin die „völkerverbindende Kraft" des Paderborner Bistumspatrons. Außerdem wertete er die Tatsache, daß die Vorfahren der Bewohner von St. Libory den heiligen Liborius als Namenspatron des Ortes erwählten, als „Zeichen inniger Verbundenheit" mit ihrer alten Heimat.

Den Bischof von Belleville, James Patrick Keleher, besuchten der Erzbischof und Generalvikar Bruno Kresing im August 1989. Zwei Jahre später, 1991, war Bischof Keleher Gast beim Liborifest in Paderborn. Inzwischen hatten die beiden Städte Paderborn und Belleville auf vielerlei Ebenen Kontakte geknüpft, unter anderem durch einen deutsch-amerikanischen Freundeskreis, und so ihrer Verbindung den Rahmen einer offiziellen Städtepartnerschaft gegeben.

In Nordamerika gibt es noch weitere Liborigemeinden. Bekannt sind solche Gemeinden bis jetzt in Steger/Illinois, in St. Louis/Missouri (gegründet 1856 von Auswanderern aus Westfalen), in St. Libory/Nebraska sowie in St. Libory/South Dakota.

Herzlich begrüßt wurde Erzbischof Johannes Joachim Degenhardt von den Gläubigen, als er im August 1989 die Gemeinde St. Libory in Illinois besuchte.

Schließlich besteht noch eine Liborius-Pfarrei in Quebec in Kanada. Diese scheint aber nicht auf deutsche, sondern auf französische Siedler zurückzugehen. Dementsprechend nennt sie sich St. Liboire.

Europa

Die Liboriusverehrung in Kroatien, Italien und Malta hat möglicherweise starke geologische Gründe. In diesen Ländern ist das Trinkwasser mitunter stark kalkhaltig. Dies begünstigt die Entstehung von Nieren- und Gallensteinen. Der heilige Liborius ist nun als Helfer bei derartigen Steinleiden bekannt. Ein einleuchtender Grund für die seit Jahrhunderten bestehende Verbreitung der Libori-Verehrung in Kroatien, Italien und Malta wäre demnach, daß sich die Gläubigen von seiner Fürsprache Hilfe bei Koliken und Steinleiden erhofften.

Kroatien

Mit der Erzdiözese Split in Kroatien steht das Erzbistum Paderborn bereits seit vielen Jahren in freundschaftlichem Kontakt. Dazu haben die kroatischen Priester beigetragen, die in der Seelsorge für ihre Landsleute in Deutschland tätig sind, und – von Paderborner Seite – besonders der langjährige Pfarrer von Hünsborn, Paul Kaiser. Im Sommer 1990 wurde in Vlaka, an der Mündung des Flusses Neretva in die Adria, eine Kirche fertiggestellt, zu deren Bau Pfarrer Kaiser und seine Hünsborner Gemeinde entscheidende Hilfe geleistet hatten. Die Weihe der Kirche, die unter dem gemeinsamen Patrozinium Unserer Lieben Frau und des heiligen Liborius steht, vollzog der Erzbischof von Paderborn, Johannes Joachim Degenhardt.
Fünf Jahre später, im September 1995, überbrachten Pfarrer Kaiser und der Paderborner Generalvi-

Die Gemeinde St. Libory in der Diözese Belleville in Illinois/USA geht auf eine Gründung von Auswanderern aus dem Raum Paderborn im 19. Jahrhundert zurück. St. Libory wurde 1837 gegründet und feierte 1987 das 150jährige Bestehen. Aus diesem Anlaß sandte Erzbischof Johannes Joachim Degenhardt ein Grußwort, das zu einem engeren Kontakt zwischen St. Libory und Paderborn und 1989 zu einem Besuch des Erzbischofs und des Generalvikars Bruno Kresing in der Diözese Belleville führte.

kar Bruno Kresing eine geschnitzte Liborius-Statue als Geschenk der Erzdiözese Paderborn für diese Kirche. Der Generalvikar segnete die Statue und wies in einer Predigt auf Liborius als Brückenbauer zwischen den Völkern hin. Der Heilige, der nach landestypischer Art sein Attribut, einen Stein, zwischen Zeige- und Mittelfinger hält, „möge die Verbindung und die Brücke der Freundschaft zwischen eurem und unserem Volke vertiefen", sagte der Generalvikar in der bis auf den letzten Platz gefüllten Kirche. Im einzelnen werden die zahlreichen Verehrungsstätten in Kroatien in dem Beitrag von Generalvikar Delić dargestellt.

Malta

Auf eine sehr lange Geschichte der Liborius-Verehrung kann die katholische Kirche der Mittel-

meerinsel Malta zurückblicken. Diese Tradition sowie die daraus entstandenen Verbindungen Maltas mit der Erzdiözese Paderborn beschreibt in diesem Buch der Beitrag „St. Liborius auf Malta und Gozo" von Joseph August Ebe.

Italien

In Italien hat die Libori-Verehrung eine lange Tradition. Dies gilt auch für das Zentrum der katholischen Christenheit, die Stadt Rom. In einer Kirche bei der alten Tiberbrücke Ponte S. Angelo befindet sich bereits seit dem 17. Jahrhundert eine dem Paderborner Bistumspatron geweihte Kapelle. Im Jahr 1651 hatte das Paderborner Domkapitel Reliquien dorthin gegeben, um die Verehrung des heiligen Bischofs zu fördern.

Einen neuen Impuls hat die Liborius-Verehrung in der Ewigen Stadt aber im Hinblick auf das Jubiläumsjahr 2000 bekommen. Schon Anfang der 90er Jahre hatte Papst Johannes Paul II. ein Evangelisierungsprogramm für sein Bistum Rom für die Jahrtausendwende ins Leben gerufen. In dessen Rahmen sollten auch fünfzig dringend benötigte Kirchen, vor allem in den schnell gewachsenen Trabantensiedlungen am Stadtrand von Rom, errichtet werden. Der Heilige Vater hatte dabei Ortskirchen in anderen Teilen der Welt um Hilfe gebeten. Die Erzdiözese Paderborn entschloß sich, eine der geplanten neuen Kirchen nach ihrem Bistumspatron Liborius zu benennen und sie so zu fördern, wie sie es bei einer Kirche in der eigenen Diözese tun würde. Die Wahl fiel auf eine Gemeinde mit rund 15.000 Katholiken an der Via Nomentana im Nordosten Roms, rund 15 Kilometer vom Stadtzentrum entfernt. Dort mußten sich die Gläubigen bisher zu den Gottesdiensten im Nebenraum einer Tiefgarage versammeln. Anläßlich des Pastoralbesuches von Papst Johannes Paul II. in Paderborn gab die Erzdiözese Paderborn die offizielle Zusage, dort beim Bau einer Kirche und eines Pfarrzentrums zu helfen. Ein symbolischer Grundstein für die neue Kirche S. Liborio wurde dem Heiligen Vater beim Gottesdienst in der Senne vor den Toren Paderborns am 22. Juni 1996 überreicht.

Den ersten Spatenstich zum Bau der Kirche nahm dann der deutsche Botschafter beim Heiligen Stuhl, Dr. Philipp Jenninger, am 9. Dezember 1996 vor. In einer Ansprache wies er darauf hin, daß diese

Hilfe die Diözesen Rom und Paderborn und die Länder Italien und Deutschland verbinde und „ganz wesentlich zur Freundschaft zwischen unseren beiden Völkern beiträgt".

An der Grundsteinlegung am 2. Februar 1997 nahm der Paderborner Generalvikar Bruno Kresing teil. Danach richtete er eine Ansprache an die Gemeinde, die sich in festlicher Freude versammelt hatte: „Die Grundsteinlegung der Liborius-Kirche ist beendet. Mit großer Freude habe ich als Generalvikar des Erzbistums Paderborn daran teilgenommen. Der Erzbischof von Paderborn, der später an der Weihe der Kirche teilnehmen wird, hat mich beauftragt, Ihnen schon jetzt seine herzlichen Grüße und Wünsche zu übermitteln. Wie Sie wissen, wird sich unsere Erzdiözese an der Finanzierung dieses Projektes in dem Maße beteiligen, wie sie es auch in der eigenen Diözese beim Bau einer Kirche und eines dazugehörigen Gemeindehauses mit einer entsprechenden Seelenzahl tut. Aus drei Gründen hat sich die Erzdiözese dazu entschlossen: Zum einen versucht sie, dadurch dem Wunsch des Papstes zu entsprechen, der schon vor drei Jahren die deutschen

Bischöfe gebeten hatte, sich im Blick auf das Jubiläumsjahr 2000 am Aufbau von fünfzig dringend benötigten Kirchen in den Vorstädten seiner Erzdiözese zu beteiligen. Die Erzdiözese Paderborn kommt gerne diesem Wunsch Papst Johannes Pauls II. nach, der im Juni 1996 in Paderborn weilte und unserer Erzdiözese einen eindrucksvollen und unvergeßlichen Besuch abgestattet hat. Zum anderen ist die Förderung der Kirche auch eine Geste gegenüber dem Vertreter des Papstes in der Erzdiözese Rom, Kardinal Ruini, und damit auch gegenüber der Stadt Rom, die bisher schon so viel für die gastliche Aufnahme der Pilger in Rom tut und im Blick auf das Jahr 2000 noch vermehrt tun muß. Wir möchten der Erzdiözese Rom auf diese Weise helfen, daß sie zu einem pastoralen Schaufenster für die Arbeit der katholischen Kirche in ihrem Zentrum werden kann." Außerdem sollten Pilgergruppen aus der Erzdiözese Paderborn, die sonst kaum die Gelegenheit hätten, sich ein Bild vom Alltag in einer römischen Pfarrgemeinde zu machen, hier einen Eindruck vom Leben einer römischen Vorstadtpfarrei der Gegenwart gewinnen. Weiter sagte

Freudestrahlend überbrachten im Februar 1997 die angehenden, inzwischen Pfingsten 1997 zu Priestern geweihten jungen Theologen des Paderborner Priesterseminars der zukünftigen Libori-Gemeinde in Rom den Grundstein für ihre neue Kirche, zu deren Finanzierung die Erzdiözese Paderborn auf Wunsch von Papst Johannes Paul II. wesentlich beitrug. An der Grundsteinlegung nahm auch Generalvikar Bruno Kresing teil.

der Generalvikar: „Schließlich möchten wir mit diesem Bau auch die Verehrung unseres geliebten Diözesanpatrons fördern, des heiligen Liborius, der zur ältesten Bistumspartnerschaft in Europa – nämlich der zwischen Le Mans und Paderborn – geführt hat. Er ist auch hier in Italien über Jahrhunderte verehrt worden. In der Zeit wachsender Einheit in Europa soll er auch zu neuen Verbindungen zwischen Paderborn und Rom, zwischen Deutschland und Italien führen."

Bulgarien

Erzbischof Degenhardt hatte sich bereits 1974 unmittelbar nach seiner Ernennung zum Erzbischof von Paderborn um Kontakte nach Osteuropa bemüht. Die Schwierigkeiten waren zur Zeit der kommunistischen Regime und des „Eisernen Vorhanges" jedoch sehr groß und verhinderten einen unmittelbaren Kontakt. 1992 nahm dann Bischof Gheorghi Jovcev von Sofia-Plovdiv an den Libori-Feierlichkeiten teil. Seine Absicht, als erste Kirche, die nach dem Zusammenbruch des kommunistischen Regimes in Bulgarien gebaut wurde, eine Libori-Kirche zu errichten, ließ sich nicht verwirklichen. Aber in der neuen Heilig-Geist-Kirche in Plovdiv-Trakia wurde eine Liborius-Statue mit einer Libori-Reliquie aufgestellt.

Zu den Konzelebranten bei der Kirchweihe am 2. Juni 1996 zählte der Paderborner Generalvikar Bruno Kresing, der vor dem Segen eine Ansprache an die Gemeinde hielt: „Liebe Schwestern und Brüder im Glauben! Es ist mir eine große Freude und Ehre, die Glückwünsche des Erzbistums Paderborn in Deutschland zu überbringen, namentlich unseres Erzbischofs Johannes Joachim Degenhardt. Wir sind dankbar und freuen uns, daß unser Erzbistum Paderborn Bischof Gheorghi bei diesem einmaligen Kirchbauprojekt finanziell unterstützen konnte, besonders in der Anfangsphase. In der neuen Kirche steht eine Statue des heiligen Liborius. Sie birgt als Kostbarkeit eine Reliquie des Heiligen. Möge der heilige Liborius allezeit ein guter Fürsprecher sein für die neue Kirche und die Gläubigen der Pfarrei, daß die Gemeinde mit Hoffnung und in Freude voranschreite auf dem Pilgerweg des Glaubens! Und noch ein Wunsch: Möge dieses neue Gotteshaus für alle Menschen in Trakia ein bleibendes Zeichen der schützenden Nähe und Lie-

be des dreifaltigen Gottes sein, heute und alle folgenden Tage!"

Zusammen mit der Liborius-Statue erhielt die neue Kirche in der Diözese Sofia-Plovdiv eine von Erzbischof Johannes Joachim Degenhardt unterzeichnete Urkunde. Sie ist in lateinischer Sprache verfaßt und bestätigt die Echtheit der in die Heiligenfigur eingelassenen Reliquie.

Litauen

Der Bischof von Marijampole-Vilkaviskis in Litauen, Juozas Zemaitis, nahm an den Liborifesten 1994 und 1996 teil. Er bat 1994 für den Altar seiner im Wiederaufbau befindlichen Kathedralkirche um eine Reliquie des heiligen Liborius, die ihm Erzbischof Johannes Joachim Degenhardt überließ. In einem Begleitschreiben bezeichnete Generalvikar Kresing dies als „ein Zeichen der Verbundenheit der Kirche über die Grenzen von Ländern hinweg".

Bei einer Reise nach Litauen im Juli 1995 konnten sich Erzbischof Degenhardt und Generalvikar Kresing selbst ein Bild von der katholischen Kirche in Litauen machen. Sie war in der Zeit des sowjetischen Regimes der Verfolgung ausgesetzt und blüht nun wieder auf. Dies wird auch am großen Engagement der Jugend deutlich.

Rußland

Paul Kaiser aus der Erzdiözese Paderborn, langjähriger Pfarrer der Pfarrei St. Kunibertus in Hünsborn, hatte sich seit vielen Jahren um Gemeinden und ihre Kirchen in Kroatien gekümmert. 1996 wandte er sich an Erzbischof Tadeusz Kondrusiewicz in Moskau mit der Bereitschaft, eine Liborikirche in Rußland zu bauen. Diese soll in Krasnodar im Kaukasus entstehen.

Die Gemeinde in Krasnodar gehört zur Apostolischen Administratur für das europäische Rußland, an deren Spitze Erzbischof Kondrusiewicz in Moskau steht. Der Sprengel dieses Bischofs, der 1996 an den Libori-Feierlichkeiten in Paderborn teilnahm, zählt flächenmäßig zu den größten der Welt. Der Pfarrer der Gemeinde von Krasnodar ist ein aus Oberschlesien stammender Priester. Seine Seelsorgestation ist die einzige katholische Kirche im Umkreis von mehreren hundert Kilometern.

Obwohl die Unterdrückung des Glaubens nach dem Zusammenbruch des kommunistischen Systems ihr Ende fand, hat die katholische Kirche in einem vorwiegend von orthodoxen Traditionen geprägten Land nach wie vor keinen leichten Stand. Jedoch haben sich die Katholiken, unter ihnen auch Rußlanddeutsche, durch alle Bedrängnisse einen lebendigen Glauben bewahrt. So berichtete der Pfarrer von Krasnodar im Dezember 1996 in einem Brief an Pfarrer Kaiser, daß es nach vielen Schwierigkeiten gelungen sei, einen Bauplatz für die neue Kirche zu erwerben. Das Gelände habe man bereits nivelliert und umzäunt sowie einen Zufahrtsweg angelegt. Es gebe auch schon Anschlüsse an die Wasser- und Kanalisationsleitungen und einen vorläufigen Stromanschluß. Bis das neue Gotteshaus fertiggestellt ist, feiert die Gemeinde ihre Gottesdienste in einer provisorischen Kapelle. Die St.-Liborius-Kirche in Krasnodar, die erste in Rußland, wird ebenfalls eine Reliquie des Paderborner Bistumspatrons erhalten.

Frankreich

Waren schon 1850 Reliquien von Paderborn nach Le Mans zur Kathedrale und in die Kirche Notre Dame de la Couture übertragen worden, so brachten hundert Jahre später die Paderborner Priester Johannes Brinktrine und Franz Leineweber eine weitere Reliquie des heiligen Liborius nach Le Mans, um die das dortige Kathedralkapitel für eine geplante Liboriuskirche gebeten hatte. Der vom Paderborner Goldschmied Josef Fuchs gefertigte Reliquienschrein enthält als Umschrift das Distichon von Professor Johannes Brinktrine: „Laeta Libori divi accepit Padera corpus Sarthae particulam restituitque lubens."

Das Domkapitel von Paderborn drückte in einem Brief vom 22. Januar 1951 an das Kathedralkapitel von Le Mans seine Freude darüber aus, daß es sich an der Herstellung des kleinen Schreins durch Hergabe des nötigen Silbermaterials direkt beteiligen konnte: „Daß dieses Silber aus den unter dem Schutt unseres verbrannten Hochaltars gefundenen geschmolzenen Silberresten stammt, herrührend von dem zerstörten kostbaren Expositorium des Tabernakels, möge ein neues Symbol der alten Freundschaft sein, die die beiden Kirchen von Le Mans und Paderborn verbindet und die in den

Jahren des Hasses und der gegenseitigen Zerstörung nur noch stärker und lebendiger geworden ist. Es ist unser Wunsch und Gebet, daß in der kommenden Zeit eine umfassende Freundschaft erstehe."

Mit dem Bau der Liboriuskirche ging es nicht recht voran. Die Gemeinde benutzte immer noch eine ehemalige deutsche Militärbaracke als Kirche. Inzwischen war die Jugendbegegnung zwischen der katholischen Jugend von Le Mans und Paderborn in Gang gekommen. Die katholische Jugend im Erzbistum Paderborn bemühte sich u. a. durch Bausteinaktionen, den Kirchenbau in Le Mans zu unterstützen, wo schon sechs Jahre die Fundamente der Liboriuskirche lagen und auf den Bau warteten, dort allerdings nur „Brennesseln und Unkräuter wuchsen". Eine Spendenurkunde von 1960 trägt das Bild des heiligen Liborius als Baumeister und die Umschrift: „Le Mans – Paderborn – Liborius, Bauherr Gottes, bau mit uns". Der Text der Urkunde lautet: „Unermeßlicher Segen ist dem Erzbistum Paderborn durch die Schutzherrschaft des heiligen Liborius, Bischof der französischen Stadt Le Mans, zugeströmt in mehr als 1.100 Jahren. Seinen Leib und seine Segenskraft hat das Bistum Le Mans einstmals Paderborn geschenkt. Wir erfreuen uns heute reichen Wohlstandes unter seinem Patronat. Zur gleichen Zeit ist eine Pfarrei seines Namens in der Bannmeile von Le Mans in großer Not. Eine zerfallene ehemalige Wehrmachtsbaracke ist das notdürftige Gotteshaus. Die Schließung ist von der städtischen Baubehörde angekündigt. Die Mittel der Gemeinde sind erschöpft. Zuströmende Arbeiter lassen die Gemeinde in Kürze auf 15.000 Seelen anwachsen. Unsere französischen Brüder und Schwestern unter dem gleichen Schutzherrn rufen uns um Hilfe an. Tausendjähriger Segen verpflichtet! Tätiger Dank schafft neuen Segen!"

Diese und andere Hilfen aus Paderborn trugen dazu bei, daß die Liboriuskirche in der Arbeitergemeinde von Le Mans vollendet werden konnte. Am 29. Oktober 1961 konsekrierte Erzbischof Lorenz Jaeger die neue Kirche. Das Fenster links im Altarraum stellt den heiligen Liborius und die Silhouette beider Städte mit der Schrift „St. Liboire – Le Mans – Paderborn" dar.

Über die bewährte Freundschaft zwischen den Diözesen Le Mans und Paderborn auf vielen Gebieten in den vergangenen Jahrhunderten berichten weitere Beiträge dieses Buches.

Erzbistum Paderborn

Im Erzbistum gibt es – wie auch aus dem Beitrag „Patron von Kirchen und Kapellen" von Hermann-Joseph Rick in diesem Buch im einzelnen hervorgeht – zahlreiche Liborigemeinden, Liborikirchen und Liborikapellen: Bad Pyrmont, Bad Wildungen, Bergheim, Bielefeld, Borgholz, Bredenborn, Dortmund-Körne, Dringenberg, Eissen, Germete, Iseringhausen, Niederschelden, Obermarsberg, Paderborn (Dom, Garten der Theologischen Fakultät, Altenheim St. Liborius, Kapelle am Liboriberg), Peckelsheim, Reelkirchen, Salzkotten, Soest, Voßwinkel, Wiescherhöfen-Daberg, Witten-Bommern.

Nach 1945 entstanden im Erzbistum Paderborn drei neue Kirchen unter dem Patronat des heiligen Liborius. Am 23. Juli 1948 – mit dem Vermerk „Fest des heiligen Liborius" – beantragte der Kirchenvorstand der Kirchengemeinde Eiserfeld im Siegerland die Genehmigung eines Kapellenbaues in Niederschelden. Das weit ausgedehnte Diasporagebiet hatte durch die Heimatvertriebenen einen starken Zuzug von Katholiken erfahren, so daß sich die Zahl der Gemeindemitglieder auf 750 verdoppelte.

Am 30. Mai 1949, mit dem Vermerk „Translatio St. Liborii", teilte der Pfarrer mit, daß „diese Kirche an der äußersten Grenze der Erzdiözese dem Diözesanpatron St. Liborius geweiht werden soll, als Zeichen unserer Verbundenheit mit dem Herzen unseres Bistums." Der damalige Generalvikar Dr. Friedrich Rintelen antwortete: „Es ist besonders erfreulich, daß die Kirche im Siegerland unserem Diözesanpatron, dem heiligen Liborius, geweiht werden soll." Zunächst wurde der Unterbau der Kirche erstellt und als Kirchenraum genutzt. Als nach der Errichtung einer Kirche in Niederschelderhütte (Bistum Trier) das Projekt einer Grenzkirche zwischen Niederschelden und Niederschelderhütte endgültig erledigt war, wurde die Vollendung der Kirche in Niederschelden weiterverfolgt. 1957 erfolgte die Benediktion der Kirche, die Konsekration konnte Erzbischof Lorenz Jaeger am 7. Juni 1958 vornehmen.

Wie zuvor an der südlichen Grenze des Erzbistums, so weihte der Erzbischof am 12. Dezember 1959 auch im nördlichen Teil eine Liboriuskirche, und zwar in Bielefeld. Auch hier hatte der Zuzug, vor allem von Heimatvertriebenen, den Bau einer neuen Kirche erforderlich gemacht. Der Pfarrer der Muttergemeinde St. Jodokus, Heinrich Sunder, der von 1936 bis 1953 Domvikar und Dompfarrer in Paderborn gewesen war, hatte die Liebe zum heiligen Liborius mitgebracht. So wurde St. Liborius Patron der neuen Gemeinde und der neuen Kirche. Den Grundstein legte der Exilbischof Vitus Chang aus China. Auf diese Weise wurde sichtbar gemacht, daß der heilige Liborius Grenzen zwischen den Völkern überwindet. Eine Statue des heiligen Liborius, die Nachbildung einer Bronzestatue aus dem Diözesanmuseum in Paderborn, steht in der Kirche links an der Altarwand, ein Bronzerelief mit der Darstellung des Heiligen befindet sich rechts an der Beichtkapelle.

Über die Geschichte der Kirche von Bad Wildungen berichtet ein weiterer Beitrag in diesem Buch.

Über alle Grenzen hinweg

In der Geschichte der Kirche bilden die Heiligen und deren Verehrung eine bunte Palette der vielfachen Wege der Nachfolge Christi. Die Kategorien und Erfahrungsebenen der Geschichtlichkeit und der Heiligkeit gehören zum Leben der Kirche und bezeichnen Vitalität und eschatologische Ausrichtung des Volkes Gottes unterwegs.

Auch in der Geschichte der Kirche nach dem Zweiten Weltkrieg hat sich die grenzüberwindende und völkerverbindende Kraft des heiligen Liborius erwiesen. Die Hoffnung auf Frieden ist in unseren Tagen auch begründet im Vertrauen auf die Fürbitte des heiligen Liborius, der wieder Brücken schlagen möge zwischen den Menschen und Völkern, wie er es zwischen den Diözesen Le Mans und Paderborn seit mehr als 1.160 Jahren getan hat.

Joseph August Ebe

St. Liborius auf Malta und Gozo

Die christliche Geschichte Maltas, genauer gesagt des maltesischen Archipels mit seinen Hauptinseln Malta und Gozo, beginnt mit dem Jahre 60, als das Schiff, das den Apostel Paulus in die Gefangenschaft nach Rom bringen sollte, an Maltas Küste strandete. Nach der Überlieferung verkündete Paulus während seines dreimonatigen Zwangsaufenthaltes auf Malta das Evangelium von Jesus Christus und taufte auch den römischen Statthalter Publius, der als der erste Bischof des maltesischen Archipels gilt. Malta kann somit, abgesehen von der arabischen Herrschaft (870-1090), auf eine fast ununterbrochene christliche Tradition zurückblicken, in der sich eine Volksfrömmigkeit besonderer Ausprägung entwickeln konnte. Sie äußert sich auch heute noch in prachtvollen volkstümlichen Veranstaltungen zur Feier der Kirchen-, Patronats- und Heiligenfeste.

Der heilige Liborius wurde in vergangenen Jahrhunderten zwar in vielen Kirchen Maltas verehrt, war jedoch nirgendwo zum Patron einer Pfarrei gewählt worden. So war seine Verehrung gegen Ende des 19. Jahrhunderts fast in Vergessenheit geraten.

Die im Jahr 1979 veröffentlichte Darstellung einiger Zeugnisse der früheren Liborius-Verehrung durch den maltesischen Arzt und Historiker Paul Cassar erweckte das Interesse des Verfassers. Dessen Leserbrief in einer maltesischen Zeitung über die noch bestehende Liboriverehrung in Paderborn fand auf Malta und Gozo ein mehrfaches Echo und erbrachte eine Reihe weiterer Belege der einst intensiven Liboriverehrung.

Zur gleichen Zeit fanden Begegnungen zwischen jungen Deutschen und Maltesen in Malta und in Paderborn statt, die zu partnerschaftlichen Beziehungen von sozialen und caritativen Organisationen auf beiden Seiten führten. So kam bei den Maltesen der Wunsch auf, über den heiligen Liborius mehr zu erfahren. Das Ergebnis war eine 1982 in Malta gedruckte Schrift über die Zeugnisse früherer

Liborius-Gemälde im Gewölbe der St.-Martins-Kapelle in der St.-Pauls-Schiffbruch-Kirche in Valetta auf Malta.

Verehrung des Heiligen auf Malta. Die in dieser Schrift aufgeführten und nachträglich entdeckten Belege früherer sowie das Aufblühen neuer Liboriverehrung auf Malta werden im folgenden beschrieben.

Von Frankreich nach Malta

Neben der St.-Paulus-Kirche in Rabat (Malta), der Vorstadt der alten Hauptstadt Mdina, befindet sich die Grotte des Apostels Paulus, in der er nach dem Schiffbruch im Jahre 60 n. Chr. drei Monate gelebt haben soll. Die Grotte, über der die Publius-Kapelle errichtet ist, stand unter der Verwaltung des Malteserordens. Zu Beginn des 17. Jahrhunderts, als der Kult der Reliquienverehrung in Blüte war, brachte ein spanischer Malteserritter eine Sammlung von Reliquien nach hier. Unter den Reliquien, die am 18. Oktober 1609 in feierlicher Prozession unter Teilnahme des Großmeisters Alof de Wignacourt (1601-1622) dorthin geleitet wurden, war auch eine Reliquie des hl. Liborius, wie ein zeitgenössisches Dokument im Archiv des Kathedralmuseums ausweist. Der Verbleib der Liboriusreliquie ist unbekannt.

Der überwiegende Teil der Malteserritter war französischer Herkunft. Es kann deshalb angenommen werden, daß die Verehrung des Heiligen von Frankreich aus nach Malta kam. Die St.-Pauls-Grotte war ein Ort besonderer Liboriverehrung. Zusätzlicher Beleg dafür ist ein Gemälde des Heiligen, das an der rechten Seite im Hauptschiff der

In der St.-Elias-Kapelle der Karmeliter-Kirche von Mdina bestätigt ein Barock-Gemälde, daß der heilige Liborius auf Malta seit Jahrhunderten verehrt wurde.

St.-Paulus-Kirche hängt, die neben der Grotte steht. Das Bild, das die linke Seite eines Marienaltars flankiert, stammt aus dem Jahr 1731. Aus dem Heiligenkalender von 1835 für die Priesterbruderschaft der St.-Pauls-Grotte geht hervor, daß die Feier des Liborifestes "pro sancto Liborio episcopo et confessori" am 24. Juli eines jeden Jahres "sub rito semiduplici" erfolgen sollte. Das geschah noch bis etwa 1900.

Drei Gemälde entdeckt

Ein Ort besonderer Liboriverehrung muß auch die St.-Pauls-Schiffbruch-Kirche in Valletta gewesen sein, wurden doch dort 1983 von Michael Galea, Valletta, drei Gemälde des Heiligen entdeckt. Der Ort ist deshalb von Bedeutung, weil diese Kirche zur Zeit der Regierung des Malteserordens die Kirche des Bischofs in der "Stadt der Ritter" war, dessen Hauptkathedrale sich in der alten Stadt Mdina befindet. Eines der entdeckten Liboriusgemälde hängt im Treppenaufgang zum Kapitelsaal der Kirche. Es soll früher in der St.-Martinskapelle der Kirche gehangen haben. Ein weiteres Gemälde befindet sich im Kapitelsaal. Besonders interessant ist das dritte Bild des Heiligen in einem Gewölbewinkel der Martinskapelle. Ein Schriftband mit dem Text "S. LIBORI E. P. S." weist den dargestellten Heiligen eindeutig aus. Die ausgestreckte Hand war jedoch leer. Weil man von der Bedeutung der Steine keine Kenntnis mehr hatte, wurden sie bei der Restaurierung der Schäden, die die Kirche im Zweiten Weltkrieg erlitten hatte, übermalt. Aufgrund von Paderborner Hinweisen hat der Heilige seine Steine "zurückbekommen".

Ein Platz intensiver Liboriverehrung dürfte auch die Kirche der Augustiner in Valletta gewesen sein. 1667 wird dort von einem Liboriusaltar berichtet. Großmeister Nicolaus Cotoner (1663-1680), der sehr unter Gallensteinen litt, schenkte dem Altar verschiedene liturgische Zeichen. Die Altarstatue des hl. Liborius war mit einem silbernen Heiligenkranz und anderen Devotionsgaben geschmückt. Auch war ein Reliquiar mit Reliquien des Heiligen vorhanden. Alle Verehrungsgegenstände sind jedoch seit Abbruch der alten Kirche im Jahr 1763 nicht mehr auffindbar. Nur die alte Steinstatue befand sich noch 1983 in lädiertem Zustand in einem Abstellraum der Kirche. Sie wurde inzwischen restauriert und im Konventsgang des Klosters aufgestellt.

Ein weiteres Zeugnis früherer Liboriverehrung in Valletta ist ein Gemälde in einem kunstvoll geschnitzten vergoldeten Rahmen, das an der Säule der Kapelle der hll. Agatha und Lucia auf der rechten Seite in der Jesuitenkirche, der früheren Universitätskirche, hängt.

Erste Libori-Messe seit hundert Jahren

Die Kirche „Unserer Lieben Frau vom Siege" (Lady of Victory) war das erste Gebäude, das Großmeister Jean de la Valette (1557-1568) nach dem Sieg über die Türken (1565) errichten ließ. In dieser Marienkirche steht auf der linken Seite des Kirchenschiffs ein Altar zu Ehren des hl. Liborius mit einem lebensgroßen Gemälde des Heiligen. Am 12. Mai 1982 nahm eine Gruppe von Malta-Besuchern aus dem Erzbistum Paderborn die Gelegenheit wahr, hier unter Leitung der Paderborner Domkapitulare Joseph Becker und Heinz Pieper eine Messe zu Ehren des hl. Liborius zu feiern, vermutlich zum erstenmal seit mehr als hundert Jahren. Zur Zeit wird die Kirche, die unter Verwaltung des Malteserordens steht, von der deutschen katholischen Gemeinde für Gottesdienste genutzt.

Auch auf der Nachbarinsel Gozo war die Verehrung des hl. Liborius verbreitet. Die Kathedrale von Gozo bewahrt in der Reliquienkapelle seit 1782 sein Bildnis. Alljährlich feierte man dort am 30. Juli eine Singmesse zu Ehren des Heiligen. Als seine Verehrung erlosch, wurde das Gemälde eines unbekannten Malers dem Kathedralmuseum in Victoria auf Gozo übergeben.

Völkerverbindendes Patronat

Das mehrmalige Erlebnis des Liboriusfestes in Paderborn weckte bei maltesischen Priestern und Laien nicht nur das Interesse an der früheren Verehrung des Heiligen auf Malta und Gozo, sondern es kam auch der Wunsch auf, die partnerschaftlichen Beziehungen zwischen den maltesischen und Paderborner Sozialorganisationen unter das völkerverbindende Patronat des Heiligen zu stellen. Die Initiative dazu ging auf Malta von zwei Seiten aus: Zuerst erhielt 1980 im neuen Caritaszentrum der

Die Bibel und Steine als Attribute des heiligen Liborius sind auf dem Fries einer Säule am Altar der Pfarrkirche von Zahbar auf Malta zu erkennen.

Erzbischöflichen Kurie in Floriana ein großer Versammlungsraum den Namen „Sala ta' san Liborju." Der Caritasverband für das Erzbistum Paderborn hatte zum Ausbau des Zentrums finanzielle Hilfe geleistet. Da sich die Absicht, in einer leeren Nische der Stirnwand des Liboriussaales die Statue aus dem Augustinerkonvent aufzustellen, nicht verwirklichen ließ, kam es schließlich durch Vermittlung von Weihbischof Dr. Paul Nordhues, Paderborn, dazu, von einer Liboriusstatue des Paderborner Diözesanmuseums eine Kopie herstellen und nach Malta bringen zu lassen.

Am 12. Mai 1982 fand in einer feierlichen Eucharistiefeier die Übergabe statt. Im Jahr darauf, als sich wieder eine Gruppe junger Maltesen zum Liborifest in Paderborn aufhielt, übergab Weihbischof Nordhues der Gruppe ein Reliquiar mit einer Liboriusreliquie für die Aufstellung im Liboriussaal. Ein zweiter bedeutender Anstoß zu einer neuen öffentlichen Liboriverehrung auf Malta ging von Joe

Galea, Santa Lucia, Malta , aus, auf dessen persönliche Initiative hin am 27. Juli 1984 eine hl. Messe zu Ehren des Heiligen in der St.-Pauls-Schiffbruch-Kirche in Valletta gefeiert wurde.

Damit war der Anfang für eine neue Liboriverehrung auf Malta gesetzt, die an die frühere Liboriverehrung anknüpft, den Heiligen jedoch besonders als Patron völkerverbindender Partnerschaft herausstellt. Es war deshalb folgerichtig, daß 1985 die „Social Action Movement Malta" die kirchliche Feier ihres dreißigjährigen Bestehens als Liborifest ausgestaltete. Die Eucharistiefeier zu Ehren des Heiligen zelebrierte am 22. Juli 1985 Weihbischof Nordhues zusammen mit 19 maltesischen Priestern. Eine Delegation aus Paderborn nahm mit vielen maltesischen Gläubigen daran teil. Das Bild des hl. Liborius aus dem Kapitelsaal hatte hierbei an einer Säule der St.-Pauls-Kirche Aufstellung gefunden. Auch im Jubiläumsjahr 1986 war am 21. Juli zum Liborifest eine Paderborner Delegation unter der Leitung des Verfassers auf Malta. Weihbischof Nordhues übergab dabei der St.-Pauls-Schiffbruch-Kirche ein Reliquiar mit Reliquien des hl. Liborius aus Paderborn. Zu dieser Zeit war noch nicht bekannt, daß Liboriusreliquien auf Malta bereits vorhanden waren.

Vielfältige Zeugnisse

In der Nachforschung nach weiteren Zeugnissen früherer intensiver Liboriverehrung auf Malta betätigte sich besonders Canon John Azzopardi, der als Kurator des Kathedralmuseums in Mdina wirkt. Er entdeckte ein Liboriusgemälde in einer privaten Sammlung in Valletta und ein weiteres in der Ecke eines Gewölbebogens in der Kapelle des hl. Elias in der Karmeliterkirche von Mdina. Er konnte auch über das Vorhandensein von Reliquien und eines Gemäldes in der Kathedralkirche selbst berichten. Die Reliquien befinden sich heute noch in der Reliquienkapelle und im Oratorium der Kathedrale. In der Kuppel der Reliquienkapelle wird die „Anbetung des Kreuzes" gezeigt durch ein gemeinsames Gemälde der Heiligen, deren Reliquien hier aufbewahrt werden. Der hl. Liborius, zusammen mit St. Augustinus und St. Ambrosius, befindet sich in der linken Mitte des Gemäldes mit Bischofsstab und Mitra, in der rechten Hand vier Steine haltend.

Die zahlreichen Belege einer früher sehr intensiven Liboriverehrung waren Grundlage dafür, die schon im caritativ-sozialen Bereich bestehenden Beziehungen zwischen Paderborn und Malta zu festigen und auszuweiten. Zahlreiche Personen und Gruppen aus dem kirchlichen, sozialen und politischen Bereich besuchten Malta und umgekehrt. Mehrmals waren dort Caritasvorsitzender Prälat Joseph Becker und der frühere Diözesan-Caritasdirektor Hans Wilk. Wertvolle Hilfen für die „Social Action Movement" und den Aufbau der Caritas Malta konnten sie dabei vermitteln. Eine Priestergruppe der KAB mit Weihbischof Nordhues, dem Initiator vieler Malta-Aktivitäten, stellte weitere Kontakte her. Generalvikar Bruno Kresing war mit einer Delegation beim maltesischen Staatspräsidenten Censu Tabone, Ministerpräsident Fenech-Adami und Erzbischof Josef Mercieca zu Gast.

Um die Caritasarbeit im Erzbistum Paderborn kennenzulernen, kamen die Präsidenten von Social Action Movement Malta, Monsignore Fortunato Mizzi und Ms. Carmelina Debono, sowie der Direktor der maltesischen Caritas, Msgr. Victor Grech, nach Paderborn. Sie waren jeweils begleitet von Gruppen ehrenamtlicher Helfer und Helferinnen.

Staatspräsident Tabone zu Gast in Paderborn

Höhepunkte der unter dem Patronat des heiligen Liborius bestehenden Beziehung Paderborn-Malta waren jedoch zwei Ereignisse: Maltas Staatspräsident Censu Tabone und seine Frau Maria Tabone besuchten auf Einladung von Erzbischof Dr. Johannes Joachim Degenhardt 1990 Paderborn aus Anlaß des Liborifestes. Dann erhielt 1991 auf Initiative von Joe Galea in der St.-Pauls-Bay auf Malta in Anwesenheit des Paderborner Bürgermeisters Willi Lüke, des Weihbischofs Dr. Nordhues, des Verfassers sowie zweier maltesischer Minister eine Straße den Namen „Triq Paderborn". Im Gegenzug wurde in Paderborn an der Pader ein Weg nach Malta benannt.

Die Maltesen sagen von ihrer Insel: „Malta ta' Pawlu, nisranija u europea" (Malta das Land des hl. Paulus, ist christlich und europäisch). Möge diese Aussage unter dem Patronat des hl. Liborius Wirklichkeit werden.

Generalvikar Josip Delić

Ein Netz der Liborius-Verehrung in Kroatien

Ähnlich wie in der Erzdiözese Paderborn ist in Kroatien die Verehrung des heiligen Liborius seit Jahrhunderten verankert. Ein Netz von Kirchen und Kapellen, die dem Heiligen geweiht sind, überzieht das Land. An nicht weniger als 26 Verehrungsstätten in den Diözesen Split-Makarska und Dubrovnik besteht zwischen den Gläubigen und ihrem Schutzpatron eine Bindung des Vertrauens und der Liebe, die in Gottesdiensten, Prozessionen und Festlichkeiten ihren Ausdruck findet.

So ist es verständlich, daß nach dem Zweiten Weltkrieg zwischen Kroatien und der Erzdiözese Paderborn eine Brücke der Freundschaft geschlagen wurde, die nicht nur zu zahlreichen Begegnungen führte, sondern gerade in den letzten Jahren den Menschen in unserem Land spürbare Hilfe brachte. Dank der finanziellen Hilfe aus Paderborn konnte das Leid verringert werden, wurden aber auch Kirchen und kirchliche Einrichtungen wiederaufgebaut oder neu errichtet.

Seit Jahrhunderten verehren die Katholiken in Kroatien den heiligen Liborius. Die Ursprünge dieser Verehrung lassen sich nur schwer bestimmen. Der Historiker Dr. Basler führt sie sogar zurück

Nach der Übersiedlung der Bewohner von Vidonje in das durch die UNO kultivierte Neretva-Tal wurde mit Unterstützung der Erzdiözese Paderborn eine Kirche zu Ehren des heiligen Liborius erbaut.

191

auf die Zeit Karls des Großen, der nach seinem Sieg über die Kroaten bei Zagreb im Jahr 795 Liborius und andere fränkische Heilige mit ins Land gebracht habe. Beweise lassen sich dafür aber ebenso wenig finden wie für die Annahme, die Verehrung sei während der Kreuzzüge durch französische Ritter bei ihrem Weg durch Kroatien entstanden. Es könnte auch sein, daß in späterer Zeit Kaufleute oder kroatische Seefahrer die Verehrung begründeten und St. Liborius als Fürsprecher bei den damals im sumpfigen Neretva-Tal weit verbreiteten Gallen- und Nierenstein-Erkrankungen empfahlen. Schließlich wird von manchen Historikern angenommen, daß die Verehrung während der französischen Besetzung zwischen 1806 und 1813 in der napoleonischen Zeit entstand. Gegen diese These spricht jedoch die Tatsache, daß der Heilige in der Diözese Ston und in den Pfarreien auf der Halbinsel Pelješac schon viel früher bekannt war. Deshalb könnte eher die schon 1765 von Farlati publizierte Auffassung zutreffen, daß die Liborius-Verehrung durch Benediktiner eingeführt wurde, die hier mehrere Klöster gegründet hatten und durch ihre europäischen Kontakte mit den überall existierenden Benediktiner-Abteien auch den Liborikult – vielleicht aus Italien – nach Kroatien brachten.

Früheste Verehrung im Bistum Ston

Das Bistum Ston kann auf die früheste Verehrung des heiligen Liborius in Kroatien zurückblicken. Es wurde schon im Jahr 877 gegründet und bestand

Ein Liborius-Reliquiar stiftete Erzbischof Dr. Johannes Joachim Degenhardt der Kirche von Vidonje als Zeichen der Verbundenheit zwischen der Erzdiözese Paderborn und den Katholiken in Kroatien.

Als Geschenk der Erzdiözese Paderborn erhielt die St.-Liborius-Kirche von Vidonje im Jahr 1976 eine Büste des heiligen Liborius mit eingefügten Reliquien.

bis zum Jahr 1828, als es aufgelöst und mit dem Bistum Dubrovnik vereinigt wurde, das als zweiten Diözesanpatron St. Liborius aufweist. Damals, nach der Annullierung, wurde die Stadt Ston zur Pfarrei. In der Kirche des Heiligen Namens Jesu, der früheren Bischofskirche, befindet sich ein St.-Liborius-Altar mit einer Statue des Heiligen. Er ist auch der zweite Patron der Pfarrei und hat ein spezielles Libori-Offizium und eine eigene Libori-Messe. Seit jeher ist mit dem Fest des heiligen Liborius ein großer Jahrmarkt verbunden.

Auf der Halbinsel Pelješac ist der heilige Liborius Patron der Pfarrei Brijesta. Die St.-Liborius-Kirche wurde hier bereits im 16. Jahrhundert erbaut. Die frühe Liborius-Verehrung wird darauf zurückgeführt, daß vor den Türken auf die Halbinsel und auf andere Inseln geflohene Kroaten sich hier ansiedelten und neue Gemeinden errichteten. Auf derselben Halbinsel ist in der Pfarrei Viganj die Filialkirche dem heiligen Liborius geweiht.

Im ehemaligen Bistum Korčula auf der gleichnamigen Insel wird St. Liborius ebenfalls verehrt. Jedes Jahr ziehen am Fest des Heiligen die Gläubigen der

Stadt in einer Prozession zu der ihm geweihten Kapelle in Soline und bitten um seine Fürsprache bei Krankheiten, besonders bei Steinleiden. Auf der anderen Seite der Insel ist in der Pfarrei Vela Luka eine St.-Liborius-Kapelle zu finden, ebenso in der Pfarrei Blato na Korčuli.

Libori-Kirche auf dem „Falkengipfel"

Im Erzbistum Split-Makarska wird der heilige Liborius besonders im Neretva-Tal verehrt, weil dort in früheren Zeiten schwere Steinleiden verbreitet waren, bei denen er als Fürsprecher bei Gott um Hilfe angerufen wurde. An der Neretva-Mündung liegt die Pfarrei Slivno-Ravno, die sich in besonderer Weise St. Liborius zuwendet. Bei einer schweren Seuche, die nach Gebeten um Fürsprache des Heiligen verschwand, legte die Gemeinde im Jahr 1857 das Versprechen ab, zu Ehren des Heiligen einen Tag vor seinem Fest am 23. Juli zu fasten und eine Kirche zu bauen. So entstand auf „Jastrebova glavica", dem Falkengipfel, die St.-Liborius-Kirche, die überall im Neretva-Tal wie auch vom Meer aus sichtbar ist. In der Kirche wurde eine 1860 in Verona gekaufte Liborius-Statue aufgestellt. Mehrmals wurde die Kirche schwer beschädigt. Nach dem Zweiten Weltkrieg konnte sie durch Spenden der Bruderschaft des heiligen Liborius in New York

Direkt am Ufer der Neretva liegt die 1995 von Erzbischof Dr. Degenhardt eingeweihte Kirche der Pfarrei Vlaka in Slivno-Ravno, die vor allem durch das jahrzehntelange Engagement des Hünsborner Pfarrers Paul Kaiser und seiner Gemeinde St. Kunibert errichtet werden konnte. Generalvikar Bruno Kresing übergab der Kirche als Geschenk der Erzdiözese Paderborn eine Statue des heiligen Liborius. Bei der Weihe der Statue erklärte der Generalvikar: „Möge der heilige Liborius Euch Wegweiser zu Gott und treuer Begleiter in der wachsenden und lebendigen Kirche sein. Zugleich wünsche ich, daß St. Liborius die Brücke der Freundschaft zwischen dem deutschen und kroatischen Volk vertiefen möge."

Generalvikar Bruno Kresing und Pfarrer Paul Kaiser aus Hünsborn bei ihrem Besuch in Slivno-Ravno aus Anlaß der Weihe der Liboriusstatue.

gründlich erneuert werden. Diese im Jahr 1911 durch ausgewanderte Kroaten gegründete Bruderschaft mit dem Namen „Neretvansko potporno drustvo sv. Liberan – Unterstützungsverein des heiligen Liborius aus Neretva" hatte es sich zum Ziel gesetzt, die Verehrung des heiligen Liborius in Kroatien zu fördern und für die Erhaltung der ihm zu Ehren errichteten Kirchen zu sorgen. In Slivno-Ravno weihte Erzbischof Dr. Degenhardt die neue Liborikirche.

Liborius-Reliquien für Vidonje

Auch in Vidonje im Neretva-Tal wurde 1848 auf dem Berg Gomila eine Kirche zu Ehren des heiligen Liborius erbaut. Der damals mit dem Bau betraute Pfarrer der Gemeinde bezeugt in der Chronik, daß an dieser Stelle bereits vorher eine Kirche des Patrons gestanden hatte. Auf dem Altar der Kirche stand seit 1905 eine Liborius-Statue, die ihn in bischöflicher Amtstracht mit Mitra, Bischofsstab und Buch mit drei Steinen zeigte. Kurz vor dem Liborifest 1959 brachen Kommunisten in die Kirche ein, setzten sie in Brand und zerstörten die Statue. Doch schon ein Jahr später wurde dieses Gotteshaus wiederaufgebaut. Als die Bewohner von Vidonje in das inzwischen durch die UNO kultivierte und fruchtbar gemachte Neretva-Tal übersiedelten, entstand mit Hilfe aus Paderborn eine neue Kirche mit einem großen Mosaik, das den Heiligen über dem ganzen Panorama der Pfarrei von Vidonje zeigt. Im Jahr 1976 erhielt die Gemeinde von Weihbischof Dr. Nordhues Reliquien und ein Büste mit Reliquien zum Geschenk, das von den Gläubigen dankbar angenommen wurde und die Verehrung weiter intensivierte.

Noch einige weitere Liborius-Kirchen und -Verehrungsstätten in Kroatien seien kurz genannt: Kapelle auf dem Friedhof in der Pfarrei Komin, Kirche in Podgora bei Makarska, Statue in der Pfarrei Desne, Kapelle in der Pfarrei Staševica in Grabovnik, zwei Kapellen im Bistum Hvar in den Pfarreien Jelsa und Bogomolja.

Vor einigen Jahren wurden in Ploče an der Neretva-Mündung wie auch in Mejasi, einer Vorstadt von Split, Pastoralzentren eröffnet. Das Libori-Zentrum in Ploče, das bis zum Bau einer Kirche auch als Gotteshaus dient, wurde mit Unterstützung von Erzbischof Dr. Degenhardt errichtet. In Split wurde eine durch das Erzbistum Paderborn finanziell geförderte Kirche zu Ehren des heiligen Liborius gebaut. Ein barockes Liborireliquiar und eine Liboriusstatue konnte Weihbischof Dr. Nordhues der jungen Liboriusgemeinde übergeben.

BRÜDERLICHE HILFE FÜR KROATIEN

Die Brücke der Freundschaft zwischen der Erzdiözese Paderborn und Kroatien beschränkt sich nicht nur auf kirchliche Förderung und Unterstützung, sondern sie hat sich besonders in den vergangenen Jahren durch brüderliche Hilfe für die vom Krieg heimgesuchten Regionen Kroatiens bewährt.

Im Herbst 1991 lag Drubovnik unter Dauerbeschuß, so daß Bischof Puljić, der noch am Liborifest dieses Jahres teilgenommen hatte, sich Anfang November in einem dramatischen Hilferuf an Erzbischof Dr. Degenhardt wandte und auf die unermeßliche Zahl von Toten, Verwundeten, Obdachlosen und Flüchtlingen in seiner Diözese hinwies.

Ende 1991 stellten das Erzbistum Paderborn und der Diözesan-Caritasverband 150 000,– DM für Hilfsgüter bereit. Viele Gemeinden, Gruppen und Verbände im Erzbistum Paderborn beteiligten sich an den Hilfsaktionen. Lastkraftwagen brachten Hilfsgüter im Wert von 200 000,– DM nach Dubrovnik.

Der Kirchensteuerrat des Erzbistums Paderborn bewilligte im Dezember 1991 eine Million DM und dann noch weitere 300 000,– DM für Hilfsmaßnahmen, besonders für das Bistum Dubrovnik. Mit dem Deutschen Caritasverband war abgesprochen worden, daß das Erzbistum Paderborn hier den Schwerpunkt seiner Hilfeleistungen setzte, während sich andere Diözesen auf andere vom Krieg betroffene Gebiete konzentrierten.

Auch in den folgenden Monaten, als sich der Krieg verschärfte, zudem immer mehr Flüchtlinge aus Bosnien und der Herzegowina nach Kroatien flüchteten und die unvorstellbare Not weiter zunahm, setzte die Erzdiözese Paderborn ihre Hilfsaktionen auf den verschiedensten Ebenen fort. Angesichts der unverändert katastrophalen Notlage beschloß der Kirchensteuerrat der Erzdiözese im August 1992, erneut eine Million DM für Hilfsaktionen zur Verfügung zu stellen. Neben diesem Betrag aus Kirchensteuermitteln flossen namhafte Spenden an den Diözesan-Caritasverband, so daß insgesamt über drei Millionen DM für Kroatien aufgewandt werden konnten. Auch andere Verbände und Organisationen in der Erzdiözese beteiligten sich weiter an der Kroatienhilfe, die dann Ende 1992 nochmals durch einen von Erzbischof Degenhardt zur Verfügung gestellten Betrag in Höhe von 300 000,– DM aufgestockt wurde.

Weihbischof Heinz J. Algermissen

Weggemeinschaft ins dritte Jahrtausend

Mit Riesenschritten bewegen wir uns auf die Wende zum dritten Jahrtausend zu. „Ausgerechnet am Ende des Jahrtausends scheint die Zeit schneller zu verstreichen, als würden geheime Zusammenhänge walten. So wie die Sandkörner es erscheinen lassen, die ganz am Schluß, bevor die Uhr umgedreht wird, in höchster Geschwindigkeit durch die Öffnung rieseln" (1).

Papst Johannes Paul II. hat die Herausforderung dieser Wendezeit angenommen und im Apostolischen Schreiben „Tertio millennio adveniente" vom 10. November 1994 das Jahr 2000 in Erinnerung an die Geburt des Erlösers vor 2000 Jahren zum großen Jubiläumsjahr erklärt und der Kirche die Aufgabe gestellt, sich darauf vorzubereiten. Diesen Impuls haben wir in unserem Erzbistum gern aufgegriffen und mit der Vorbereitung auf das Bistumsjubiläum 1999 in Verbindung gebracht.

In einer Welt, die aus den Fugen zu gehen scheint, da viele den Halt verloren haben und sich des Lebenszieles nicht mehr sicher sind, ergibt sich damit die große Chance einer elementaren Vergewisserung unter dem Aspekt der Frage: Mit welcher klar profilierten Botschaft gehen wir als Kirche in das dritte Jahrtausend?

Die Idee der Jubeljahre

Grundlagenbestimmung ist die ursprüngliche Idee der Jubeljahre. Im Alten Testament begegnet uns im Buch Leviticus (25,8-55) der Begriff „Jobeljahr" als gesteigertes Sabbatjahr (Lev 25,1-7). Israel beging es immer, wenn siebenmal sieben Jahre zu Ende gingen. Dann wollte man aus dem gewohnten Trott aussteigen und soziale Gerechtigkeit herstellen. Man besann sich darauf, daß vieles von dem, was geworden, ungerecht ist. Man wollte deutlich machen: Jahwe ist Herr des Landes, ihm gehört es.

Alle Zins- und Schuldknechtschaft, alle Sklaverei und alle inzwischen erworbenen Besitzansprüche wurden aufgehoben. Das Jobeljahr wurde als das Geschenk eines neuen Anfangs und einer sich stets erneuernden Geschichte verstanden. So erfuhr das Volks Israel, daß es gerade in der Tradition seines Weges mit Gott nicht auf seine eigene Vergangenheit festgelegt, sondern von der Zukunft Gottes her bewegt war.

Das Jubeljahr darf sicher mehr als Ideal denn als Wirklichkeit begriffen werden. Als Ideal aber erscheint es als eine Prophetie jenes Gnadenjahres, das der Messias ausrufen sollte (vgl. Jes 61,2). Jesus griff die Verheißung des Gnadenjahres auf (vgl. Lk 4,19). An dieser zugleich religiösen wie sozialen Idee knüpfte Papst Bonifaz VIII. mit dem Jubiläumsjahr 1300 an. Hier hat die Tradition der Heiligen Jahre als Zeit der Umkehr, Buße und Gnade ihren Ursprung.

Besinnung auf das Fundament

Auch im Heiligen Jahr 2000 geht es nicht um Jubelfeiern, sondern um eine Besinnung auf das Fundament, auf dem wir als Kirche stehen und auf das wir uns neu stellen wollen. Die Botschaft, aus der wir leben und die wir ans nächste Jahrtausend weiterzugeben haben, ist der Dreh- und Angelpunkt: „Jesus Christus ist derselbe gestern, heute und in Ewigkeit" (Hebr 13,8).

Sich darauf zu besinnen und sich dessen zu vergewissern, tut uns not, auf daß wir im Glauben wieder klarer sehen, wer Jesus Christus für uns ist, und aus solchem Wissen der Welt Zeugnis geben. „Diese Wiederentdeckung der Christozentrik ist nichts anderes als die Rückkehr zur wahren Dimension christlicher Verkündigung.

Denn im Christusereignis, im Erfassen seines Geheimnisses und im Teilhaben an seiner Nachfolge, offenbart sich der wahre Name Gottes, die Bedeutung und der Wert des geretteten Lebens jedes Menschen" (2). Jesus Christus finden heißt glauben, daß, wie der Völkerapostel Paulus es einmal sagt, Gottes Herrlichkeit auf dem Antlitz Jesu in Erscheinung tritt (vgl. 2 Kor 4,6).

Die innere Vorbereitung auf das Heilige Jahr 2000 wird uns verdeutlichen, was alle, die tiefer schauen, jetzt schon ahnen: Das Kernproblem unserer Kirche besteht nicht zuerst in strukturellen Defiziten, die es gewiß auch gibt, sondern darin, daß uns gegenwärtig die Weitergabe des biblischen Glaubenszeugnisses sowohl nach innen wie nach außen so wenig gelingt. Es fehlt an überzeugten und überzeugenden Frauen und Männern, die zeigen, wie der Glaube an Jesus Christus befreien und verändern kann. Feuer kann sich nur an Feuer, Leben nur an Leben entzünden. Nur Zeugen können überzeugen.

Blick auf die Glaubenszeugen

Diese Einsicht öffnet uns den Blick auf die Glaubenszeugen in der langen Glaubensgeschichte. „Die echten Reformer der Kirche, durch die sie Zugänge zum Glauben geöffnet hat, waren immer die Heiligen. Man muß nur daran denken, daß Benedikt am Ausgang des Altertums die Lebensform schafft, durch die das Christentum dann durch die Völkerwanderung hindurchgeht. Oder wenn Sie an Franziskus und Dominikus denken – da ist in einer feudalistischen, erstarrenden Kirche ein ganz neuer Aufbruch einer evangelischen Bewegung, die die Armut des Evangeliums, seine Einfachheit, seine Freude lebt und die dann eine wahre Massenbewegung auslöst. Oder erinnern wir uns an das 16. Jahrhundert. Das Konzil von Trient war wichtig, aber es konnte als katholische Reform nur durchschlagen, weil es Heilige wie Theresia von Avila, Johannes vom Kreuz, Ignatius von Loyola,

Neue Wege der Missionierung werden sich in Zukunft mit bewährten Formen der Glaubensverkündung verbinden. Aus der Erzdiözese Paderborn stehen viele Priester, Ordensschwestern und Ordensbrüder in allen Erdteilen im Dienst des Evangeliums. Viele von ihnen kommen jedes Jahr zum Liborifest in ihre Heimatdiözese und holen sich neue Kraft für ihre schweren Aufgaben. Unser Bild zeigt eine Gruppenaufnahme beim Liborifest 1996.

Besinnung auf die Fundamente des Glaubens im Geist ökumenischer Brüderlichkeit wird eine der großen Aufgaben der Kirche auf dem Weg ins dritte Jahrtausend sein. Das gemeinsame Gebet führender Persönlichkeiten der verschiedenen christlichen Bekenntnisse beim Papstbesuch in Paderborn war ein Zeichen überbrückter Gräben und wird in die Zukunft weiterwirken. Unser Bild zeigt Erzbischof Dr. Degenhardt bei seiner Ansprache während des ökumenischen Gottesdienstes zusammen mit dem Papst im Dom.

Carl Borromäus und viele andere gegeben hat, die einfach wieder vom Glauben innerlich getroffen wurden, die ihn originell auf ihre Weise gelebt haben, ihm Formen geschaffen haben, durch die dann auch die Reformen eingetreten sind, die die notwendigen und die heilenden waren. Deswegen würde ich auch sagen, jetzt kommen die Reformen bestimmt nicht von Foren und Synoden, die auch ihr Recht und manchmal auch ihre Notwendigkeiten haben, sondern sie werden von überzeugenden Persönlichkeiten kommen, die wir Heilige nennen dürfen" (3).

St. Martin und St. Liborius als Leitbilder

Unter diesen „überzeugenden Persönlichkeiten" dürfen wir auch zwei Heilige wissen, deren 1600. Todestag wir feiern: Der heilige Bischof Martin von Tours und der heilige Bischof Liborius von Le Mans, unser Diözesanpatron, nehmen uns mit in die Welt des vierten Jahrhunderts. Ähnlich unserer Zeit war dies eine turbulente Epoche ungeheurer Umbrüche. Die damalige Welt war aus den Fugen geraten. Das römische Reich brach innerlich und äußerlich unter dem Ansturm der neu aufstrebenden Germanenvölker zusammen. Das alte Heidentum war am Ende. Die Kirche, gerade erst der Zeit der Verfolgung entkommen, wurde zu einer prägenden Macht, aber sie war zerstritten und von inneren Konflikten um den wahren Glauben an Jesus Christus erschüttert.

In dieser prekären Situation sowohl des Niedergangs als auch tiefgreifender innerkirchlicher Zerstrittenheit und heftiger theologischer Disputation waren Martin und Liborius herausragende Lichtgestalten, die in ihrer Umgebung den christlichen Glauben in einer faszinierenden Weise gelebt und aus dem Glauben heraus Kirche gestaltet haben. An ihrem Leben konnten Menschen damals konkret ablesen, was es heißt, Christ zu sein und als Christ in der Welt zu wirken.

Der Dom unter dem Patronat der Gottesmutter und des heiligen Liborius begleitet die Kirche und die Gläubigen im Strom der Zeit ins dritte Jahrtausend. Er ist Zeuge der Geschichte, Stätte des Gebets und des Opfers in der Gegenwart und Mittelpunkt der Kirche von Paderborn in der Zukunft.

Solche Menschen brauchen wir erneut in den Umbrüchen unserer Zeit als Wegweiser ins dritte Jahrtausend. Die Missionsgeschichte Europas, an deren Anfängen Liborius wie Martin stehen, ist längst nicht abgeschlossen. Vielmehr ist sie heute bei uns in einem zunehmend weniger christlichen Milieu in eine neue Phase eingetreten.

In seinem Buch „Die Schwelle der Hoffnung überschreiten" (1994) schreibt Papst Johannes Paul II., die Kirche in Westeuropa stehe gegenwärtig in einem Gestaltungswandel von einem quantitativen zu einem qualitativen Modell. Die Zeit der Volkskirche in dem Sinn, daß alle, die zu unserer Gesellschaft gehören, auch selbstverständlich Mitglieder in einer der beiden großen Kirchen sind, ist vorüber. Im Bemühen, das qualitative Modell einer authentischen, lebendigen, selbstbewußten Kirche

zu erreichen, stehen uns die Glaubenszeugen der Vergangenheit als Weggenossen helfend zur Seite. Sie sind imstande, uns die richtigen Schritte in die Zukunft zu weisen. Und es ist keine ungewisse Zukunft, der wir entgegensteuern. Für uns hat sie einen konkreten Namen: Jesus Christus.

Quellen

(1) Joseph Kardinal Ratzinger, Salz der Erde – Christentum und katholische Kirche an der Jahrtausendwende. Ein Gespräch mit Peter Seewald, Stuttgart 1996, Seite 243

(2) Jesus Christus – Wort des Vaters, herausgegeben von der Theologisch-Historischen Kommission für das Jahr 2000, Cittá del Vaticano 1996, Regensburg 1997, Seite 40

(3) Joseph Kardinal Ratzinger, Salz der Erde … s. o., Seite 287 f

Die Autoren

Algermissen, Heinz Josef, 1943 geboren, 1969 zum Priester geweiht, seit 1996 Titularbischof von Labicum und Weihbischof in Paderborn.

Alshut, Bernhard, 1947 geboren, 1976 in Gelsenkirchen zum Priester geweiht. Seit 1987 Pfarrer an der St.-Liborius-Kirche in Wengern.

Auffenberg, Andrea, 1966 geboren, Musikwissenschaftlerin, Paderborn.

Baumert, Ernst, Geistlicher Rat, 1924 geboren, 1951 zum Priester geweiht. Seit 1987 lebt er im Ruhestand in Wilnsdorf-Anzhausen.

Beaugrand, Günter, 1927 geboren, Publizist, bis 1994 Chefredakteur des „Liboriusblattes“, Hamm.

Bürger, Reinhard, 1954 geboren, 1979 zum Priester geweiht. Seit 1996 Pfarrer an St. Franziskus in Dortmund-Scharnhorst. Vorsitzender der deutschen Sektion der St. Liborius-Priesterbruderschaft.

Bungert, Alfons, 1929 geboren, 1955 in Speyer zum Priester geweiht. Pfarrer in Ruhe und Schriftsteller, Paderborn.

Daniel-Rops, Henri, 1901-1965, französischer Schriftsteller, Mitglied der Academie Française.

Degenhardt, Dr. Johannes Joachim, 1926 geboren, 1952 zum Priester geweiht, 1968 Weihbischof in Paderborn, seit 1974 Erzbischof von Paderborn.

Delić, Msgr., Josip, 1935 geboren, 1961 zum Priester geweiht, 1968 Professor an der Theologischen Hochschule in Split, seit 1996 Generalvikar des Erzbistums Split / Kroatien.

Drewes, Hans Leo, 1922 geboren, 1952 zum Priester geweiht, 1979 Dompropst von Paderborn, seit 1980 Titularbischof von Vina und Weihbischof in Paderborn.

Ebe, Joseph August, 1919 geboren, Diplommeteorologe, Caritasdirektor i. R., Boffzen.

Fritz, Gereon, 1943 geboren, Oberstudiendirektor, Brilon.

Kemper, Dr. Max Eugen, 1938 geboren, 1966 zum Priester geweiht, seit 1989 Botschaftsrat Erster Klasse der Botschaft der Bundesrepublik Deutschland beim Heiligen Stuhl.

Kresing, Bruno, Apostolischer Protonotar, 1929 geboren, 1955 zum Priester geweiht, seit 1974 Generalvikar des Erzbistums Paderborn.

Multhaupt, Hermann, 1937 geboren, Chefredakteur der Kirchenzeitung für das Erzbistum Paderborn „Der Dom“.

Niggemeyer, Prof. Dr. Margarete, 1932 geboren, bis 1994 Professorin für Religionspädagogik an der Katholischen Fachhochschule Norddeutschland, Osnabrück-Vechta.

Nolte, Markus, 1966 geboren, Journalist, Münster.

Rick, Hermann-Joseph, 1932 geboren, seit 1968 Pressereferent im Erzbischöflichen Generalvikariat Paderborn.

Rüden von, Wilfried, 1928 geboren, bis 1992 stellv. Chefredakteur des „Liboriusblattes“, Hamm.

Sesboué, Daniel, 1923 geboren, 1948 zum Priester geweiht, 1963 Domkapitular in Le Mans. Seit 1991 Ehrendomherr am Hohen Dom zu Paderborn.

Stiegemann, Dr. Christoph, 1954 geboren, Direktor des Diözesanmuseums Paderborn.

Tenbohlen, Volker, 1965 geboren, Redakteur in der Pressestelle des Erzbischöflichen Generalvikariats Paderborn.

Literatur

Beaugrand, Günter: „Kardinal von Galen – Der Löwe von Münster", Ardey-Verlag, Münster, 1996;

Beaugrand, Günter / von Rüden, Wilfried: „St. Liborius – Mittler zum Frieden", Verlag Liboriusblatt, Hamm, 1986;

Brandt, Hans Jürgen/ Hengst, Karl: „Die Bischöfe und Erzbischöfe von Paderborn", Verlag Bonifatius-Druckerei, Paderborn, 1984;

Brandt, Hans Jürgen / Hengst, Karl: „Felix Paderae Civitas – Der heilige Liborius 836-1986", Bonifatius-Verlag, Paderborn, 1986;

Brandt, Hans Jürgen / Hengst, Karl: „Das Erzbistum Paderborn", Bonifatius-Verlag, Paderborn, 1989;

Brandt, Hans Jürgen / Hengst, Karl: „Der Papst in Deutschland – damals und heute", Bonifatius Verlag, Paderborn, 1996;

Brockdorff, Maria Elisabeth: „Musikgeschichte der Stadt Paderborn", Paderborn, 1982;

Cohausz, Alfred: „Erconrads Translatio St. Liborii", Verlag Bonifatius-Druckerei, Paderborn, 1966;

Fritz, Gereon: „Paderborn – Le Mans – Geschichte einer Städtefreundschaft", Verlag Bonifatius-Druckerei, Paderborn, 1977;

Honselmann, Klemens (Herausgeber): „Liborius – Bischof und Schutzpatron", Verlag Bonifatius-Druckerei, Paderborn, 1986;

Kock, Erich: „Abbé Franz Stock – Priester zwischen den Fronten", Matthias-Grünewald- Verlag, Mainz, 1996;

Kuhne, Alexander: „Sankt Liborius – Gebete, Betrachtungen, Lieder", Bonifatius-Verlag, Paderborn, 1983;

Lanz, Dieter: „Abbé Franz Stock: Kein Name – ein Programm", Bonifatius-Verlag, Paderborn, 1997;

Mertens, Conrad: „Der heilige Liborius – Sein Leben, seine Verehrung, seine Reliquien", Verlag Bonifatius-Druckerei, Paderborn, 1873;

Niggemeyer, Margarete: „Der Dom zu Paderborn als Sehschule des Glaubens", Bonifatius-Verlag, Paderborn, 1996;

Pörtner, Rudolf: „Die Erben Roms – Städte und Stätten des deutschen Früh-Mittelalters", Prisma-Verlag, Gütersloh, 1987;

Rick, Hermann-Joseph „Er wird euer Helfer sein",Verlag Bonifatius-Druckerei Paderborn, 1986;

Rick, Hermann-Joseph: „Erzbistum Paderborn – Kirche zwischen Weser und Ruhr", Verlag Bonifatius-Druckerei, Paderborn, 1986;

Rick, Hermann-Joseph (Herausgeber): „Papst Johannes Paul II. in Paderborn", Bonifatius-Verlag, Paderborn, 1996;

Schmitz, Karl Josef: „Liborius im Hochstift Paderborn", Verlag Bonifatius-Druckerei, Paderborn, 1986;

Schreiber, Hermann: „Unsere frühen Bischofssitze", Umschau-Verlag, Frankfurt am Main, 1989;

Simon, Paul: „Sankt Liborius – Sein Dom und sein Bistum". Zum 1100jährigen Jubiläum der Reliquienübertragung, herausgegeben im Auftrag des Metropolitan-Kapitels, Bonifatius-Verlag, Paderborn, 1936;

Stakemeier, Eduard: „Liborius und die Bekennerbischöfe von Le Mans", Verlag Bonifatius-Druckerei, Paderborn, 1959;

Stambolis, Barbara: „Libori – Das Kirchen- und Volksfest in Paderborn", Waxmann-Verlag, Münster, 1996;

Vossen, Carl: „Sankt Martin – Sein Leben und Fortwirken in Gesinnung, Brauchtum und Kunst", Stern-Verlag Janssen & Co, Düsseldorf, 3. Auflage 1986;

Wagener, Ulrich (Herausgeber): „Das Erzbistum Paderborn in der Zeit des Nationalsozialismus", Bonifatius Verlag, Paderborn, 1993.

Fotonachweis

Alshut, Bernhard, Wengern: 169, 170; Akademische Bibliothek Paderborn: 120; Archiv des Metropolitankapitels Paderborn: 124; Auffenberg, Claudia, Paderborn: 17; Bauer, Heinz, Borchen: 9, 44, 49, 54, 58, 156; Bibliotheca Palatina, Vatikanstadt: 39; Bischöfliche Pressestelle Magdeburg: 161; Diözesanarchiv Paderborn: 105, 107, 109, 115, 117, 121, 122, 123; Ebe, Joseph August, Paderborn: 187, 188, 189; Focke-Museum, Bremen: 160; Foto Düllberg, Soest: 42; Engelbrecht, Martin, Essen: 163; Erzbischöfliches Diözesanmuseum Paderborn: 11, 26, 75, 78, 102, 103, 104, 126 (2), 127, 128, 129, 130, 134, 135, 136, 140, 142, 143, 144, 148 (2), 164, 171, 178; Fritz, Gereon, Brilon: 158; Fotostudio A. Felske, Ahlen: 162; Glaswerkstätten Peters, Paderborn: 13, 179; Große, Gabriele, Saint-Germain: 34, 113; Hahn-Foto, Bad Wildungen: 38; Herzog Anton Ulrich Museum, Braunschweig: 73; Historische Kommission Westfalen, Münster: 131; Hochstein, Franz, Paderborn: 53; Hoffmann, Ansgar, Schlangen: Titelbild, 2, 12, 16, 19, 21, 22 (2), 23, 25, 27, 28, 29, 41, 45, 51, 57, 58, 83, 84, 86, 87, 88, 90 (2), 100, 101, 118, 125, 129, 132, 133, 134, 136, 137, 138, 139 (2), 142, 146, 151, 152, 153, 154, 155 (2), 159, 198; Katalog zur Ausstellung „Karl der Große", Aachen, 1965: 52, 55; Köhle, Karl-Hans, Le Mans: 31, 35; Landesarchiv Münster: 68, L'Osservatore Romano, Servicio Fotografico: 44, Multhaupt, Hermann, Paderborn: 40, 56 (3); Museum Wasserburg Anholt: 76, 77; Noltenhans, Karl, Paderborn: 85, 86, 89 (2), 92, 130, 141, 142, 143, 144, 145, 146, 147, 149 (2), 150 (2); Poeplau, Münster: 91; Pressestelle Erzbischöfliches Generalvikariat, Paderborn: 7, 59, 67, 69, 70 (2), 71, 72, 111, 119, 176, 177, 180, 181, 182, 183, 191, 192 (2), 193 (2), 196; Ruf, Gerhard, Assisi: 37; von Rüden, Wilfried, Werl: 79, 80, 81(2), 165, 166 (2), 167 (2), 168; Slominski, Josef Albert, Ratingen: 15, 32, 33, 43, 61, 63, 64; Stadtbildstelle Augsburg: 94; Stadtmuseum Münster: 75, 93; Storck, Hans Walter, Paderborn: 46, 47; Universitätsbibliothek Münster: 99; Vatikanische Museen: 97; Vieler, Gerd, Paderborn: 36, 197; Weber, Bernhard, Brilon: 157; Westfälisches Landesmuseum Münster: 95.